KUWEI
酷威文化
图书 影视

王阳明传

孟斜阳——著

陕西新华出版传媒集团
太 白 文 艺 出 版 社

目　录

Contents

序：无双国士，一代宗师

王守仁（1472年10月31日—1529年1月9日），汉族，幼名云，字伯安，余姚县（今属浙江）人，因曾筑室于会稽山阳明洞，自号阳明子，学者称之为阳明先生，亦称王阳明。

王阳明为明朝弘治进士，历任刑部云南清吏司主事、贵州龙场驿丞、庐陵知县、都察院左佥都御史、南赣巡抚、两广总督、南京兵部尚书等职。王阳明因平定“宸濠之乱”有功而被封为新建伯，隆庆年间追赠新建侯，谥文成，故后人又称他王文成公。

王阳明的挚友湛若水曾总结王阳明的五大爱好，称之为“五溺”：“初溺于任侠之习，再溺于骑射之习，三溺于辞章之习，四溺于神仙之习，五溺于佛氏之习，正德元年始归正于圣贤之学。”湛若水“五溺”之说概括了王阳明一生的追求。

王阳明是一位宗师级的思想巨匠，提倡“知行合一”，集陆九渊心学之大成，成就冠绝有明一代。弟子极众，世称姚江学派。王阳明的学说思想王学（阳明学），是明代影响最大的哲学思想，彻底改变了明代中叶以后中国哲学思想发展的整体格局，其学术思想传至日本、朝鲜半岛以及东南亚，成为具有世界影响的伟大哲学。

王阳明是一位深通兵法的军事天才，多次在国家出现内乱的危急关头挺身而出，平叛止乱。他以文官掌兵符，上马治军，下马治民，集文韬武略于一身，做事智敏、用兵神速、护国安民、力挽狂澜，堪称国士无双；他又是一位诗文高手、书法大家，其隽永文辞与潇洒翰墨流传至今，为人称颂。他的文章博大精深，行墨间有俊爽之气，著有《王文成公全书》。

然而，王阳明一生的命运十分坎坷。不过这也使他集立德、立功、立言于一身，人称“真三不朽”，实现了古今圣贤的最高人格理想。

《明史》评价王阳明：“王守仁始以直节著。比任疆事，提弱卒，从诸书生扫积年逋寇，平定孽藩。终明之世，文臣用兵制胜，未有如守仁者也。当危疑之际，神明愈定，智虑无遗，虽由天资高，其亦有得于中者欤。”

本书以王阳明的正史和野史资料为依据，以故事情节来演绎王阳明的一生。在写作上，注重以细节刻画人物，描绘出一个血肉丰满、个性鲜明、富有传奇色彩的无双国士和一代宗师。

第一章
来自云端的孩子

出生异象与世家传承

明宪宗成化八年九月三十日，即公元 1472 年 10 月 31 日，浙江绍兴府余姚县一个王姓人家生了一个男婴。这个刚出生的男婴，就是日后大名鼎鼎的心学圣人王阳明。

在此之前，据说他的母亲郑氏怀孕十四个月，迟迟未能分娩。人说“十月怀胎，一朝分娩”，这孩子到底是怎么了，十四个月了还不愿出世？父亲王华颇为奇怪，并深感忧心。

王华，字德辉，别号实庵，晚称“海日翁”。其时已是二十七岁，是一位饱读诗书、满腹经纶的举子。本来一家人日子过得和美如意，可最近他老是为这孩子迟迟没有出世而忧心忡忡。不止这小两口心里七上八下，腹中孩子的祖父王伦和祖母岑老夫人也忧心不已。

岑老夫人盼着早日抱上这孙子，连日来心神不宁。一天，她上床午睡，不一会儿就进入了梦乡……

房顶上笙箫齐奏，香烟缭绕，旗幡招展中，一群仙人驾着五色云自空中而来。其中一个身披红袍、佩戴宝玉的天神，脚踏一片紫云，怀中抱着一个小孩，从天而降，落在王家。

天神轻推房门，高声道：“贵人来也！”随即走了进来，将怀中小孩送与岑氏，回身出屋，随众仙驾云而去，仙乐和香雾也渐渐散去。岑氏抱着孩子，见那圆嘟嘟的小脸蛋粉嫩可爱，心生怜爱之情……

岑老夫人一觉醒来，才知刚才的一切只是一场梦。

恍惚间，就听到儿媳郑氏房中传来一阵响亮的婴儿哭声。然后是家人的报喜声：“老爷、老夫人，生了生了！”老两口见到刚刚出生的孙子生得粉嫩白胖，不觉大喜，岑老夫人就把刚才梦中的情形讲给了一家人听。

王伦点点头，环视了一下众人说："看来这孩子有些不寻常啊，这应当是个吉兆。既然这孩子来自云端，就起名叫王云吧。"

后来，孩子出生的这间屋子常常被缕缕云雾萦绕，王伦便把这里叫作"瑞云楼"。如今这瑞云楼已成了浙江余姚一景。民间也因此流传着"瑞云送子"的传说。

说到浙江绍兴府余姚县的王家，那可算是名门贵族。家族的先人最早可以追溯到晋朝名人、孝悌楷模王览。

王览，字玄通，西晋琅琊人，"书圣"王羲之的曾祖。王览有个同父异母的哥哥叫王祥，《孝经》中"卧冰求鲤"的主角便是他。王览对这个兄长很尊敬。王祥侍奉后母非常孝顺，而后母却对王祥非常不好，经常打骂王祥。王览看到了，常流着眼泪抱着哥哥哭。

后母还常常刁难王祥，让他去办一些难事，王览就主动与王祥一起去。每一次母亲惩罚哥哥，王览都带着妻子过来帮忙，尽心调和他们之间的关系，化解危机。王祥的品德和学问日益提升，名声越来越好，而后母的恶名就越发昭彰。于是她在酒里下了毒，要给王祥喝。王览发现后，把毒酒夺过来自己要喝下去，替哥哥去死。见此情形，后母惊慌地把酒打翻在地，恐怕自己的亲生儿子被毒死。后母开始心有悔悟，和两个兄弟抱在一起痛哭流涕。

朝廷知道这件事后，就任命王览为光禄大夫，王家也成了官宦人家。从这时起，一个中国历史上的世家大族开始走上了舞台。

王览的孙子王导是东晋时的一代名相，与谢安齐名。唐代诗人刘禹锡名句"旧时王谢堂前燕，飞入寻常百姓家"，其中的王家说的就是这琅琊王氏一族。西晋末年"五胡乱华"时，王览诸多后代中的一个子孙——书法家王羲之的后代，为避战乱迁到了江南。于是王氏家族便在浙江山阴（今绍兴）绵延播迁。

又过了好多年，王羲之的二十三世孙王寿把家从浙江山阴迁到了余姚。

据说，东晋书圣王羲之的后代始终在余姚繁衍生息。

王守仁的祖父王伦，字天叙，据传生得细目美髯，风度翩翩，与人交往亲切和蔼，是和陶渊明、林和靖一般的人物。

王伦在父亲去世后继承了家传的几大箱书籍，视之如命。他生怕王氏的家道在自己这里败落，埋头苦读《仪礼》《左传》和《史记》等典籍。此后，王伦变得博学多才，性情恬淡，平日以开馆授徒为生，闲暇时在竹林中弹琴消遣。王伦遗憾自己一生没有功名，因此，他把全部希望都放在儿子王华身上，希望他将来能够入朝为官，光耀王家门庭。

王华从小就聪明机灵，有过目不忘的本事。明宪宗成化十六年（1480 年），他参加乡试，取得第二名。次年，王华考中殿试一甲第一名，也就是状元，当即被授予翰林院修撰之职。

王伦常教导儿子王华要做一个道德完人。王华也十分注重个人节操，有良好的名声。

那个时代流传着许多关于王华的传说：王华在河边捡到一袋金子，他就在那里坐等一天。当失主拿到金子后大喜过望，准备给他一点报酬。王华谢绝道："如果我贪图报酬，这一袋金子就不会还给你了，何必在这里等你！"

王华到翰林院工作后，偶尔被调到东宫给太子朱厚照讲课。太监刘瑾在那时和王华有旧。刘瑾还曾多次向王华请教一些知识，王华知无不言，倾囊相授。刘瑾曾对人称赞说，王华是德才兼备的贤人。朱厚照登基后，刘瑾得宠专权。王华的儿子王守仁（即王阳明）因冒犯刘瑾被下大狱时，刘瑾曾向王华暗示过，如果王华能站在他这边，他可以考虑对王守仁从轻发落。王华断然拒绝了。王华说："如果我真的这样做了，即便史书里不写我，我儿子也不会原谅我。这就是为人的基本准则，每个人都有这样的准则，它没有是非对错，只有适合不适合。"

祖先的文化基因的力量是强大而持久的。王守仁和王氏祖先们、和他的父亲王华有一个绵延不绝的共同点，那就是：坚持内心的良知，坚持人格操守，威武不能屈，贫贱不能移。

贵人语迟，智力非凡

不知不觉，余姚王家瑞云楼出生的小王云长到了两岁。

这孩子什么都好，可就是有一点让家人感到着急：他竟毫无开口说话的迹象。新生儿通常在七个月左右学语，一两岁就可以说话。这小王云基本不开口，保持沉默。

从祖父母到父母亲，还有姑舅表姨，都眼巴巴地盯着王云的那张小嘴，盼望能听到他叫一声“爸爸”或“妈妈”，哪怕是出个声也好啊。

在期盼中，就到了成化十二年（1476 年），王云已经五岁多了，生得眉目清朗，很招人喜欢。可是，他依然没有开口说话。这就奇怪了。是金口难开还是贵人语迟？王家找了很多名医来看，却毫无效果。

王华忧心忡忡，唉声叹气。王伦却显得心态平和，十分看好这个孙子，天天带在身边。

一天中午，王伦陪着王云在家门口乘凉。一个慈眉善目的和尚远远地走了过来，他听说这么大的孩子说不出一句囫囵话儿，不免连叹可惜。王伦便忙问他有何补救的法子，那和尚走上前来，朝王伦耳边说了八个字：“好个孩儿，可惜道破！”

王伦是何等精明的人物，一听就猛然醒悟：原来事情坏在这名字上！一个“云”字泄露了上天托梦的天机，必须改名才能破解这个迷障。

改个什么名儿呢？他忽然记起《论语》中说：“知及之，仁不能守之，虽得之，必失之。”就叫守仁吧，希望孙子将来用仁德来守住自己的命运。

于是，老爷子把家人召集在一起，郑重地说：“从今天起，我要给我的孙子改个名字，叫守仁。”

家人面面相觑，不知道这老爷子到底要做什么。王伦看着大家不解的样子，缓缓将当天奇遇和尚的事说了一遍，然后叹息道："我孙子是神仙从云端送来的，所以名字里有个'云'字相当于泄露了天机。他到五岁还不会说话，我还一直纳闷儿，原来事情竟是出在这名字上……"

人们听了将信将疑。然而不久后，他们惊喜地发现，改名后的王守仁居然开口叫"爸爸""妈妈"了。这事儿在四里八乡引起了轰动。

一天下午，郑氏在做针线活，王华在窗前凝神读着圣贤书。

老爷子王伦则一手拿了本《大学》，一手牵着乖孙儿王守仁到一边，要教他读书。王老爷子刚刚摇头晃脑地读了个开头："大学之道，在明明德，在亲民，在止于至善……"

那王守仁却说："爷爷，这个不用教了。"

王伦一愣："为啥？"王华和郑氏也一起转过头，看着漫不经心的儿子有点蒙。

王守仁便接着背了下去："大学之道，在明明德，在亲民，在止于至善。知止而后有定，定而后能静，静而后能安，安而后能虑，虑而后能得。物有本末，事有终始。知所先后，则近道矣……"

这小子不开口则已，一开口就如黄河决堤，滔滔不绝。一屋子人顿时呆住了：这还是咱们的小守仁吗？

王伦抱起王守仁问："你从哪儿学来的？"小孙子眨了眨眼睛答道："爷爷念过无数遍了，孙儿听见便记在心里了。"

众人听了，惊愕不已：这小家伙真是个天才。人家是过目不忘，他倒来了个过耳成诵。

王伦捋捋胡须，欣慰地笑了："真是天送麒麟儿，孺子可教，孺子可教哇！"

早慧的诗童

王伦深信孙子王守仁是少见的天才。得英才而教之，自然是他晚年的一大快事。

王守仁在爷爷的教导下，开始博览群书。从《论语》《孟子》到唐诗宋词，再到儒释道典籍，王守仁如饥似渴地通读细品，恨不能读遍天下之书。

在王家，读书也很有特点。他们读书不愿被功名利禄所牵扰，不愿被陈规陋俗所束缚，更不盲目崇拜当时被视作权威一般的“四书”，往往偏爱那些把道理寓于具体事情中、以理服人的书，像《礼记》《春秋》《左传》等。这种家风深深地影响了王守仁。

王守仁尤其喜爱兵法。每逢家中宴请客人，王守仁便悄悄取来许多果核，把果核当成士兵，与客人摆兵阵。客人的兵阵往往才摆出来没一会儿，王守仁便想出了克敌的办法。一旦被难住了，他就会缠住客人，让他将这个阵势的来历、制法、优势讲个清楚。王守仁沉迷于这种战争游戏，没少挨父亲王华训斥，因为父亲总嫌他打扰了客人，也耽误了读书。

与邻家的小朋友玩耍时，王守仁则是大家眼中的“智多星”。他平时爱动脑筋，点子多，还能绘声绘色地讲故事。伙伴们常常坐在他的周围，聚精会神地听他讲一个又一个精彩的故事。那时，王守仁最喜欢讲历朝历代的战争故事，对历史上文武双全、有所作为的将帅们充满了敬佩之情。

王守仁十岁时，父亲王华赴京应试中了状元。王华为了对父亲尽孝，打算接王伦来京师居住。王伦很是开心，但是一定要把孙子带着。余姚到京师路途遥远，有王守仁相伴可以解闷儿，也可以让他从小读万卷书，行万里路，开阔眼界，增长见识。当然，也可以让他们父子在京师团圆，共享天伦之乐。

上京途中，王伦一行人过了应天府（今南京），船到镇江金山寺附近。这天晚上，王伦牵着王守仁的手登岸，来到江边一个酒楼，朋友已经摆好了酒宴，专程款待远道而来的爷孙俩。此时只见皓月当空，灯火点点。江边高耸着著名的金山寺。

金山寺依山就势，大门西开，正对江面，山间坐落着各种各样的亭台楼阁。有月的晚上，在地处高处的金山寺赏风景，万里澄静全在眼底，长江浩渺，月色如画。唐代张祜描述金山寺为“树影中流见，钟声两岸闻”。北宋沈括赞颂金山寺“楼台两岸水相连，江北江南镜里天”。如此如画山水，颇让人心旷神怡。

王伦和朋友们觥筹交错，推杯换盏，慢慢地有了些醉意，于是决定来个赋诗比赛。轮到王伦时，他一边用筷子敲碗，一边闭着眼睛摇头晃脑。可惜王伦当晚喝多了，搜肠刮肚也难以应付场面。

就在这时，王守仁站了出来：“孙儿平时承爷爷训导教诲，这样的诗还是让孙儿来作吧！”说毕他朗声吟道：

金山一点大如拳，打破维扬水底天。
醉倚妙高台上月，玉箫吹彻洞龙眠。

王伦和客人见他才思敏捷，妙语如珠，不禁大为惊讶。

长江边的金山岛其大如拳，这只“拳”却打破了维扬水面的宁静。醉后倚着月光下的妙高台吹箫，美妙的箫声吹进洞中，让龙王也酣然入梦。此诗动静结合，声色兼备，作者年仅十二岁，众人一时惊叹不已。

其中一个客人还有点怀疑：是不是早就准备好的宿构呀？他还想再考一考王守仁，于是说：“现在月色下，风景好，能不能以‘蔽月山房’为题再作一首诗？”

王守仁听了略一思忖，张口便又来了一首：

山近月远觉月小，便道此山大于月。
若有人眼大如天，还见山小月更阔。

这首诗纯以理取胜，且富有浪漫夸张的想象力，构思颇有儿童诗特点。山大月小，或者山小月阔，只是因为观察者位置和角度的不同，与苏轼的“横看成岭侧成峰，远近高低各不同”颇有异曲同工之妙。年仅十二岁的稚童，眼大如天，吐词豪迈不凡，且富有哲理，实属不易。

一个朋友对王伦道：“令孙出口成章，以后定将名满天下。”不料，王守仁这样说道：“文章小事，何足成名？”

众人听罢更觉惊奇，王伦却对孙儿的不凡志向另眼相看。

第二章
抱负不凡的少年

何谓第一等事

到京师后，王华开始惦记着给儿子王守仁找个一流学校、顶级老师。

王华为儿子寻找的塾师是上虞人许璋。许璋，字半圭，精通易理，熟悉兵法。正是这位授业塾师给了王守仁经学启蒙，还引导王守仁关心军事兵法，培养他对道家文化的兴趣。

他常常教给王守仁“知己知彼，百战不殆”“兵贵胜，不贵久”等孙子的兵家思想，还传授他三国武侯诸葛亮出奇制胜的阵法。此外，他还是一个熟读道家经典的学者，经常教导王守仁诸如“上善若水”等道理。

王守仁长大成人后，对这位恩师极为依恋和尊重。在他担任江西巡抚期间，回家时经常专程到上虞探望恩师。许璋很是欣慰，师生二人就着简单的青菜米饭，一聊起来就是两天两夜。许璋善观政局形势，曾一再叮嘱守仁：“勿错认帝星。”意思是不要认错了帝王、站错了队。后来宁王江西造反的态势越来越明朗，许璋深恐守仁有失，马上让儿子带着枣、梨、豇豆和西瓜赶到王守仁的官邸，暗示他“早离江西”。王守仁此后平定“宸濠之乱”，精通兵法的许璋也出过不少主意。许璋病逝后，王守仁专为恩师墓碑题写了“处士许璋之墓”。

当然这都是后话了。在身为塾师的许璋眼里，十二三岁的王守仁天资异常聪颖，但并不是个老实听话的学生。

在学校里，王守仁悟性颇高，思考问题常能举一反三，让讲课的老师感到惊讶。同时，在一班同龄的学生中间，他活泼好动，不愿意在私塾里枯坐，喜欢舞枪弄棍，十分顽皮。他最喜欢的事就是和老师一起谈论兵法，一个个问题常常问得老师答不上来。

王守仁有一阵子喜欢上了象棋，而且相当痴迷。

也许是象棋具有模拟真实战争的特性，更像战场上真刀真枪的对垒，火药味更浓，对抗性更强吧。王守仁常常约上两三个同好，一有机会就跑去下象棋。

有一次，当他兴冲冲拿起棋子大喊“将军”时，忽然抬头看到一张熟悉的脸——父亲王华来了。王华显得极为生气，板着脸一言不发。刚才还大呼小叫在一旁支着儿的棋友们立即跑掉了，只留下这一对父子在那儿对视。

王华看着儿子，真是恨铁不成钢。最终他长叹一声，缓缓端起棋盘，走到了河边，用力一扔，棋子哗啦啦全掉进了河里。

王守仁嘴巴张了张想说什么，始终没说出来。他望着河水间漂浮的棋子，若有所思。回到家里特意赋诗一首：

象棋终日乐悠悠，苦被严亲一旦丢。
兵卒坠河皆不救，将军溺水一齐休。
马行千里随波去，象入三川逐浪游。
炮响一声天地震，忽然惊起卧龙愁。

王华读了诗叹息道：“守仁哪，什么叫玩物丧志，懂不懂？一寸光阴一寸金，白了少年头，老大徒伤悲啊！”

真是可怜天下父母心。王华以为扔了象棋，儿子就能专心读书，结果王守仁很快又发明了新的玩法——组织两拨人进行军事演习。

这种游戏使王守仁从小就展露了良好的指挥才能。他一声令下，将参与游戏的小朋友们分成两队，一边主攻，一边主守。不过，调兵遣将的总指挥只有一个，就是他王守仁。而这些孩子居然很乐意听从他的指挥，玩得格外尽兴。王守仁一声令下，两队人马左冲右突，大呼小叫，变换阵形，宛若战场。

这天，两队人马正在激烈交锋，而王守仁站在高处的指挥台上，像煞有介事地挥着令旗，颇有些大将风度。他如今掌控着战场上的一切动态，将学来的一些新奇阵法教给小伙伴们：什么一字长蛇阵、八卦阵、混元一气阵，等等。他们还演习调虎离山、瞒天过海、移花接木等进攻和防守的小战术。总之，虽然是游戏，他们却玩得有模有样。

玩得正开心，突然间，场上所有的士兵纷纷逃散，眨眼间就不见了踪影。手持令旗的主帅一个人孤零零地站在高台上发愣。一转身，又是那个熟悉的身影，一声严厉的命令："赶紧给我回家！"

父亲王华又来了。

回到家里，王华脸色冷峻地说："我家世代以读书显贵，你搞这些乱七八糟的名堂想干什么？"

王守仁不服气地说："我这样挺好的啊，读书有何用处？"

王华现身说法，语重心长地说："书读得好就能当大官。就像你父亲我一样，中了状元，可以入朝做官，光耀门楣，享受世人的尊敬与仰慕。这些都是读书的功劳。"

王守仁摇了摇头，道："父亲中了状元，子孙后代就也能中状元吗？"

王华说："父亲中了状元当然只止于父亲，你如果要中状元还得去勤读。"

王守仁不屑地说："中个状元也只管得一代，虽中状元也不稀罕。"

王华怒从心头起，当即作势要打这顽皮不说还胡搅蛮缠的小家伙。

王守仁不躲不闪，迎着父亲严厉的目光继续申辩："孩儿喜爱下棋和兵戏是有道理的——它们是相通的，儒者患不知兵。仲尼说：'有文事者必有武备，有武事者必有文备。'真正对国家有用的人才，应该是文武双全，下马能文，上马能武。区区章句之儒，平日叨窃富贵，以辞章粉饰太平，临事遇变，束手无策，此通儒之所羞也。孩儿不愿做雕章琢句的腐儒，而要做能安邦定国、济世救民的通儒。"

刚才还笑眯眯拄着拐杖看着王华父子争辩的王伦，此时被这小家伙的一番话所震撼。老人捋着胡须暗自点点头。

王守仁说完了，仰起小脸蛋儿看着父亲，等待父亲的发落。此刻，王华沉默了一会儿，摇头笑道："就凭你这调皮捣蛋的浑小子，还想当通儒、做圣贤？"

不过，他内心却颇为惊异：这话说得倒也有些道理。十多岁的孩童口口声声要当通儒、做圣贤，不知是他不知天高地厚，一时心血来潮，还是他真的心有所悟；更不知这样下去对这个家、对这个孩子未来的人生是福还是祸。

当王华为儿子的教育问题苦恼时，王伦却劝他不要着急："孩子爱玩就任他玩，我看守仁聪明过人，志向不凡，将来兴许会有大出息。"

王华无奈地摇摇头。作为父亲，他也许真的低估了儿子的智商和志向。

王守仁在学校里那些孩子中威信颇高，他的小脑袋里鬼点子多，常常有很多念头和想法，还经常和同学们讨论稀奇古怪的问题。

有一次，他找到老师问了一个多数人不会去想的问题："人生的头等大事是什么？"（"何谓第一等事？"）

老师回答说："读书才能有功名，人生头等大事是登第做状元。"

王守仁却摇头说："不对，中举登第恐怕不算是人生头等大事，人生的头等大事是学习做圣贤那样的人。"（"登第恐未为第一等事，或读书学圣贤耳。"）

这一问一答，使王守仁与当时很多庸庸碌碌的读书人有了根本区别。所谓"圣贤"，是中国传统文化中具有理想人格的人，如尧、舜、夏禹、商汤、周文王、周武王、周公、孔子、孟子等人，他们不但是典范，还是文化精华的集中体现者。

父亲王华为人处世的风格也让王守仁印象深刻。

有一次，王华想为家中盖一座小楼。辛辛苦苦几个月，眼看就要竣工，却被一场火灾化为灰烬。着火时，亲友们都来相助。事后他们都怪王华没有供奉神灵，所以遭到神灵的惩罚，恐怕从此后王家就要大祸临头。王守仁家里人听过后，惶惶不可终日，坐卧不安，茶饭不思。

王守仁也在墙角偷偷看着父亲，不知如何是好。只见父亲神情自若，同亲友们谈笑如常，一点儿也不见仓皇之色。不久，他又着手买木料重新盖楼。一年后，一栋崭新的小楼拔地而起，却并没有再遭受什么惩罚。

王守仁暗暗佩服父亲，便问："家遭火灾，父亲为什么还能保持镇静？"

王华笑道："为父靠的是制心功夫。如果能涵养心智，就会把财物看作身外之物，如此就能轻松地对待那些无妄之灾、不虞之祸。"

王华循循善诱道："佛教南宗祖师慧能有言：'菩提本无树，明镜亦非台。本来无一物，何处惹尘埃？'慧能大师是说，世界本来就是空的，任何事物皆从心而过，不留痕迹。领略到这层境界的人，就是开悟了。"

王守仁明白，父亲是在教导自己注重内心修养、提升自我。以后遇到什么艰难险阻，他都能不以物喜，不以己悲；能够审时度势，有主见，有定力，而不是人云亦云。

有一天，王守仁与同窗在京师长安街闲逛时，与一个鸟贩子发生争执，恰巧一个占卜算命的相士路过。那相士盯着王守仁看了许久，忽然一把抓住他，说他有难得一见的好面相，还主动掏钱买了一只鸟送给王守仁，并且分文不取为他看相。

还有这么好的事？王守仁当然高兴，说："愿闻其详。"相士仔细端详他的面相，又让他伸出胳膊，撩起衣袖，摸了摸他，随后口中念念有词，手指也在掐算着什么。王守仁看着相士，觉得颇为有趣。

只见那相士猛然睁开眼，对他说："你记住我的话：须拂领，其时入圣境；须至上丹田，其时结圣胎；须至下丹田，其时圣果圆。"

入圣境，就是开始进入圣学之门。结圣胎，就是你可以建立自己的理论思想体系，向着大师迈进了。圣果圆，就是说你的学问已经能够学以致用，用来进行实践了。成为圣人之前，总要经历一番磨难。胡须的长度大概指这种修炼所需要的时间，所以“须拂领”指而立之年。上、下丹田分别指四十岁和五十岁。

相士又嘱咐道：“小儿当读书自爱，我所言将来必有应验。”说完，这相士便飘然而去。

身边的同窗莫名其妙，王守仁却似有所悟：这位老先生说自己将来能悟大道、成圣果，也就是说能成为像孔孟那样的圣人喽？

他的小脸一下子涨得通红，小心脏咚咚咚跳得厉害。他想：这个老先生怎么一下子猜中了我的心思？

回去后，王守仁一连几天都在想着心事。人们惊讶地发现，过去那个闹腾得敢上房揭瓦的小家伙不见了，变成了一个爱读书、爱思考，还时常把程朱理学书籍捧在手里逐字逐句细读的少年。

这个弯子转得太急，王华有些摸不着头脑。王伦却会心地点头赞许，目光里还闪动着一丝得意。

于是有人猜测，只怕是这位盼孙子早日成才的爷爷略施小计，找了个人扮作相士来激励一下王守仁吧。是啊，那相士不图钱不图利，干吗平白无故地给王守仁看相呢？

不管真相是什么，应当说这相士的话是非常励志而有效的。其实，已进入青春期的王守仁有太多的偶像，太多的幻想，太多想做的事。

他的心大极了：他追慕过神仙佛道，又想当圣贤人物，还想建功立业，将来既做传教之人，又做实事之人。一手握书，一手持剑，上马能武，下马能文。生前能建功封侯，死后能万世不朽。

骑马远游边关

王守仁出生前后，正是大明王朝的多事之秋。

此时的大明王朝已经建国百年，社会矛盾丛生，内忧外患不断。皇帝昏庸，不理朝政，整天沉迷于声色犬马。朝政荒废，地方官腐败更是有恃无恐。结果弄得民不聊生，哀鸿遍野。各地百姓纷纷揭竿而起。

王守仁看见军队连年征战，不无感慨地对父亲说：天下纷然扰乱这么长时间，就像一个人久病快死亡了。

同时，北方少数民族部落也不断侵扰中原。此前的明英宗正统十四年（1449 年）六月，瓦剌太师也先侵犯大明边境，明英宗朱祁镇在宦官王振的怂恿下，不顾群臣劝阻，亲率大军出征，因组织指挥不当，在土木堡遭到瓦剌军突袭。明军仓促应战导致兵败，兵部尚书邝野、户部尚书王佐等六十六名大臣战死，明军二十余万人中，伤者居半，死者三分之一，损失二十万匹马，衣甲器械辎重损失无数。

当时京师精锐都已在土木堡失陷，剩下老弱士卒不到十万。于谦力排众议请郕王朱祁钰调两京、河南备操军，山东和南京沿海的备倭军，江北和北京各府的运粮军驰援。瓦剌大军逼近北京城，势不可当。于谦等为应急，立郕王朱祁钰为皇帝，是为明景帝。明景帝朱祁钰让于谦全权负责守战之事。有大臣提出南迁都城。时为兵部侍郎的于谦极力反对，要求坚守京师，并诏令各地武装力量至京勤王。随后，调河南、山东等地军队进京防卫，于谦主持调通州仓库的粮食入京，京师兵精粮足，人心稍安。此后于谦披甲执锐，亲自领兵二十二万，列阵于九门外。在于谦的指挥下，北京保卫战连连告捷，最终将入侵的瓦剌军队全部击退。

王守仁每每听闻师长们讲此事时，心中沉痛之余，也十分钦佩力挽狂澜的于谦。他认为，于谦是天下读书人的榜样。在京城的于谦祠前，王守仁留下了这样一副对联：

赤手挽银河，公自大名垂宇宙；
青山埋忠骨，我来何处吊英贤？

王守仁此后更加看重军事，苦研兵法，只盼望有朝一日能征战沙场，护国安民。

成化二十一年（1485年），王守仁十四岁，开始学习弓马之术，研读《六韬》《三略》等兵法书籍。出于对北方边境安全的关心，也出于对于谦等的向往，王守仁十五岁时一身侠客装束，单枪匹马前往长城一带实地察看。

他先是来到了“居庸三关”，即居庸关、紫荆关、倒马关。这些关隘地势险要，自古为兵家必争之地，是防御外敌入侵的重镇。

居庸关早在春秋战国时期就已成为防守要道。此后历经汉、唐、辽、金、元数朝，居庸关都派重兵把守。到了明朝，朱元璋花费巨资和大量人力，在居庸关修建了一系列军事防御工事，以确保北平府的安全。

作为扼守京师的咽喉，居庸关依山起势，巍峨雄壮。王守仁纵马登上烽火台，只见天际雁群嘶鸣而过，群山松涛起伏，关塞绵延万里。正所谓“前不见古人，后不见来者”，王守仁不由得心思浩茫，浮想联翩。眼前仿佛出现了金戈铁马、喊杀震天的战场画面，脑中涌来无数慷慨激昂的边塞诗句。

当时蒙古各部在被称为“小王子”的达延汗主导之下，力量逐渐壮大，时时与明朝发生边境战争。就在王守仁十五岁这一年，蒙古小王子侵入甘州，明朝将领多有战死。想到明朝边患未除，想到历史上那些在边塞战争中积极建功的英雄，少年王守仁浑身热血沸腾。

他在居庸关、山海关考察了一个多月之久，登长城、访乡贤、凭吊古战场、思考御边策，慨然有经略四方之志，要保大明王朝四方边境安宁。其间，他对夷狄情况进行了调查了解，详细观察居庸关一带的地理地貌、山川形势、道路交通以及各要塞关隘的兵备防御等情况，脑中思考着防御之策。

待王守仁下山时，抬头间，正好看见迎面过来两个骑马的鞑靼人，有说有笑。王守仁当下搭弓射箭，但闻嗖嗖两声，对方双双中箭。他连喊带射，呼啸着向二人冲去。两个鞑靼人惊恐莫名，转身仓皇而逃。

王守仁大感痛快，便不再追赶，而是信马由缰，缓缓向家的方向骑行。一个十五岁的少年独自跑到塞外，打跑了两个蒙古人，这可是件讲出去很长脸、很荣耀的事情。这让少年王守仁的英雄豪气油然而生。

当晚，王守仁就做了个梦，梦见自己去拜谒纪念东汉名将马援的伏波将军庙。

伏波将军马援，扶风茂陵（今陕西兴平东北）人，是东汉光武帝时期的名将。马援最初在北方以畜牧为业，王莽建立新朝时出仕为官。后来他追随光武帝，因讨伐羌族有功，被封为伏波将军。此后马援又屡立战功，先后平定交趾叛乱，征讨匈奴和乌桓，讨伐南方武陵五溪蛮族暴动等。老年时，再次出兵匈奴，最终病死疆场。

马援曾说："大丈夫立志，穷当益坚，老当益壮。""方今匈奴、乌桓尚扰北边，欲自请击之。男儿当死于边野，以马革裹尸还葬耳，何能卧床上在儿女子手中邪？"

马援的豪迈、勇气和胆识令少年王守仁推崇备至，梦里竟然赋诗一首：

卷甲归来马伏波，早年兵法鬓毛皤。
云埋铜柱雷轰折，六字题文尚不磨。

醒来以后，他将这首诗记了下来，成为他励志为国家从戎建功的精神动力。

少年王守仁留心时政，关心国家大事，不仅在言谈中表达志向，在行动上更是有惊人之举。当时，由于连年饥荒，两湖（今湖南、湖北）、河南、陕西三地交界地区发生以号称"刘千斤"的刘通、号称"石和尚"的石龙为首的流民暴动。他们以黄旗为帜，建国号为"汉"，以"德胜"为年号，一时震动京师。

年方十五的王守仁知道这件事以后，突发奇想：这不正是我辈挺身而出、大显身手的时机吗？于是，他把自己关在房间里，洋洋洒洒地写了个奏折，结合他对居庸关的守地考察，阐述了他的御敌构想和克敌制胜的用兵谋略。

父亲王华知道后惊出一身冷汗，大骂了他一顿：“你小子，知道兵凶战危吗？知道兵者乃凶器，圣人不得已而用之吗？”王华命王守仁立即停止这一疯狂举动。

王守仁对父亲说：“我要像终军一样，上书皇上，请领一万兵马，征讨刘千斤、石和尚等草寇，让国家安定和平。”

父亲王华听罢，怒斥道：“你疯了吗？一介书生妄言兵事，你不是找死吗！”又说：“你懂什么，治安缉盗要有具体办法，不是说几句话就能见效的。还是先把学问做扎实了，再来建功立业吧！”

好在当时的皇帝看都没看王守仁的奏折，扔在了一边。王华心里很为王守仁担心，斥责他太狂，早晚要遭灾惹祸。王守仁也不敢再言及此事，专心读书。

王守仁所言的“终军故事”是何典故呢？

终军，字子云，西汉济南人，是汉武帝时期的名臣，博闻多识，文采飞扬，官至谏议大夫。终军年少时博学善辩，名闻于郡中。当地太守奇其才，欲与交结，终军却不以为然拜揖太守而去。当他十八岁时，前往长安上书言事，汉武帝读过他的奏折后大为惊异，拜为谒者给事中，受命巡行郡国。

后来，他主动请缨出使南越，说：“我希望得到一根长绳子，一定捆住南越王，把他弄到朝廷来。”他想劝说南越王归顺汉朝。结果他到南越后，一番说辞晓以大义，南越王表示愿意归顺，但是南越的大臣吕嘉却极力反对。吕嘉发兵攻打南越王和汉使，终军也被杀害，死时才二十多岁。后来，世人都称终军为“终童”。

可见，少年王守仁对终军的事迹很是向往，也决心效仿。

施巧计教训恶继母

王守仁的母亲郑氏在王守仁十三岁时就因病去世了。王守仁在居丧期间思念母亲，常常悲伤哭泣。是啊，母亲怀胎十四个月才生下自己，给予自己生命，又辛苦养育十多年，深恩未报母亲就去了，王守仁怎能不悲从中来!

办完了郑氏的丧事后，身为状元郎的王华又迎娶了一个年轻的女子赵氏。成亲那一天，王家府第热闹非凡。王守仁对突如其来的喜庆气氛十分难过，心里很不舒服。第二天，父亲王华就把这个年轻貌美的女子领到王守仁的面前，说这是他的新母亲。

王守仁的态度十分冷漠。在他心里，母亲永远只有一个，谁也代替不了。更让他难以忍受的是，这个年轻的继母经常打骂他，拿他出气。

挨了打骂的王守仁心中委屈，又不敢告诉父亲。他到街上转悠，正好看到有个人叫卖猫头鹰。看着猫头鹰，王守仁不觉计上心来，当即买了下来。

然后，王守仁找到一个有名的巫婆，向她讲述了自己被继母虐待的遭遇。那巫婆听了，很是同情。然后，王守仁便让她帮助自己。巫婆见这孩子十分机灵，笑着问他如何帮忙。王守仁便上前附耳细说如此这般。

王守仁回到家后，提着装有猫头鹰的袋子躲在继母门外。趁她走出房间，王守仁溜了进去，把猫头鹰塞到了她的被窝里。然后，他再蹑手蹑脚回到书房，扮出一副用功读书的模样。

继母回到卧室，拉开被子准备睡觉。突然，只听得“啊”的一声惨叫，她看到昏暗的灯光下，一个黑乎乎的影子从被子里钻了出来，迅即飞腾而起，发出了凄厉尖锐的怪叫。原来是一只大鸟，张开翅膀一个劲儿地在卧室里来回盘旋。

继母惊恐万分，大声叫喊:“来人啊……救命啊……”

一帮仆从闻讯赶来，他们慌忙打开窗户，大鸟这才扑腾着从敞开的窗户飞了出去。继母吓得不轻，晚上也无法入睡。浙江有忌野鸟入室的风俗，况且猫头鹰被当地人认为是“恶声之鸟”，见者不祥，它藏于被中，令人特别惊恐。

继母心怦怦地跳个不停，生怕有什么灾难降临。

王守仁听到房中的惊叫之声，装作不明所以，问继母原因。继母赵氏不知道这是王守仁的恶作剧，便将猫头鹰入室伏于被中之事说给他听。

王守仁对继母说："我听古人说，猫头鹰乃恶声之鸟，此事大为不祥。"

继母吓坏了，忙问："那怎么办？"

王守仁说："这事得找个巫婆来问问，看看这只猫头鹰为什么会出现在咱家。"

于是，第二天清早，王守仁就一路小跑出了门，到了巫婆那里："快快，好戏开始了，该你上场了。"早就准备好了的巫婆忍住笑，装作一脸严肃地来到了王府。巫婆入门便说："府中有一股怪气。"她见到赵氏，又说道："夫人气色不佳，也许将有大灾。"

赵氏更加惊恐，将被中出现猫头鹰的怪事相告，巫婆道："老妇问问神灵，就知道原因了。"巫婆点燃香烛，请赵氏下拜。然后，巫婆便作起法来。她先在地面升起几堆火，然后赤着脚，披散着头发，摇动两个铃铛，围绕着火堆蹦来跳去。跳着跳着，突然，巫婆身体猛一哆嗦，两眼发直，发出一个中年女人的声音来："我乃状元公王华原配、王守仁的生母郑氏是也，你这个小狐狸精，居然虐待我的儿子，不要以为你做的事情我不知道，我化身为猫头鹰，已经全都看到了。你等着，再过不久我就会回来取你性命……"

继母听了巫婆的话，吓得随即扑通一声跪在地上连连求饶，并承诺以后不再虐待王守仁，让他继续读书……

见事已办妥，巫婆便睁开眼睛，恢复原声道："刚才见到先夫人郑氏，神情十分恼怒，托怪鸟啄你生魂，幸夫人愿意改过，方才离去。"

继母急忙拿出银子，让王守仁送巫婆离府。王守仁忍住笑，送那巫婆出门。巫婆出了门，对王守仁说："怎么样，效果还不错吧？"

此后，王守仁再没有受过虐待，读书游戏，十分自在快活。

新郎在新婚之夜失踪

在父亲王华看来，十多岁的王守仁总有点心猿意马。他一会儿玩射箭，一会儿学骑马，一会儿搞军事游戏。刚把兵书放下，又对道教典籍看得入迷，还时常像煞有介事地静坐修道，说是在练习吐纳。

王华见了直叹气，天知道这小子到底想做什么，他只担心王守仁像猴子掰苞谷一样，东一下西一下，最后一事无成。

王守仁在七八岁时，曾接触过道教养生术。十三岁时，他重新热衷于道教，但这一次不仅仅是养生术，还有渊深博大的道家学说。这次回归道教，实因生母不幸辞世，在为母亲守孝期间，王守仁悲恸不已，变得多愁善感。后来，他时常感叹说，人生在世，生命无常，来去匆匆，聚散无定，倒不如学习道教长生术，做个逍遥自在的不死神仙。

不过很快，他又被英雄豪杰的传奇事迹吸引了，慨然生出“经略四方”的志向，把道家典籍扔到了一边。不过，这个时候，他对那些道家经典已经倒背如流了。

弘治元年（1488 年），王守仁十七岁，已经成为一名玉树临风的青年才俊，有道是“男大当婚，女大当嫁”，他马上就要成亲了。

王守仁要娶的媳妇是出身名门望族的大家闺秀。他未来的岳父叫诸介庵，浙江余姚人，是父亲王华的至交，时任江西布政司参议，相当于现在省政府里的民政厅厅长。

这门亲事还是诸介庵主动提起的。当初，诸介庵到王家做客，看到了王守仁，非常喜欢。虽然当时王守仁不会说话，还喜欢调皮捣蛋，但这些缺点在诸介庵眼中却成了优点，他非常看好王守仁，认为王守仁将来一定能成大器，于是果断地和王华定下了“娃娃亲”。

现在，王守仁已经十七岁，可以成婚了。既然是父辈定下的亲事，孝顺的王守仁自然不会违逆，于是，他亲自到千里之外的南昌迎娶诸氏。

诸介庵对这个远道而来的女婿招待得也格外热情用心。但意想不到的是，就在一刻千金的新婚之夜，王守仁居然昏头昏脑地走出了诸家，在南昌城的街道上漫无目的地游荡起来。

或许是命运使然，王守仁不知不觉地走到了一处道观，抬头看见了“铁柱宫”三个大字。铁柱宫在江西南昌很有名气，许多达官贵人常来光顾。不过，在那个宁静的深夜里，王守仁可算是唯一的来客。

王守仁独自走了进去。大殿的神案前有两盏晦暗不明的灯，殿中一块蒲团上坐着一位白发垂肩、骨骼清奇的老道士，正闭目养神。王守仁对道家功夫略知一二，猜他大概正在修行导引之术。

王守仁轻轻走上前去，安静地坐在道士面前。也许是听到了一些轻微的呼吸声，老道士缓缓睁开眼睛。

他看了王守仁一会儿，不觉有些吃惊。眼前是一位举止文雅的十七八岁少年，眉宇之间透着一股英气。只是这年轻人的脸色不太好，呈现一种不太健康的青黑色。道士关切地对王守仁说：“年轻人，你的身体可不太好啊。”

王守仁点头拱手道：“是的。我从小身体就不好，常犯风寒，脸色不佳，所以一直修习导引之术。”

那道士长长地“哦”了一声。王守仁躬身行礼道：“敢问老神仙何方人氏？”

道士笑着回答：“‘老神仙’三个字可不敢当。贫道祖籍四川，因访友问道来到此地。”

王守仁仔细打量，见那道士鹤发童颜，目光有神，便问：“老神仙高寿啊？”

道士回答：“惭愧，老朽九十有六。”

王守仁闻言一惊，九十六岁的老人还如此硬朗，世间少有啊！可见道家所谓长生之术并非妄言。

他又问：“请问老神仙仙名？”

道士叹息着答道：“贫道从小就在外面漂泊修行，姓名早已忘记。有好事者见我经常静坐，无所作为，所以称我为‘无为道者’。”

王守仁起身走近老道士，恭敬地施礼道：“您是世外高人，必有养生妙法，敢请赐教一二。”

道士笑笑说：“以老朽看来，养生之要，无过养静。岂不闻老子清静，庄周逍遥？只要你能够领略到清静妙处，就能够进入虚无逍遥之境。”

王守仁读过“老庄”，知道这位老道士的意思。按道家养生法，无非是修习静坐之道，行呼吸导引之术，进入坐忘虚静的状态。只要心静神空，就能进入逍遥境界，得以益寿延年。这就是身心安顿、性命双修的养生秘诀。

两人闭目静坐，直到东方发白，也毫无倦意。

这时，老道士问道：“年轻人，你的静坐功夫还不错。听口音你好像不是本地人，来此何干啊？”

王守仁听闻如梦中惊醒，不觉“啊呀”一声，此时总算想起来南昌是为了完婚，昨夜正值洞房花烛夜，那新婚娇妻只怕还在等着自己呢！他忙从地上站起来，匆匆和老道士道别。

老道士意味深长地对他说：“年轻人多保重身体，也许将来我们还会再见，那时，也许是在一个你我都意想不到的地方。”

王守仁对老道士这番玄奥之言一时难以理解，随口问道：“我们何时再见？”

老道士高深莫测地笑笑，伸出两根手指说：“珍重珍重，二十年后吧，当再见于海上也。”看样子，老道士早就知道他是王守仁。那么这番铁柱宫巧遇就不是偶然了，是专为等候王守仁——等候他干什么呢？难道是两人前生有什么约定？

王守仁无暇多想，赶忙拜别道士，一路跑回岳父家。

可想而知，诸介庵与他的家人自然是一夜无眠。新郎忽然失踪让诸介庵简直抓了狂，绕着梁柱一个劲儿地踱来踱去。忽然看到王守仁喘着粗气出现在门前，诸介庵惊喜交加，王守仁则不停地向岳父道歉。

诸介庵也顾不上追问他去了哪里，只是让他赶紧去见新娘子，与新婚妻子共进早餐。

后来，这件事越传越广，成为王守仁传奇人生中的又一桩趣闻。从中可以看出，王守仁对一件事只要痴迷起来，就会倾注极大的热情和精力。这种使人震惊的热情、执着和痴迷，让他在自己感兴趣的领域足以成为人中翘楚。

第三章
应试不第不动心

“格”竹子累出病来

已经成家的王守仁安分了许多。小夫妻俩恩恩爱爱，婚姻生活和谐而美满。诸介庵看在眼里，喜在心头。可能是为了早点儿抱上外孙，他把女婿留在了南昌，并在江西布政使司为王守仁安排了一份差事。于是，王守仁在这里开始了自己的职业生涯，一干就是一年多。

工作之余，王守仁会找些事情打发时间。作为书圣的后人，王守仁对书法艺术有着与生俱来的灵感和发自内心的热爱。据说因为王守仁太喜欢写字，连带南昌府的纸都涨价了。

王守仁苦练书法取得了很大进步，逐渐形成了自己的风格。他的书法作品以行草为主，将心学融入书法。他曾这样说过自己学习书法的过程：“吾始学书，对模古帖，止得字形。后举笔不轻落纸，凝思静虑，拟形于心，久之始通其法。既后读明道先生书曰：‘吾作字甚敬，非是要字好，只此是学。’既非要字好，又何学也？乃知古人随时随事只在心上学，此心精明，字好亦在其中矣。”这就强调了“心”在学书法中的作用，只有用心揣摩古帖的神韵，才能“通其法”。

王守仁的书法方正清劲、自由散逸、风格独特，在明代书法史上占有重要一席，只是被他突出的哲学成就所掩盖，没能彰显于世。对王守仁的书法，徐渭有这样的评价：“王羲之以书掩其人，王守仁以人掩其书。”意思是说，书圣王羲之的书法太有名气了，以至于让世人忽略了他其他方面的才华；而王守仁在其他方面太成功了，让世人忽略了他在书法上的造诣。

王守仁的志向是做圣贤，而绝不是当第二个王羲之。王守仁在南昌衙门待了一年半以后，经岳父大人再三考虑，才同意他带着妻子返回北京。

路过上饶时，王守仁听说著名理学大师娄谅住在此地，便带着妻子一同去拜访。

娄谅，字克贞，别号一斋，江西广信上饶人，明代著名理学家。他年轻时是一位豪迈之士，不屑于世物，一心立志成圣，曾经遍访名师。他对时下流行的学问很是不屑，说："大家所说的都是举子学，并非是身心的学问。"

后来，娄谅听说著名理学家吴与弼在抚州崇仁乡居，便从上饶赶往崇仁，投在吴与弼的门下。吴与弼的学术思想影响较大，弟子众多，形成了"崇仁学派"。吴与弼非常赏识娄谅，把平生所学全部教给了他。几年后，娄谅因病回到上饶的家中。他的知名度在上饶越来越高，地方官员对他也很敬重，常常带着幕僚前来拜访。但他平时不与官府过多交往，把更多的时间用于做学问，翻阅群书常常到深夜，不曾有丝毫懈怠。

王守仁偕妻子前来拜访的时候，娄谅正在给弟子们讲课，足有几百人。这时，娄谅已经是六十八岁高龄的大学者了。老先生丝毫不保留，把自己做学问的心得传授给了王守仁。

这个时候的王守仁虽然也读了朱熹的很多书，却并未深究彻悟。他来向娄谅请教朱熹理学，实际上还是想得到如何成为圣贤的答案。

他问娄谅："如何做圣贤？"娄谅自信满满地回答："圣人必可学而至。"

这是真的吗？！王守仁差点叫出声来。这正是他一直以来的想法。这句话点破了王守仁内心的向往，所以深深打动了王守仁。这句话他一生也没有忘记，后来还说给无数人听，点燃了无数人的热情与梦想。

他问："为万世开太平是不是通往圣贤之路的捷径？"

娄谅摇头，说："绝对不是。你说的为万世开太平是'外王'，只有先'内圣'才能'外王'。"

王守仁再问："怎样拥有'内圣'呢？"娄谅一字一顿地回答："格

物致知。”

格物，是指探究事物规律的意思。宋儒认为“天下之物，莫不有理”：任何事物之所以呈现这个状态，是因为其内部有“理”，也就是有自身规律。只有格物，才能明“理”。明白一切事物的道理，就能成为圣人。

娄谅的教导让王守仁豁然开朗，仿佛黑暗中照进一缕光，让他清楚地看到了自己成为圣贤的进阶之路。

王守仁表示谨遵娄谅教诲。娄谅告诉他，人生态度不可苟且，要绝对真诚严肃。

娄谅教导王守仁说：“五百年必有王者兴，其间必有名世者。”既有王者，也自当有闻名于世的圣贤。圣贤并非出自天命，只要一个人肯用心，下苦功格物致知，就能达圣贤境界。

这是王守仁在娄谅那里学到的最有价值的一句话，坚定了他致力于成为圣人的信念。后世认为，即使娄谅不是开启王守仁心学研究道路的人，也对王守仁起了非常重要的作用。

据说，娄谅有个小女儿，南昌宁王朱觐钧素来仰慕娄谅大名，托人说媒，为自己的儿子朱宸濠订立了婚约。结果，明珠暗投，玉石俱焚，后来的事让王守仁深为感叹。不过这已是后话了。

明弘治三年（1490年），王守仁的祖父王伦去世。

那位给了王守仁自由开放、活泼生动的童年的老人去了，留下祖母岑氏孤独地守着偌大的宅院和一片竹林。亲人的去世让王守仁仿佛一夜之间就长大了，以后的日子里，他时常回想起祖父的音容笑貌。

司马迁说过，人总有一死，或重于泰山，或轻于鸿毛。王守仁开始思考人生的意义，仿佛知道了自己今生今世的使命与担当，那就是成为智慧与品德都超越凡俗的圣贤。

在为祖父守孝的那段时间里，王守仁每天的生活除了吃睡，就是学习，常常读书到深夜。通过勤奋学习，王守仁懂得了不少道理，在待人接物方面模仿圣人“端坐省言”，不再放纵自己，开始体悟理学家的身心修养功夫。

在读书迎考期间，王守仁做了一件匪夷所思的事情。朱熹的《四书集注》是科举考试的指定教材，他的思想被官方和民间一致推崇为经典。王守仁既然立下了当圣贤的愿望，自然要读通悟透朱熹的学说。

王守仁记得《大学》中提到“格物致知”，书中认为修身、齐家、治国、平天下之道都以“格物致知”为前提。南宋理学大家朱熹论述了“格物致知”的思想，指出“格物致知”既在求真，也在求善。“格物”不仅能获得外部事物的知识，自身道德体认也会得到践履。知识愈多，心中之知就愈加明了。在朱熹的《近思录》中，王守仁看到一句话，意思为：众物必有表里精粗，连一草一木都蕴含着至理。仔细品味一番后，王守仁似有所悟。因为娄谅也告诉过他，一草一木都有道理，必须要去格出来。

王守仁立志要当圣人，就要把“格物致知”搞明白。既然朱熹都这么说了，那就格吧。该格什么呢？爷爷在自家后园种了很多竹子。在中国人的心目中，竹子不仅仅是一种植物，更是一种文化的象征。爷爷王伦生前特别喜欢竹子，他不仅自称“竹轩翁”，还在自己的屋前屋后种满了竹子。王守仁决定那就从格竹子开始。

王守仁特意邀请了一个姓钱的朋友和他一起格竹子。每天两个人早早起床，吃过了早饭，就坐在院中的竹林里，目不转睛地注视竹子。在年轻的王守仁看来，透过竹子，将会看到整个世界，参透了竹子的变化玄机，也就掌握了宇宙万物的变化规律。

他们坐在竹林里，眼睛紧盯着竹子，竭尽全力想格明白其中蕴含的道理。一个时辰、两个时辰，一天、两天……他们忘记了吃饭，忘记了喝水，忘记了周遭的一切，眼中只有竹子。结果到第三天，钱姓朋友就挺不住了，开始打退堂鼓，内心开始质疑这种格法有何意义。

只剩下王守仁一个人坚持格竹。王守仁是有圣贤情结的人，认为自己一定能坚持下去。但他到了第七天也开始头晕眼花，觉得身体越来越沉重，视力越来越模糊，呼吸越来越急促，心跳越来越混乱……他因劳累过度病倒了。

病了倒不算什么，最关键的问题是他格竹失败，完全没有悟出竹子和天地万物的道理。这就意味着他在成圣之路上遇到了重大挫折。

王守仁以竹子为格物之题，整整思考了七天，史称“阳明格竹”。

其实，程朱的格物致知，强调一草一木都有存在之理，多观察多思考，这样才能化繁为简，融会贯通。这是一个漫长的过程，王守仁却想通过格竹一蹴而就，领悟万物之理，这自然是不可能实现的。但王守仁却因此对朱熹学说产生了怀疑——至少朱熹的“格物致知”之说，并不是通向圣人之境的大道，而且很容易让人产生误解。

朱熹的学说可能是错的！这种想法在当时无疑是离经叛道的。连朱熹的学说都敢质疑，那么世间就没有什么是不能怀疑的了。但王守仁还是产生了怀疑，所谓的经典在他眼中不再完美无缺。他陷入苦恼之中，从前对朱熹的狂热瞬间全无，转为一种没有根由的绝望。

不过，没有王守仁格竹的失败，可能就很难有后面的龙场顿悟。

“世人以不得第为耻，我以不得第动心为耻”

明弘治三年（1490 年），王华让王守仁多看经义和八股，以应科举考试。于是，王守仁白天跟着大伙儿一块儿上课，晚上搜集诸子百家的经书，广泛浏览，常常看书到深夜，有时家人都已一觉醒来，却见王守仁仍秉烛夜读。王守仁刻苦勤奋之下的长足进步使别的子弟望尘莫及。

王家子弟时常切磋交流，众人见王守仁文字功底一日千里，大惊道：“你的注意力已放到应试科举之外了，我们都不如你呀！”可见王守仁读书之广博，并不只苦读应试必考的那几本书。

王守仁二十一岁时，在浙江参加了乡试。

乡试过后，王守仁又去京师参加会试，却因思想太过新颖，与程朱理学格格不入而名落孙山。王华的同僚早就听说了王守仁的各种逸事，见他落榜，都来鼓励他。

时任礼部侍郎的李东阳也来看望王守仁。他是当时的诗坛领袖、“茶陵派”鼻祖，还是一位有名的书法家。李东阳早已听闻守仁之才名，于是他笑着说：“伯安，你此科落第是才气未舒所致。下科你必当中个状元。那你就试着作个《来科状元赋》吧。”

李东阳这么说不过是想帮受挫的王守仁找回信心，众人也没当真。谁知王守仁提笔就写，文思泉涌，倚马可待。众人惊愕之余拿来一看，但见其旁征博引、纵横捭阖，纷纷叹服，连呼“天才”。有人不服气，暗地里议论：“这小子仗着有才如此狂妄，将来要是发达了，哪还会把我们放在眼里？”

事后王守仁也颇为自己的狂傲而悔恨。不过，他并没有灰心失望，又继续准备。过了三年，王守仁又进了考场。可惜这次老天爷仍未垂青这位勤奋的才子，落榜的厄运又一次降临在了王守仁身上。要是一般人，早该受不了这沉重的打击了。

对于王守仁来说，考进士做大官只是世俗要求下的一种谋生职业，尽人事、听天命就行了。探索成圣的道路、参悟人世间的哲理才是他奋斗一生的事业。正所谓：志大而襟宽。因此，当周围落第的同学哭天抢地、寻死觅活时，王守仁却淡定地说道：“世以不得第为耻，我以不得第动心为耻。”他认为落榜并没有什么可耻的，因落榜而自暴自弃才是可耻的呢！

但落榜就是落榜，说什么也没用。后来，王守仁回到老家组织了一个龙泉山诗社。王守仁的龙泉山诗社社员们的主要活动无非是吟诗作赋，相互品评，偶尔游山玩水，下棋对弈，一派名士生活。王守仁与魏瀚等诗社成员同游龙泉山时，留下了许多唱和诗。其中有一首：

我爱龙泉山，山僧颇疏野。
尽日坐井栏，有时卧松下。
一夕别云山，三年走车马。
愧杀岩下泉，朝夕自清泻。

在山清水秀的环境里吟诗作赋的生活陶冶了王守仁的心性，让他能够坦然面对生活的得意和失意，以诗言志，抒发苦闷，佳句迭出。比如：

三月开元两度来，寺僧倦客门未开。
山灵似嫌俗士驾，溪风拦路吹人回。
君不见富贵中人如中酒，折腰解酲须五斗？
未妨适意山水间，浮名于我亦何有！

不过，这种消极归隐的念头只存在了很短的时间就被打消了，在诗社后期，王守仁写给诗友陈宗鲁的诗中，他积极追求内圣外王的心意再次显露：

学诗须学古，脱俗去陈言。
譬如千丈木，勿为藤蔓缠。
又如昆仑派，一泄成大川。
人言古今异，此语皆虚传。
吾苟得其意，今古何异焉？
子才良可进，望汝成圣贤。
学文乃余事，聊云子所偏。

诗中先申明了明代前七子的文学复古主张，然后又转到成圣的话题上来。他在诗中明确表示了“望汝成圣贤”“学文乃余事”的志向。

弘治十年（1497 年）五月，鞑靼达延汗进攻京师东北的潮河川，继而又攻大同。边报紧急，京师震动，举朝仓皇，推择将才，竟一时没有敢于应征的人。

王守仁听说后叹道：“武举之设，仅得骑射击刺之士，而不收韬略统驭之才。平时不讲将略，想仓促之间获得将才，难哪！”

这一年，王守仁年已二十六岁，回到了京师。王守仁开始用心钻研兵法，四处寻觅兵书，无一不精心研读。

他认真研读和批注过《武经七书》，比较看重的是《司马法》，认为它几乎就是儒家用兵的系统总结。他也点评称："兵者，国之大事，关系到民族存亡，国家兴衰，不以正义统率必成凶器。"他评价《吴子》时，将孙武和吴起的兵法思想进行了对比。杀妻求将的吴起极其渴望出人头地，却一生命运坎坷。性格决定了其带兵打仗追求实用的特点，包括他爱兵如子，亲自为生疮的士兵以口吸脓。《史记》就通过士兵母亲的话暗指吴起收买人心。所以《吴子》的价值正在于其极端务实，通篇只讲"山谷中应该怎么布兵，森林里应该怎么行军"。

王守仁对于《孙子兵法》的批注最为精细，这本书对他后来的军事行动有深刻影响。在王守仁看来，"运用之妙，存乎于心"。兵者就是用来以暴制暴的利器，在手段使用上自有兵不厌诈的道理，对付奸诈暴戾者不必过于仁慈。

王守仁如此钻研兵法，显然是希望将来能够像马援、王越那样在沙场建功。

在工部与刑部打工的日子

明孝宗弘治十二年（1499 年），大明朝廷按照惯例举行了三年一次的会试和殿试。

此次会试，由已升任大学士的李东阳与翰林学士程敏政主考。王守仁参加了这次会试，不料会试期间却出现了一桩意外：户科给事中华昶捕风捉影，竟上书指责程敏政事先将考题出卖给了江阴举人徐经和苏州举人唐寅（就是那位"江南四大才子"之一的唐伯虎），由此掀起一场轩然大波。结果双方各被打了五十大板，程敏政被勒令致仕还家，华昶则被降调南京太仆寺任主簿。最倒霉的是徐、唐二人，他们在赎免徒刑后，又黜充吏役，最后被终生禁考。这就是弘治年间闹得沸沸扬扬，至今仍然扑朔迷离的“会试泄题案”。

但王守仁这次科考却以优异成绩通过了会试。在接下来的殿试中，二十八岁的王守仁终于如愿高中进士，“赐二甲进士出身第七人，观政工部”。二甲第七名相当于全国第十名。

九年光阴，三进考场，王守仁终于进入官场。不过，他未能进翰林院继续深造，而是“观政工部”。“观政”，相当于见习、实习，被打发到了工部实习。工部负责朝廷的土木建设工作，比如都城建设、漕运水利、铁厂织造、屯田铸钱等。工部虽为六部之末，却是一个很实惠、很有油水的部门。

但王守仁志不在此，他可是胸怀圣贤之志的人物，当然不会贪图这点油水。在工部实习不久，朝廷派王守仁前往河南浚县主持建造威宁伯王越的陵墓。

王越可谓身系大明帝国安危的柱石人物。他曾任兵部尚书，晚年被任命为大同、延绥、甘宁总制，为防范鞑靼侵扰立下卓越功勋。明成化十六年（1480 年），王越出击漠北攻击鞑靼，一战功成，跻身明朝名将行列。明弘治十一年（1498 年），王越在甘州军营去世，消息传到京师，皇上很哀伤，特命工部为其建造一座堂皇的陵墓，工部就把这件差事交给了王守仁。

这项任务让王守仁觉得很有意义。在当时，文官因为军功而封伯的只有两人，一个是平定麓川的靖远伯王骥，另一个就是收复河套的威宁伯王越。喜欢兵法的王守仁，对王越也非常崇敬和钦佩。

据史料记载，王守仁二十七岁那年曾梦见过威宁伯王越。当时王守仁在梦中走过一条幽静的小径，来到一间破落的房子里，而王越就披着黝黑的铠甲，一手拿着书本，一手握着宝剑，席地坐在房屋的角落里。

王越对他说：“你这两次都科举不中的家伙实在够倒霉的，告诉你，我就要死了。”王守仁答道：“人总有一死，或轻于鸿毛，或重于泰山，您若死在边疆的沙场，也算死得其所。”王越笑道：“你倒是明白，我看你我有缘，想将自己的宝剑赠予你，你要吗？”他将腰间宝剑解下来送给了王守仁。在灯光下，王守仁抽出宝剑，只见它在灯下闪着寒光，宝剑上赫然刻着一行字："威宁伯王越"。

王守仁刚想说话，一急之下却醒了过来。醒来后，王守仁还对别人说："我应该效仿威宁伯王越'以斧钺之任，垂功名于竹帛'。"

能为自己的偶像修建墓穴，王守仁当然非常开心。

督造陵墓的过程中，王守仁从不坐轿，而是选择骑马，希望自己有朝一日能像王越一样驰骋沙场。有一次坐骑受惊，王守仁从马上倒栽葱摔下来，摔得吐血，可之后仍然坚持骑马。

兵书不是白读的，阵法也不是白看的，一个整修陵墓的小小工程，也成了王守仁练习指挥调度的大好机会。他见大家的作息安排不太合理，于是他把每十个人或者五个人分为一组，组内人员负有连带责任；还设计出类似现代企业三班倒的工作模式，把手下的民工分为三批，让这些人在同一段时间内，一批干活，一批吃饭休息，一批睡觉，然后三批人按次序进行工作交接。这样一来，就保证了整个工程进程的有序和高效。

他还按照兵书上的布置，组织民工们演练阵法"八阵图"，从中得到了指挥千军万马的快感。王守仁后来说，如果把这些民工带到战场上，那就是一支招之即来、来之能战的精兵。

工程进行得很顺利，王越的家人相当满意，他们对王守仁的感激之情无以言表，就拿出了大笔金银珠宝作为酬谢。王守仁怎么可能要呢？他好说歹说，总算让王越的家人收回了财物。王越的家人觉得不送点东西实在过意不去，于是商量后决定把王越生前佩带的宝剑送给他。

王守仁很惊讶，说："哎呀，这样贴身的东西怎么忘记埋下去了？"王越家人纷纷说道："是啊，不如您就收下做个纪念吧！"王守仁接过宝剑一看，相当吃惊，原来宝剑上刻的文字，居然和自己在梦中看到的一模一样。看来，真是威宁伯要把宝剑送给自己，王守仁便收下了这把剑。后来王守仁能文能武，征战沙场所向披靡，冥冥之中似有天助。

明弘治十二年（1499 年），一颗彗星从大明都城的天空划过。一时间京城里人心惶惶，认为必有灾祸将至。此时大明王朝的边境也不得安宁，北方鞑靼虏寇频频犯境，大肆抢掠。孝宗皇帝心中十分焦虑，一边祈祷上苍保佑江山社稷，一边急诏朝臣询问良策。

位卑未敢忘忧国。此时身为六品小吏的王守仁洋洋洒洒地写下了《陈言边务疏》，提出了自己的八大主张：

一曰蓄材以备急；二曰舍短以用长；三曰简师以省费；四曰屯田以足食；五曰行法以振威；六曰敷恩以激怒；七曰捐小以全大；八曰严守以乘弊。

王守仁清楚此刻自己人微言轻，但他还是希望八项建议能酌情施行。然而，奏折呈上去却如泥牛入海，杳无音信。

“蔡蓬头”与洞中高僧

第二年，即明弘治十三年（1500 年），二十九岁的王守仁在完成督筑威宁伯王越墓后，实习期满，被分配到刑部云南清吏司担任六品主事。

这个岗位不需要他去云南，而是留在京城，主要是审核云南报上来的有关刑案卷宗文书。当时云南是刑事案件多发地区，王守仁感到刑部的工作相当繁重。刑部的官员们不仅要熟悉大明律法，还时常需要面对礼与法、情与理的权衡与考量，而这也正是一个渴望成为圣贤的人所必须通晓的内容。

王守仁开始时还认为自己有了用武之地。一段时间后，他突然感觉到很累，这种累是身心俱疲。官场中人往往会把一件非常简单的事搞得极其复杂。在处理公事之外，王守仁还要在官场交际上煞费苦心。他抱怨说，官场中纷扰杂沓，根本就不是自己想做事就能做成的。一份本已证据确凿的案件，递到上级那里，却被打回，原因自然是有人收了案件当事人的贿赂；而有的案件，呈递上去却杳如黄鹤。

在负责提牢时，王守仁有一次去巡视牢狱，发现那些囚犯都以米糠为食，而朝廷拨给囚犯的口粮竟被狱卒私下用来喂猪。王守仁非常愤慨，当即召集狱吏训话："朝廷有好生之德，即便是囚徒，也拨给米粮布被，使其不致受冻挨饿。囚犯也是人，你们却待其不如猪犬，夺食以喂猪，率兽以吃人，为朝廷招怨，你们是猪犬不如！"

作为一个有抱负有担当的官场新人，王守仁不知道自己做的工作是否有意义，是否还要坚持下去。

明弘治十四年（1501 年）的一天，上司派王守仁去南直隶、淮安府，会同当地巡按御史审查囚狱案件。于是，王守仁作为中央刑部特派员上路了。

这是王守仁第一次去淮安。这座名城位于淮河与大运河的交汇处，战略位置十分重要。王守仁到了那里，通过查阅卷宗，提审人犯，走访证人，得知这些重囚大多是秋后问斩的死刑犯。王守仁发现一些死囚十恶不赦，的确该杀，但也有一些是在严刑拷打下被迫认罪的；还有一些早该被处决，因为花了大量钱财买了命，在等待出狱的机会……他认真清理了一批明显有冤情的案件，并予以平反昭雪。

在完成公事之余，他还攀登了九华山。时年三十岁的王守仁从池州出发，曾在五溪行馆停留，题诗于望华亭；至柯村歇息，宿无相寺，还留下了诗篇《夜宿无相寺》：

春宵卧无相，月照五溪花。
掬水洗双眼，披云看九华。
岩头金佛国，树杪谪仙家。
仿佛闻笙鹤，青天落绛霞。

此次，王守仁在公务闲暇之余，寄情于九华山水。在灵山秀水、佛国烟霞的美景中，他诗兴大发，写下了《九华山赋》与其他二十余首诗篇。他在《九华山赋》中感慨人生如梦，荣华富贵犹如木槿之花，朝荣夕逝。他慨叹自己虽然有几分雄杰之质，也没有被世俗之情所迷惑，但仍一无所获，所以真心羡慕道家神仙超脱尘世的境界。

王守仁到九华山游览消遣，实际上也是因为对官场很多事心生厌倦。“却怀刘项当年事，不及山中一着棋。”那些伟大的光辉事业毫无意义，还不如在深山中下盘棋舒坦。

王守仁自幼就对道家理论充满好奇和莫大兴趣，此时听说九华山有个叫“蔡蓬头”的道士精通道家养生之术，便四处探访求教。

这位蔡蓬头因为长年累月蓬头垢面而得名。他在九华山的山洞里居住多年，精通炼丹术。他常向山下寺庙的和尚要吃的。和尚如果脸色稍有不满，蔡蓬头立即怒目而视，转身就走。和尚急忙追上去道歉赔礼，恭敬地送上热腾腾的饭，这蔡蓬头才原谅和尚。

王守仁一听此人行事，当即叹为奇人，一心想去拜访，当面求教道家精义。道家清修之地，总是在僻静难寻之处，为的就是不会轻易被人打扰。王守仁找了许久，才找到蔡蓬头的居所。

这位道长居所极为简陋。阴暗潮湿的环境里，蔡道长正在打坐，知道王守仁前来拜访也不理睬。王守仁毕恭毕敬地等在一旁，道长却只想尽快把这位不速之客打发走，干脆不理他，打坐之后竟到后面烤火去了。

但是没想到王守仁不仅不离开，反而紧跟在道长身后请教长生之术。蔡蓬头被王守仁黏得实在是没办法了，便说出“尚未”两个字，那意思大概是说时机还没有成熟。王守仁以为蔡蓬头是怕人多嘴杂泄露了天机，便让随从离开，一个人跟着蔡蓬头到了后厅接着拜请。不料，蔡蓬头扔给他的还是那两个字：“尚未。”

王守仁坚持请他讲讲。蔡蓬头忍不住哈哈大笑，说：“虽然你对我这臭烘烘的道士显得谦恭有礼，终究还是一副官相啊！”

王守仁悚然一惊：这蔡蓬头虽是冷嘲热讽，却是一语道破天机。自己热衷于圣贤之道，积极用世，渴望建功立业，这不是红尘中人的“官相”是什么？他虽极力谦虚求教，却总是显出降尊纡贵、礼贤下士的姿态。蔡蓬头这位民间道士对此是十分敏感的，立刻感受到了这种“官相”，马上就避而远之。

王守仁被丢在原地，独自沉默了许久。俗缘未了，何谈仙佛？难道应当彻底放弃自己在世间的所有追求，去做一个世外清修的隐逸之士吗？他还没有想明白这些人生的大关节。

王守仁又打听到九华山的地藏洞住着一位行事举止比蔡蓬头还要奇异的老和尚。王守仁执意前去拜访求教，因为他内心有太多的困惑和迷惘。

这位得道高僧住在悬崖峭壁之上，拿野兽皮当被褥，用树叶做衣服，以松果为食物，不食人间烟火，几乎完全过着原始的生活。王守仁特别喜欢结交这样的奇人异士。于是他一路攀岩走壁，历经千辛万苦，终于在一个黑黝黝的山洞中找到了这位老和尚。

老和尚当时正在睡觉，不过只是假寐，想试探王守仁的诚意。王守仁懂得老和尚的意思，便在一旁静静地等着。突然，他发现和尚的脚趾露在外面，便开始帮和尚揉起脚指来。老和尚觉得来者不是寻常人，便睁开眼睛说："道路崎岖，你是怎么到这里的？"王守仁说自己一路辛苦爬山而来，想修炼上乘功夫。老和尚很欣赏眼前这个有着一把长胡子的年轻人，两人席地而坐，纵论佛道之义。

谈到儒家之道，老和尚说："周濂溪、程明道是儒家两个好秀才。"意思是说，王守仁没有出世求仙的命，只需要向儒家周程二人学习。周敦颐（号濂溪）是理学和心学大师，而程明道（程颢）则是心学鼻祖。老和尚是说，圣贤之道在民间，在心学上，希望王守仁能从此入手。

提到朱熹，老和尚说："朱考亭是个好讲师，可惜未到最上一层。"显然他对朱熹的学说并不认可，这一观点与王守仁不谋而合。于是两人越谈越投机，无奈天色将晚，王守仁只得遗憾告别。

待到第二天，王守仁兴致勃勃地再来拜访时，老和尚却搬走了。失望的王守仁只得在山洞的石壁上留下一首诗，借以表达自己的遗憾之情：

路入岩头别有天，松毛一片自安眠。
高谈已散人何处？古洞荒凉散冷烟。

王守仁带着无法出世修仙的遗憾结束了九华山之旅，踏上了回京之路。那里是软红十丈的俗世，那里也许才有他的未来，背后的山林古刹也许只能让他的心灵偶尔栖居一会儿。歇个脚，打个盹儿，然后他又要整整衣襟重新出发。

后来，佛家与道家思想成为王阳明心学的重要来源，却不是心学最终的归宿。

阳明洞之悟：从王守仁到“阳明子”

明弘治十五年（1502 年），王守仁完成公差回京。当时的孝宗皇帝较为开明，对于文官的打压控制，远不如以前的天顺和成化时期。这个时候的王守仁又一度痴迷于文学辞章。而与王守仁同龄的李梦阳、何景明等人，正在发起文学改良运动。

李梦阳，字献吉，号空同。他二十一岁中进士后便入朝为官，傲睨当世。他曾经将皇后之父张鹤龄的种种罪状写成奏折，上书皇帝，结果他被打入监牢，险些送命。出狱之后，在街上遇见张鹤龄，愤怒的李梦阳追上去痛骂，还用马鞭打掉了张鹤龄的两颗牙齿。

他凭着一腔热血，经常用文字来针砭时弊，言辞激愤。他曾经写道：“若言世事无颠倒，窃钩者诛窃国侯。”字里行间透露出一股子无处发泄的愤青气息。

与李梦阳一同发起文学改良运动的，还有何景明，这是一位更加狂傲之人。在京城做官时，一次赴宴，何景明竟然让仆人带去了一只便桶。整个宴会席间，他就坐在便桶上读书，不理旁人，以示对时人的不满。

先朝的旧臣和当朝的新进官员在文学上发生了一场激烈的争斗。因为对现实不满，这些新进官员大力提倡复古，他们认为只有复古才能提升士气，革新朝政。

以“前七子”“后七子”为代表的文学复古派，是弘治至隆庆年间最具声势的文学流派。前七子之首李梦阳喊出“文必秦汉，诗必盛唐”的口号。王守仁能与他们一起切磋诗文，足见王守仁文学造诣非同一般。在清代《古文观止》中，明朝文学家中入选文章数量最多的正是王守仁，共有三篇。

所以，李梦阳等人极力邀请王守仁加入这场文学改良运动。可是，王守仁早已看出此举是在用有限的精神，做无益的事情。想要改造现实，只有从改造思想入手，所谓复古不过是流于形式罢了。

有一天，王守仁在反复思考推敲字句时，忽然似有所悟。他猛地扔下笔，说：“我怎么可以把心血和精力浪费到这无用的虚文上？”

这是他内心思想向前跃升的第一个转折点。他悟出圣贤之道并不在于雕琢辞章，做表面文章，而在于悟透世间大道，在于经世致用。因此，他不再以写出一流文章为追求的目标。

弘治十五年（1502 年），三十一岁的王守仁迎来了思想信仰的重大转变。

这一年八月，王守仁肺病复发，于是向朝廷上书，乞求归乡养病。获得批准后，他回到家乡余姚。使他经常咯血的肺病直接威胁着他的生命，让他对未来更加没有信心，期望靠修炼打坐渡过难关。而在静修治病的同时，他的心灵之门也悄然开启。

山阴古城风景秀丽，河湖众多，特别适合静修。王守仁在会稽山中找到一片适合修道之地，就是位于会稽山南的一处洞穴——阳明洞。洞里面曲径通幽，饶有趣味。

王守仁就在洞里住了下来，修炼道家的导引术，并给自己起了一个别号：阳明子。他独自在深山之中，“池边一坐即三日”，“醉眠三日不知还”。他在会稽山留下很多诗句，比如“池边一坐即三日，忽见岩头碧树红”。

《寻春》诗曰：

十里湖光放小舟，漫寻春事及西畴。

江鸥意到忽飞去，野老情深只自留。
白幕草香含雨气，九峰晴色散溪流。
吾侪是处皆行乐，何必兰亭说旧游。

王守仁那颗玲珑透彻、脱俗超尘的心跳跃于空灵优美的诗章之中。而《山中立秋日偶书》则是一番云水风度：

风吹蝉声乱，林卧惊新秋。
山池静澄碧，暑气亦已收。
青峰出白云，突兀成琼楼。
袒裼坐溪石，对之心悠悠。
倏忽无定态，变化不可求。
浩然发长啸，忽起双白鸥。

诗中展示了王守仁洒脱澄明的情怀。他一度沉醉在这种生活方式中，神超形越，远离红尘。他弃绝了一切俗念，心灵在融通无碍的世界中御风而行。

后来据他的弟子描述，王守仁修炼导引术几个月之后，甚至有了一些预知未来之类的超自然能力。有一天，王守仁正在洞中打坐，突然把书童叫了过去，说："有四位相公来拜访，你们可往五云门迎之。"书童来到五云门静候，果见王文辕、许璋等四人前来拜访，此四人都是王守仁的好友。书童将受王守仁差遣，特意前来相迎一事告知四人，四人都感到诧异。见到王守仁之后，他们问他："你怎么能预知我们要来？"王守仁笑着说："只是心清而已。"

王守仁越谦虚，四位客人就越发佩服。自然，他们也把这次经历讲给了更多人听。很快在绍兴城内，越来越多的人慕名前来拜访王守仁，询问各种问题。

其实，王守仁此时只想追求心灵的平静，希望自己能达到佛教中"无相无想"超越世间一切羁绊的境界，但他心中仍有一份无论如何都挥之不去的牵挂。他的祖母岑太夫人已经八十多岁了，一直对他疼爱有加，父亲对他有养育之恩。他放不下这份亲情，他们都是他在这个世界上最亲的人，难道真的要永远离开他们，隐身大山，埋头修炼？这样即使能够长生不老，又有多大价值呢？

一方面是远离红尘，成仙成佛；一方面是父母深恩，人间亲情，到底如何做个了断？就在他天人交战、犹豫不决的时候，忽然灵光一现，他瞬间觉悟道："此孝悌一念，生于孩提。此念若可去，断灭种性矣。"

孝道是基于普遍人性情感和伦理的观念，是融入中国人生命血脉与灵魂的文化理念。王守仁对此体会尤深。而佛教和道教追求的是弃绝人伦，也就是放弃对亲情的执着，弃绝人间温暖幸福之源。这与王守仁珍重父母亲情和强烈的家国情怀格格不入。

人活在世间还是要有所担当的，不能抛弃亲情和该尽的责任。至此，王守仁心中的迷雾一扫而空，感到如释重负。他站起来走出山洞，深吸一口气，外面的空气新鲜纯净，他感到人间俗世才是最真实、最亲切、最温暖的所在。

对于当初在打坐修习导引术时成功预感几位朋友的到来之事，王守仁后来叹道："这是簸弄精神。"他并不追求这种玄幻的东西。王守仁的信仰由天上落到人间，由虚空变为实有，这一转变的意义十分深远。

心学与佛道从此分道扬镳，王守仁开辟了一个全新的儒学思想境界。

之后人们将这个阳明洞中走出的思想家王守仁叫作"阳明先生"。本书也从此时开始将王守仁改叫王阳明。

王阳明身体有一些好转之后，便离开阳明洞，在洞外盖了个茅屋，专心治学。

读书之余，他也喜欢登山，沉浸在大自然的美景之中。不久之后，他又前往杭州，在西湖边上住了下来。西湖美景甲天下，在这样的环境中，王阳明忘记了世间的钩心斗角、尔虞我诈，心情自然也好了起来。

杭州是吴越和南宋的都城，更是江南佛寺道观高度集中之地。王阳明一向喜欢结交异人，到了杭州，怎么可能闲得住？在杭州，他写下了著名的《西湖醉中漫书》二首：

其一

十年尘海劳魂梦，此日重来眼倍清。
好景恨无苏老笔，乞归徒有贺公情。
白凫飞处青林晚，翠壁明边返照晴。
烂醉湖云宿湖寺，不知山月堕江城。

其二

掩映红妆莫谩猜，隔林知是藕花开。
共君醉卧不须到，自有香风拂面来。

还有一首同题诗也写得不错：

湖光潋滟晴偏好，此语相传信不诬。
景中况有佳宾主，世上更无真画图。
溪风欲雨吟堤树，春水新添没渚蒲。
南北双峰引高兴，醉携青竹不须扶。

在阳明弟子眼里，老师在杭州养病时最值得称道的一件事，无疑是虎跑寺中一语惊醒梦中人。王阳明听说虎跑寺有一个和尚，已经闭关三年，终日不发一语，不视一物。在别人看来，大师功力已经非常了得，但王阳明却有另外的理解。他想会会这个高僧，但寺院的人都好心地劝他：“你还是省省吧，人家高僧不可能搭理你。”

王阳明亮出自己六品官员的身份，让寺中小和尚带他去见高僧。来到高僧住所，只见那位高僧一动不动地盘坐在蒲团上，如同一座雕像。

王阳明上前说：“这和尚终日说什么！终日眼睁睁看什么！”

这就是传说中的禅机。和尚一听，睁开了双眼，“啊呀”一声，起身合十作礼。

王阳明问：“你是哪里人，离家多久了？”僧人回答：“广东人，离家十多年了。”

王阳明盯着他问：“家中还有何人？”和尚回答：“还有老母，未知死活。”

“想念她吗？”和尚不语。一片沉默。最后，和尚语带愧疚地回答：“怎能不想念啊！”

王阳明满意地点点头，继续说道：“思念父母是人的天性，岂能断灭？你既然说自己不能不想念，就是真性显现。你既然心里想着母亲，却整日呆坐，徒增烦恼。俗话道：‘爹娘便是灵山佛，不敬爹娘敬何人？信何佛？’去吧，回去看望母亲吧。”

和尚听不下去了：“施主说得极是。”和尚想起亲娘生死未卜，当场放声大哭起来。

后来，这高僧连夜赶回家，探望母亲去了。

和尚即使闭关三年，还是放不下世间亲情。王阳明不禁感慨道：“人性本善，说得一点没错，从这个高僧身上，可以看得很清楚。”

第四章
入朝后的蹉跌

出任山东乡试主考官

明弘治十七年（1504年）秋天，三十三岁的王阳明应山东巡按监察御史陆偁的邀请，出任山东乡试的主考官。

齐鲁之地，圣人之乡，有着深厚的儒家文化积淀，孔子的诸位高徒也多出生于此，因此能够出任山东乡试的主考官，是一种至高无上的荣耀。可见当时王阳明的道德文章、学问见识已经得到了公认。

然而，这次山东考生们拿到试卷时，发现第一题的题目为："所谓大臣者，以道事君，不可则止。"这是孔子的话，意思为：大臣应当用道义侍奉君主，行不通就挂冠而去。

即使是孔圣人的话，也不是任何时候都可以用的。王阳明生活在大一统的明朝，君为臣纲已经成了天经地义的事情，讲这种"不可则止"的话是犯忌讳的。严重点讲是心怀异志，犯上作乱。这不是危言耸听，是真会要人命的。当初，孟子提出了一些类似"民为贵，社稷次之，君为轻""君之视臣如土芥，则臣视君如寇仇"的观点，结果开国皇帝朱元璋读后震怒，派人删节《孟子》一书，甚至还一度下令将孟子逐出太庙。如果他看到出这种考题，王阳明不死也要脱层皮。

不过幸运的是，王阳明生活的年代，社会气氛和文化环境都比较开明和宽容。他针对士人品节普遍滑坡的现实，提出重建"以道事君"的士人原则，得到了以开明形象著称的明孝宗朱祐樘的赏识。

但是，这道"偏题""怪题"让不少考生简直要崩溃了。有人气愤地拍案而起，摔笔而去；有人认为这题目有问题，干脆交了白卷。

也有人欣然命笔，洋洋千言；还有的人心领神会，认为朝廷大开言路了。不过多数考生不满，抱怨连天，只得硬着头皮答题。

从八月初九直到八月十七，连续考了九天。这次在山东主考乡试，王阳明从出题到录取都以“经世之学”为原则，获得了不少赞誉。

明弘治十七年（1504年）九月，王阳明被转任为兵部武选清吏司主事，负责武官的选拔与升迁。王阳明本身的兴趣在于军事，能调到兵部工作，也是一件令他高兴的事情。

就在这时，王阳明遇到了一位可以切磋学问、砥砺身心修养的同道知己——翰林院庶吉士湛若水。

湛若水，字元明，号甘泉，增城（今广东省增城市）人。父亲早逝，他由母亲抚养长大。据说他生下来形貌特异，耳朵旁边有黑痣，左七右六，就像两个斗。因为母亲陈氏在增城东洲西岭下甘泉洞里向神祈祷，湛若水才降生，所以后来湛若水自号“甘泉子”，被人称为甘泉先生，创建的学派也叫“甘泉学派”。

湛若水自幼聪敏，明弘治十八年（1505年）考中进士，入翰林院成为庶吉士，后擢升为翰林院编修。二十九岁时，他拜在陈白沙门下就学，潜心研究心性理学，数年间学业大进。

陈白沙本名陈献章，字公甫，号实斋。他继承了陆九渊“宇宙即我心，我心即宇宙”的学说，提出“天地我立，万化我出”的心本论，“静中养出端倪”的功夫论，确立了自己的心学立场。他以自己所创“宗自然”“贵自得”的思想体系，打破程朱理学沉闷和僵化的模式，开启了明朝心学的先河，是明代由朱转陆的第一人，可谓心学先驱。所以在宋明理学史上，陈白沙是一个承前启后、转变风气的关键人物，四方学者纷纷前来入学受教。湛若水受老师陈白沙的影响，非常注重“身心体认”，三十二岁时提出了著名的“随处体认天理”学说。

明弘治十八年，王阳明与湛若水一见如故，两人一起探讨身心之学。这一年，王阳明三十四岁，湛若水四十岁。

王阳明对湛若水的评价为：守仁立世三十年，未见此人。

湛若水对王阳明的评价为：若水泛观于四方，未见此人。

两人真可谓惺惺相惜。王阳明和湛若水都认为八股化的理学是为今之大患，理学讲得越详细，道理越晦涩，分析越精巧，学问越支离破碎。因此，他们的共同目标是从理学中突围出来，倡明真正的圣学，认为心即理，涵养体认的功夫唯在心上做，从而把自己的学问称为“心学”。

最终，心学崛起为朝野瞩目的显学，王阳明和湛若水成为明代中期两大学派的巨头。二人的主张也有一定区别，王阳明坚信“致良知”，湛若水坚信“随处体认天理”。但王、湛二人的学问之旨趣大体相同。对本体理解的一致，决定了他们并不以其区别为分歧，这就为相互调和提供了一种可能性。所以，二人虽成立了不同学派，但他们也成了亲密的朋友。他们白天一起为学生们上课，晚上秉烛夜谈，研究学问。

可惜，这样的日子没能长久，一场巨大的政治风暴来袭，王阳明即将遭受三十多年以来最大的一次变故。

正德皇帝朱厚照

明弘治十八年（1505年）五月，明孝宗朱祐樘因病驾崩于乾清宫，死时年仅三十六岁。继而一个不满十五岁、全没有做好心理准备的顽皮孩子，提前坐上了金銮殿，引发了大明政坛的重大危机。

朱祐樘饱经忧患，在执政的近二十年时间里自强振作，亲贤臣、远小人，夙兴夜寐，勤政爱民，以致体力严重透支，三十多岁就病魔缠身，走不了几步路就气喘吁吁，还咳嗽不止。大臣们纷纷劝皇帝注意龙体，多休息。可以说，朱祐樘是个敬业爱民的好皇帝。《明史》上的评价是“恭俭有制，勤政爱民”。他的执政换来了“弘治中兴”的太平盛世，不过也累垮了身体。朱祐樘在三十六岁时已沉疴缠身，终告不治。

朱祐樘一生之中除了皇后张氏外，居然没有一个妃嫔。张氏只生了两个儿子，老大就是朱厚照，老二朱厚伟不幸夭折。朱厚照因此成了唯一的继承人。这个宝贝儿子出生仅五个月就被立为太子。但这个皇太子被教育得很不成功。

在临死之前，朱祐樘特意把大学士刘健、李东阳、谢迁三人召至乾清宫病榻前，嘱托道："朕自继位以来，一直遵守祖宗法度，不敢怠慢荒惰。日后之事，多烦你们费心！"

然后他让皇太子朱厚照向他们行礼，又吃力地坐了起来，向三位老臣真情告白："太子还算聪明，但年龄太小，喜欢玩乐，各位爱卿要督促他好好读书，辅助他做个明君。"说着说着，眼泪都流出来了。

几个老臣只有连连磕头："臣等愿意肝脑涂地，辅佐殿下！"

然而，朱祐樘的一片苦心并没有得到应有的回报。

现在，朱祐樘病逝，明代三百年中堪称混世魔王的皇帝就要登场了，这就是明武宗朱厚照。

朱厚照接班时，正值大明秩序稳定、国力强盛、政治开明、人才辈出之时。明孝宗朱祐樘一手成就的"弘治中兴"，让朱厚照有了一个不错的平台和起点。并且朱祐樘还托付了刘健、李东阳和谢迁等多位名臣辅佐朱厚照，朱厚照本来可以成为一个很有作为的皇帝。然而，明孝宗最担心的事情后来全部都发生了，而且有过之而无不及。

据史书记载，朱厚照生得相貌奇伟，面质如玉，容光焕发，年少时便有帝王风度。在时人眼中，朱厚照看起来非常聪明，智商过人，学习也很刻苦。只是他从小就被视为掌上明珠，无论什么事情父皇和母后都依着他，很少对他进行责罚。在这种娇生惯养的环境中成长起来的朱厚照慢慢变得天不怕地不怕，不管是什么东西，只要他想要，就一定要得到。再加上他身旁的宦官刘瑾等人不愿让皇太子接近儒臣，经常引导太子嬉戏游乐，练习骑射，放鹰逐犬。刘瑾等人还进献一些奇特的玩具，经常组织演出活动，当时的东宫被人们戏称为"百戏场"。朱厚照毕竟还是个孩子，怎能抵挡得住这些东西的诱惑？他非常喜欢身边这些与自己日夜欢歌玩耍的太监，讨厌那几个终日向自己灌输仁义道德的大学士。结果，日子一久，太子渐渐对讲读不感兴趣，把心思都放在了玩乐上。

而朱厚照一生的荒诞程度，甚至超过了那些影视编导最大胆、最富想象力的虚构。他放纵手下宦官在京城打砸抢杀，然后向他上税纳贡；他不住皇宫，专门修建了豹房，跟老虎豹子们比赛摔跤，还在里面养了异族艳女以供玩乐；他模仿皇宫外的花花世界，在紫禁城中设了多家商铺和妓院，让小太监扮成商户老板，宫女扮成妓女，开张营业，自己扮成富商挨家进去听曲、淫乐，把后宫搞得乌烟瘴气。

更绝的是，明正德十三年（1518 年），朱厚照郑重其事地下了一道谕旨，要给一位名叫朱寿的将军加封镇国公。他命吏部道："总督军务威武大将军总兵官朱寿，统领六师，扫除边患，累建奇功，特加封镇国公，岁支禄五千石。"朱寿是谁？就是当今天子朱厚照！

在位十六年里，朱厚照的放荡不羁、玩世不恭、朝令夕改、恶搞胡闹，为历史提供了一桩桩让人目瞪口呆的史实，为世界留下了一份份让人哭笑不得的荒唐档案，当然也给五百年后的影视编导提供了拍搞笑片的绝佳素材。据说清朝的皇子们在读书时如果贪玩不专心，师傅便会来这么一句："你们想学朱厚照吗？"那些皇子马上就老实了。可见，朱厚照已经是之后的皇帝们教育后代的反面教材，成了昏君的典型代表。

堂堂一国之君，如此行事成何体统！明弘治时期那帮刚正廉洁的大臣看在眼里，急在心上。

这一年的六月，天象异常，雷声震天，奉天殿的鸱吻、太庙的脊兽被震得摇动不止，就连宫门房柱也被摧折焚毁了几根。人们纷纷议论，认为这是上天震怒警示世人。朱厚照心里也发毛了，难道老天爷真的发怒了？千万不要降下灾难啊，否则他就不能安心地玩下去了。按照惯例，他下诏自省，请求臣下进谏。群臣总算逮着机会了，纷纷上书进谏。

大学士刘健、李东阳、谢迁等人的批评总结起来主要有以下几点：

一是单骑驱驰，轻出宫禁；二是频行监局；三是泛舟海子；四是鹰犬弹射不离左右；五是内侍进献饮膳，不择而食。

按理说，这几点都切中了要害，既然当皇帝就应该干皇帝该干的事情。大臣们可谓是煞费苦心，但朱厚照却根本不把这事儿放在心上，依然我行我素。

内阁首辅大学士刘健想到先帝的重托，再看看朱厚照的表现，心急如焚，他再也看不下去了，便言辞恳切地上书，希望朱厚照好好地做皇帝，不要再贪玩下去了。朱厚照一看奏折就来气，但转念一想，刘健是老爹留下来辅佐自己的头号人物，不能轻易得罪。于是，他跟刘健玩起了太极：嘴上说今后一定改正，但依旧玩性不改。

朱厚照过于贪玩，根本无心打理政事，就把权力下放给了自己最信得过的太监刘瑾。于是以刘瑾为首，另外还有张永、谷大用、马永成、高凤、罗祥、魏彬、丘聚等八个太监结成了一个号称“八虎”的团伙。他们在朝中翻云覆雨，专横跋扈。这使一帮愤愤不平的老臣看在眼里，急在心上，一心想除掉这些祸国殃民的太监。

那刘瑾是陕西兴平人，本来姓谈。因为家里穷，六岁时被一个叫刘顺的太监收为义子，改名刘瑾。这样他就离开家乡，开始了宫廷生活。刘顺时常能给义子带些好吃的，让刘瑾非常崇拜。刘顺还出钱让刘瑾上私塾读书。后来刘瑾干脆净了身，入宫成为太监。

刘瑾为人精明，办事果断，很快就在宫中结交了不少朋友。不过，刘瑾也有倒霉的时候。一次出宫采购时，他与卖家发生了争执。刘瑾一时冲动，居然出手打死了对方。按照大明律，刘瑾非死不可，但死刑命令却被人截了下来。救了刘瑾的人正是当时的皇太子朱祐樘，后来的明孝宗。

朱祐樘当了皇帝之后，刘瑾继续得到重用。等朱厚照到了读书年龄，明孝宗就安排刘瑾去东宫陪太子读书。刘瑾善于察言观色，百般迎合朱厚照的兴趣爱好，变着法子让这位太子爷玩得开心、耍得尽兴，因而深受朱厚照信任。

刘瑾还能在孝宗面前编谎，帮助小太子逃避功课负担。到了后来，一天见不到刘瑾，小太子就像丢了魂似的。有了这样的情分，朱厚照登基后自然会厚待刘瑾。刘瑾因此数次升迁，最终爬上司礼监掌印太监的宝座。在当掌印太监期间，他不但排除异己，陷害忠良，而且利用权势公然受贿索贿。据清赵翼《二十二史札记》所载，刘瑾被抄家时有黄金二百五十万两，白银五千多万两。

刘瑾敛财的手段可谓花样百出。他不仅派亲信到地方供职为其敛财，还劝朱厚照下诏，让那些在外监军的宦官每人上缴“万金”。他还在京城周边广置“皇庄”，达三百多所，夺人土地，侵民害物。另外，各地官员到京城朝觐，都要向他行贿，谓之“见面礼”，动辄白银千两，有时高达万两。

凡是给他送厚礼的官员往往都官运亨通，而送得少的往往会受到惩罚。比如，给事中安奎和御史张彧出京盘查钱粮，等回来后刘瑾向他们索贿。这二人也许手头紧，送得少了，结果刘瑾随便找个借口，让这两个人戴着一百五十斤的枷示众。如果不是正好赶上阴雨天，这两个人大概率会中暑身亡。所以官员若想活命、高升，就要砸锅卖铁给刘瑾送厚礼。

正德元年（1506年），兵科给事中周钥奉旨去淮安巡察，本来知府赵俊答应送他白银千两以应付刘瑾索贿。谁知周钥要离开时，赵俊却变卦了。去哪里弄这千两白银呢？周钥想破了脑袋，也想不出好主意。他知道没有了这千两白银，回到京城也不会有好下场，与其被刘瑾活活折磨死，还不如自己了断。于是，他在万般无奈之下寻了短见。发现时，周钥已不能说话，他在纸上写下“赵知府误我”几个字后，便一命呜呼了。

给事中监察六部，直接对皇帝负责，虽然品级较低，却握有实权，那么周钥为何要自杀？经过调查，周钥的遗书被发现，矛头指向了刘瑾。但刘瑾毫不在乎，反倒是那个变卦的赵知府被下狱问了罪。

谁都知道真正的罪魁祸首是刘瑾，但谁也奈何不了刘瑾。不过，朝中多数官员却下了决心，必须要把这个太监拉下马来。户部尚书韩文每次退朝都哭泣不止，恨自己不能拨乱反正。户部郎中李梦阳见状咬牙说道："大臣应当挺身报国，光哭有什么用！"韩文赶忙擦净眼泪问道："那你能有什么好办法？"李梦阳语气激昂地说道："那些言官上书进谏弹劾，阁臣大佬们拼死一搏据理力争，铲除宦官阉党并非难事。"

当韩文来找刘健商讨此计是否可行时，刘健认为"八虎"犯罪集团已经成了气候，不容小觑。小打小闹不会起什么作用，必须给予致命一击，否则后果不堪设想。而想要除掉"八虎"犯罪集团，仅靠内阁的力量是不够的，必须举整个朝廷文官集团之力，才可能彻底击垮"八虎"。

于是，刘健和韩文连夜布置了一个周密的计划。第二天早朝，朱厚照收到了一份措辞和语气非同寻常的奏折，矛头直接对准刘瑾等人：

> 臣等伏睹近岁朝政日非，号令失当。自入秋来，视朝渐晚。仰窥圣容，日渐清削。中外皆言太监马永成、谷大用、张永、罗祥、魏彬、丘聚、刘瑾、高凤等，号为"八虎"，造作巧伪，淫荡上心，击球走马，放鹰逐犬，俳优杂剧，错陈于前。乃至引万乘之尊与宫外人交往，不顾礼体，日游不足，继之以夜。遂使天道失序，地气不宁，雷异星变，桃李秋华，恐非吉兆。此辈细人，惟知蛊惑君上，以便己私，而不思皇天眷命。
>
> 皇皇帝业，在陛下一身。今大婚虽毕，储嗣未建。万一神游损神，起居失节，虽齑粉若辈，何补于事？高皇帝艰难百战，取有四海。列圣继承，以至陛下。先帝临崩顾命之语，陛下所闻也。奈何姑息群小，置之左右，以累圣德？窃观前古阉宦误国，为祸尤烈，汉十常侍、唐甘露之变，其明验也。今永成等罪恶既著，若纵不治，将来益无忌惮，必患在社稷。伏望陛下奋朝纲，割私爱，上告两宫，下谕百僚，明正典刑，潜消祸乱之阶，永保灵长之祚。

这份奏折出自文坛领袖李梦阳之手，引经据典，言辞犀利，颇具震撼力。落款则为：六部九卿。这让朱厚照深受刺激，可以说内阁全体成员发动弹劾案，几乎等于是整个朝廷都在和自己作对。退朝之后，朱厚照竟然一个人呜咽哭泣，过了中午也不吃饭，几个太监也陪着皇帝流泪。

朱厚照毕竟也是成年人了，知道这份奏折分量之重。如果把这些大臣都得罪了，国家就不能正常运转，江山就会不稳，但他又舍不得杀“八虎”，真是左右为难。后来朱厚照想了一个折中的办法，把“八虎”送到南京避避风头，过段时间再接回来。

但刘健等老臣岂容打马虎眼，坚持要斩草除根，一向比较正直的司礼监太监王岳也站在了阁臣这一边。朱厚照万般无奈，勉强答应在次日早朝下旨惩办刘瑾。刘健听说后，与众人约定，早朝时伏阙面诤，诛杀刘瑾，王岳为内应。于是，太监王岳就联络太监范亨、徐智等人准备第二天一早捉拿“八虎”。

然而，朝廷政争瞬息万变，时有翻盘的可能。所有奏章都得经过吏部签署，此时的吏部尚书正是对刘健、谢迁等人恨之入骨的焦芳。

这个焦芳早已暗中投靠了刘瑾集团，他立刻派人向刘瑾报信。大惊失色的刘瑾带着“八虎”和其他人等连夜进宫，环跪于朱厚照四周，磕头痛哭。见朱厚照有些心动，刘瑾趁机反咬一口：“王岳等人想害奴等，他勾结阁臣，目的是要制约皇上的进出行动。为此，他必须先除掉奴等对皇上忠心耿耿之人，扫除障碍。”朱厚照听说有人要限制他的自由，当下就恼了。他当即任命刘瑾为司礼监掌印，马永成掌东厂，谷大用掌西厂，抓捕王岳等人，解送南京孝陵种菜。后来，王岳与范亨在途中被刺客杀害，只有徐智逃得快，保全了性命。

次日清晨，大臣们兴冲冲入宫早朝，准备伏阙跪奏，却发现形势大变。朱厚照说刘瑾等人从小服侍至今，不忍处理，此事日后再议。一夜之间，风云突变，刘健、谢迁措手不及，纷纷上表辞官。朱厚照看到辞呈后，一气之下直接让刘健和谢迁滚蛋。而态度相对温和的李东阳上书乞退，朱厚照没有答应。毕竟朝中还要有人做事。

在送别诸友时，李东阳涕泪涟涟。刘健却正色道：“怎么就抹起眼泪来了？假如当初你也据理力争，就和我们一同离开了！”显然刘健对他的态度很不满意。不过，留在朝中的李东阳后来还是起了很大正面作用的。

北京的官员经此打击，大多噤若寒蝉。这时，南方的同人挺身而出。南京六科给事中站了出来，联名上书请留阁臣，处理“八虎”。这里要说明一下，明朝实行的是两京制，陪都南京有完整的六部十三司。除了兵部掌握南方军队实权外，其他部门基本上是荣誉职位，只是摆设。一般人宁愿到北京当个工部侍郎，都不想去南京当吏部尚书。

对于参与上书的人，刘瑾把他们都押到了北京，捆在了奉天殿外，然后让锦衣卫用棍子招待他们。带头上书的戴铣居然被当场打死。噩耗传来，以蒋钦、薄彦徽为首的南京十三道监察御史再次联名上书，要求罢免刘瑾，委任大臣，务学亲政，以还至治。对付他们，刘瑾也不客气，一律以“廷杖除名”处置。

按照明朝传统，廷杖时可以用棉絮裹身。但刘瑾改了规矩，必须脱了裤子打。而且，刘公公训练打手很有一套，要求做个皮人，如果重手打，里面塞上砖头，打下去皮子完好砖头粉碎；如果轻手打，在皮人外面裹上一层纸，重重地打下去，纸不许破。行刑时就看监刑太监的暗示：脚站成外八字就往轻了打，站成内八字就往死里打。

御史蒋钦连续三次被杖责，共计九十棍。他开始被打三十棍后，依然不停上书，请除刘瑾。他在奏疏中说：“现在全国士民都感到寒心，唯独陛下还把他放在身边使用。请陛下诛杀刘瑾以谢天下，然后杀臣以谢刘瑾。使朝廷得到治理，万邪不入，则系臣之所愿！”

这是要一命赔一命。于是蒋钦又被打了三十棍，之后被扔进监狱。蒋钦在狱中继续奋笔疾书：请陛下将臣与刘瑾比较一下，是臣忠还是刘瑾忠？臣的骨肉都被打烂，七十二岁的老父也顾不上赡养。但臣死不足惜，可惜的是，陛下随时可能遭受亡国丧家之祸！望陛下杀掉刘瑾，悬首于午门，使天下都知道臣蒋钦直言敢谏，知道陛下英明果断。如果陛下不杀此贼，就请先杀臣，臣宁可与龙逄、比干同游于地下，也不愿与此贼并生于世！

蒋钦此疏字字泣血，忠心耿耿，览之者无不动容。可惜他遇到的是一个不可理喻的混账皇帝，于是得到的结果是再杖三十。蒋钦三日后卒于狱中。

接下来，该轮到本书的主人公上场了。王阳明也加入了正德年间这场骇人听闻、血淋淋的朝廷之争。

遭受廷杖，贬为贵阳龙场驿丞

刘瑾集团和朝中文官的斗争，按理说根本轮不到小小的兵部主事王阳明出头，他官阶不过正六品。但王阳明没有选择沉默。

戴铣和蒋钦等人被活活打死，他们的英勇事迹在两京广泛传播，成为忠臣的楷模。饱读圣贤书的王阳明当然觉得自己不能置身事外。王阳明思考良久，写下了一篇《乞宥言官去权奸以章圣德疏》，为死去的蒋钦、戴铣鸣冤：

> 臣闻，君仁则臣直。今铣等以言为责，其言如善，自宜嘉纳；即使其未善，亦宜包容，以开忠谠之路。今赫然下令，远事拘囚。在陛下不过稍事惩创，非有意怒绝之也。下民无知，妄生疑惧，臣窃惜之。自是而后，虽有上关宗社安危之事，亦将缄口不言矣。伏乞追回前旨，俾铣等仍旧供职，明圣德无我之公，作臣子敢言之气。

这份奏疏没有直接批评刘瑾专权，而是委婉地提出建议。他说，戴铣等人作为言官，职责就是劝谏君王，即使说错了，皇上也宜多包容，以开言路。现在皇上把他们拿解赴京，群臣皆以为不当，却无人敢言。长此以往，皇上还能从哪里听到谏诤之言？

朱厚照当然不可能看这份奏疏，但刘瑾看到了。他干脆自拟一道圣旨，以皇帝名义，廷杖王阳明四十，关入锦衣卫大牢。

这一天，几个全副披挂的锦衣卫校尉冲到了兵部衙门，把还在办公的王阳明揪出来，带到了午门。城楼上当差的侍卫望着楼下，旁边点着的香正微微地冒着烟。一根燃完了，又一根燃完了。终于，一队锦衣卫步伐整齐地从午门鱼贯而出，其中几个还举着粗圆的朱红色廷杖。

一个太监宣读完圣旨，几个粗壮大汉就把王阳明粗暴地按倒在地，用绳索绑住他的双腕，然后熟练地扒下他的裤子，让其暴露在低温中。这样当众被剥掉衣裤实是一种人格侮辱。王阳明无奈地闭上了眼睛，是生是死只得听天由命。

司礼监的监刑宦官手捧诏旨，用尖细的声音喊道："用刑——"侍立在两侧的锦衣卫校尉轮流上前，用大棍猛击。每五杖即换一人行刑，左右站立的校尉高声报数，闻者无不胆寒。

大棍落了下来，每一下打在身上都是钻心疼痛，鲜血淋漓。刘瑾看来是要置王阳明于死地，可谓棍棍入骨，声声催命。才打到二十几棍，王阳明就昏死过去了。大汉们一盆凉水浇下，他又醒了过来，继续承受煎熬。

闻讯赶来的父亲王华只能呆立一旁暗中垂泪，眼见儿子被打得惨不忍睹却无计可施。

四十棍打下来，王阳明只剩下了最后一口气，随即他又被扔进了锦衣卫诏狱。

正德元年（1506年）十二月，天气奇寒。锦衣卫诏狱里潮湿霉朽，腥臭难闻。幽暗的囚室里，弥漫着令人绝望的气息。王阳明此时还不知道，他入狱后不久，父亲王华就被刘瑾调到南京去了。貌似平迁，实为贬官。

那刘瑾在还没发迹时就听说过王华的大名，并仰慕其才。后来，两人又曾一同在太子府里共事。王阳明入狱期间，刘瑾多次暗示王华，只要去他私宅坐下来谈谈，不仅王阳明可以平安无事，他父子俩还可以得到升迁。但王华就是不去，终于惹恼了刘瑾，被贬官至南京。

被关在漆黑阴冷的监狱里，王阳明夜不能寐，想起家中妻儿老小焦急的样子，想起父亲慈爱的目光，他禁不住眼泪涟涟。他悲愤难当，命笔抒怀写道：

天寒岁云暮，冰雪关河迥。
幽室魍魉生，不寐知夜永。
惊风起林木，骤若波浪涌。
我心良匪石，讵为戚欣动。
滔滔眼前事，逝者去相踵。
崖穷犹可陡，水深犹可泳。
焉知非日月，胡为乱予衷？
深谷自逶迤，烟霞日悠永。
匡时在贤达，归哉盍耕垄！
——外集《狱中诗十四首》中的《不寐》

王阳明在监狱中听到了一条趣闻。据说，刘瑾整理出了一个包含五十三人的奸党名录。其中排在前六的就是大学士刘健、谢迁，尚书韩文、杨守随和林瀚，都御史张复华等六名朝廷重臣，文坛领袖李梦阳排在第七，而年轻的六品兵部主事王阳明，居然在这份光荣榜上高居第八。可见刘瑾对这个六品主事格外注意。

然而，未知的命运总是令人恐惧。正德元年（1506 年）的除夕之夜，大明朝最黑暗的幽室之中。天地虽大，除了自己这颗心，又有什么可依靠的呢？

此时，王阳明心中觉悟的种子已开始萌芽……

正德二年（1507 年）四月，朝廷下诏贬王阳明为贵州龙场驿丞，择日出发。

贵州，位于大明西南，是十三布政使司中最穷的一个，通常是流放犯人的首选场所。龙场在今天的贵州省修文县。驿站是古代供信使、官员中途休息和住宿的地方。驿丞就是驿站的管理人员。

贵州龙场在地图上是一个很不起眼的地方，在明朝更是偏远山区、蛮夷之地。没有人会想到，一个传奇即将在那里诞生，历史即将被改写。

锦衣卫追杀与“遗诗跳江”

当年五月，王阳明乘船沿京杭大运河一路南下，来到杭州。

恰好他同父异母的弟弟王守文也在杭州，准备乡试，兄弟俩经常见面。朝廷虽然将他发配龙场，但并没有规定到任时间，他也就在杭州住了下来，隐居在果胜寺养病。刚到杭州，王阳明就被刺客跟踪。为了避免连累家人，他叫家童回余姚报信。

这个时候，刘瑾已是大权在握，炙手可热。朱厚照平时很少上朝，偶尔上朝，群臣会不忘向东北一揖，因为刘瑾“站在皇帝左边”。所以时人谓刘瑾为“站皇帝”，谓正德皇帝为“坐皇帝”。朝臣们表面上恭敬，但心里非常不服，常窃窃私语，说天下只知有“刘皇帝”，而不知有“朱皇帝”。

刘瑾得知王阳明已到杭州，就对锦衣卫下了诛杀令。

几名锦衣卫来到胜果寺，准备约王阳明出去对其下手。幸好素来仰慕王阳明才学和为人的沈玉、殷计两人先发现了锦衣卫，他们缠住了锦衣卫，王阳明才得以脱身。

待锦衣卫离开，王阳明重新回到胜果寺，他辗转反侧，难以入眠，索性起身，点上灯，凝神默思。蓦地，他来到墙边，大笔一挥，在壁上写下了两首《绝命诗》：

其一

学道无成岁月虚，天乎至此欲何如。
生曾许国渐无补，死不忘亲恨不余。
自信孤忠悬日月，岂论遗骨葬江鱼。
百年臣子悲何极，日夜潮声泣子胥。

其二

敢将世道一身担，显被生刑万死甘。
满腹文章宁有用，百年臣子独无惭。
涓流裨海今真见，片雪填沟旧齿谈。
昔代衣冠谁上品，状元门第好奇男。

随即，王阳明穿戴整齐，出门去了。他来到钱塘江边，将冠带朝靴等脱下，然后乘上一艘事先约好的商船，急速往东海驶去。待到翌日天色放亮，两个锦衣卫进胜果寺察看，已不见了王阳明踪影。他们四下搜寻，直至江边，见到王阳明的衣帽鞋袜，又联想到壁上题诗，便断定王阳明已投水自尽，于是匆忙返回，报告刘瑾。

弟弟王守文回到胜果寺，不见王阳明，问寺僧也说不知，便连夜提了灯笼，各处去寻找，但没有一点消息。王守文报了官府，请公差连同寺僧四处寻访。寻到岸边，见了王阳明的冠带朝靴，痛哭了一场。未几，又有人从江里捞出纱巾报官。众人哄传王阳明投江自杀了。

王守文送信到家中，全家惊惨哭泣自不必说，只有妹夫徐爱劝慰祖母、王阳明妻子诸氏等人说："阳明必不死。吉人天相，上天怎能让他死去呢？"

却说商船驶出杭州湾，在舟山停泊。是夜，狂风大作，波浪连天，商船被刮到了福建沿海，在福州东郊的鼓山停了下来。王阳明未敢久留，弃舟登陆，也不知身在何处，只循着小路往西狂奔而去。他一路逃到福建，以为可以松口气了，却碰上了一队巡逻兵。他们看王阳明的模样不像商人，怀疑是倭寇间谍，就把他扣押了。士兵们警告他，再不老实交代，就要对他用刑。

王阳明略加思考，清清嗓子说道："没错，我便是兵部主事王守仁，只因为冒犯了天子，被拖出午门之外暴打。而后朝廷又将我贬官为贵州龙场驿丞。我深感自己罪孽深重，羞愧之下，就扑通一声，投入钱塘江中自杀了。"

巡逻兵听得目瞪口呆："噢，你自杀了……如何现在又活过来了？"

王阳明不疾不徐地道："我一头扎入钱塘江后，只觉得冷水浸身，不由得拼命挣扎。忽然之间好似一阵香风飘过，寒意顿时散去，我发现自己竟然轻飘飘地浮于水中，居然能够呼吸自如。正当我诧异时，前面突然来了一物，定睛一看，吓得我差点儿大叫起来。那居然是一个人，却长了颗鱼头，还提着一盏灯笼。那鱼头怪人来到我面前，口出人言，曰：'王主事休要害怕，某乃巡江使者是也。只因我家龙王与你有三生之约，所以特地让我前来迎请。就请王主事移步，到龙宫中一叙。'我便随那鱼头怪人进了龙宫。那龙王见了我就从殿上走下来，好言相劝。说我来日方长，命不当绝，还拉着我入酒席……吃饱喝足了，又让那鱼头怪人送我出水，用一条小船把我载到了这个地方。"

王阳明这时还故意询问巡逻兵："那船送我登上岸后就不见了。不知道此处离钱塘江有多远？我从那江中龙宫到这里还不到一天一夜时间……"

巡逻兵听说竟有这等奇事，急忙让人拿来酒肉，搬来小桌椅，请王守仁坐下享用。那边早有人飞跑着去向官府报告。王阳明吃饱喝足，借口要解手，趁巡逻兵不备发力狂奔起来。

他跑着跑着，天色渐晚，一座寺院出现在眼前。王阳明稍稍心安，上前拍打山门，请求留宿。没想到开门的和尚正眼都没瞧他一下，就回绝了。

王阳明想不通，但也只能长叹一口气，继续跑。也不知过了多久，夜色朦胧中，一座墙塌壁残的破庙出现在眼前。王阳明心下大喜，想推门而入，但庙门早已被人卸去。王阳明奔波了一整天，早已累坏了。他进到庙中，双腿一软，倒头便睡。

他睡得很熟，难得还做了个好梦。突然间，一声低沉的吼叫将王阳明惊醒。定睛一看，却是一只斑斓猛虎，正朝自己一步步逼近！王阳明大惊，却无处可躲，只得咬牙闭上眼睛，听天由命。

时间一点一滴地过去，备受煎熬的王阳明忍不住睁开眼，却惊奇地发现老虎并未伤害他，只是叼着他的行李走开了。

这一番死里逃生，让他再也难以入睡。等到快天亮的时候，昨夜将王阳明拒之寺外的和尚前来找他，道："近日常有歹徒在山中抢劫，所以寺中不敢收留陌生人过夜。"接着和尚又问他昨晚是否遇到老虎。原来山中时有猛虎出没，这座破庙早已成为虎穴。

王阳明心下暗暗生气：你早知此地凶险，却硬不让我进寺。如今前来并非来向我道歉，而是看我是否已入虎口，好取我行李罢了！于是他便将昨夜的遭遇添油加醋地描述了一番，只惊得和尚目瞪口呆，嘟囔道："你一定不是寻常人！"说着，他连拉带扯，将王阳明拉出破庙，带回寺中。

这是一座很大的寺庙，一边靠海，一边临江，林木参天，建筑古朴。王阳明突然醒悟：这不正是千年古刹涌泉寺吗？

王阳明在僧人的引导下来到后殿，却见一个道士盘腿而坐，屏息凝神。他一愣：这不是二十年前，自己新婚之夜跑去铁柱宫，与之彻夜长谈的那位道长吗？王阳明不禁大喜。道士听见动静，睁开双眼，惊喜地起身下榻，拉着王阳明聊起家常。

那一旁的僧人见状，便张罗饭菜去了。

王阳明就把这二十年的经历大略讲了一下，讲到自己如何得罪了刘瑾，如何躲避锦衣卫的追杀，如何差点喂了老虎。道士不断叹息，问道："那你今后有何打算？"王阳明叹了口气，道："孔子说，危邦不入，乱邦不居。从此隐姓埋名，枕石漱流，绿水青山长对吟罢了。"

道士摇头笑道："孔子所说乃是春秋之时，王室衰微，诸侯林立。而今普天之下莫非王土，你却往何处栖身？即使你能独善其身，你的全家老幼呢？你父亲不是还在吗？朝廷不是安排你去龙场了吗？你要是抗旨，如果有人告发，刘瑾迁怒于他们，诬陷你北投蒙古，南结安南，将你父亲下狱，严刑拷打，如之奈何？”

王阳明听了，额上不觉惊出汗来。道士从胸口掏出一张纸，吟诵道：

二十年前曾见君，今来消息我先闻。
君将性命轻毫发，谁把纲常重一分？
寰海已恬夸令德，皇天终不丧斯文。
英雄自古多磨折，好拂青萍建大勋。

吟毕，道士对他说道：“伯安志存高远，胸怀天下，区区微祸，何足道哉？”王阳明欣然会意，说：“多谢道长提醒，我这就准备去龙场上任。”随后，他提笔濡墨，向着大殿白壁便书：

险夷原不滞胸中，何异浮云过太空。
夜静海涛三万里，月明飞锡下天风。

王阳明的经历可谓九死一生，步步有杀机。而此时，他的心境却十分平静，视危难凶险如浮云，在艰难险阻中砥砺意志、超越自我，体现了视天地万物为一体的气魄。

道士又为王阳明卜了一卦，得明夷卦，虽是光明受损伤之卦，但有希望，只需要等待。王阳明别过道士，来到了武夷山。

武夷山位于福建和江西的交界之地，传说神仙武夷君曾在此居住，故名武夷山。自秦汉以来，武夷山就为羽流禅家栖息之地，留下了不少宫观、道院和庵堂故址。武夷山还曾是儒家学者倡道讲学之地，朱熹曾在此著书立说、讲学传道。王阳明在武夷山盘桓期间，在岩壁上题了一首诗，云：

肩舆飞度万峰云，回首沧波月下闻。
海上真为沧水使，山中又遇武夷君。
溪流九曲初谙路，精舍千年始及门。
归去高堂慰垂白，细探更拟在春分。

当王阳明途经武夷山辗转到南京去看望父亲时，京城里正流传着王阳明在钱塘江投水，又在福建起死回生的神话。谣言越传越离谱，直至传到好友湛若水耳中。湛若水哑然失笑，道："此佯狂避世也！"也许，这京城里只有他能懂得王阳明了。

王阳明在南京城里见到了父亲王华。

望着父亲老去的容颜和斑白的鬓角，王阳明心下愧疚：少时顽劣，现在又身遭此祸，老父亲为自己操尽了心！

王华见儿子咳嗽不止，关切道："你的肺病越发厉害了，去贵州这样的边地肯定要送命。既然处分已经下达，倒不如养好了病再去。"王阳明听从了父亲的建议，折回杭州，在胜果寺凉爽宜人的松林里度过了炎热的六月。

在这里，来自余姚的三个年轻人有幸成为王门第一批弟子。他们是徐爱、蔡宗衮、朱节。

徐爱，字曰仁，号横山，绍兴府余姚县人，王阳明的妹夫和老乡。当年徐爱和他的亲叔叔都喜欢上了王阳明的妹妹守让。王华偏偏看中了徐爱，把女儿许配给了他。

这三个人刚在浙江举办的乡试中中举，正是意气风发之时，决定拜王阳明为师。王阳明见三人均是可造之材，便答应了。后来王阳明对三人评价很高："徐生之温恭，蔡生之沉潜，朱生之明敏，皆我所不逮。"其中，王阳明最中意的就是徐爱，有如孔子钟爱颜回。

刚行过拜师礼，三个年轻人就被地方府学荐为贡生，到北京国子监读书。临行前，王阳明以《尚书》中的"深潜刚克，高明柔克"相赠。他还给京城里的湛若水写了封信，让他帮忙指导三个弟子。

诸事已毕，王阳明再无挂念，只有一个目标：贵州龙场。父亲王华在家里挑选了三个仆人，让他们陪同儿子前往贵州。

王阳明等人一路跋山涉水，翻山越岭。沿途有许多地方官员盛情款待他们。船行至广信（今江西上饶）时，热情的蒋知府专程跑到船上来探望王阳明。两人煮酒论道，临风夜话，何其快哉！说起上饶，王阳明并不陌生。二十年前，他从南昌娶亲返回余姚，途经上饶时探访了大儒娄谅。老先生一句“圣人必可学而至”坚定了王阳明的成圣之志。当王阳明得知娄谅已经病故时，不禁一番唏嘘。他还听说，娄谅把宝贝女儿、有才女之称的娄素珍许配给了宁王朱宸濠，两人还生了三个儿子。

经过湖南萍乡，王阳明参拜了当地的濂溪祠。这是当地百姓为纪念周敦颐所立，他对这位先贤仰慕已久。正德三年（1508 年）早春，王阳明一行来到长沙，在长沙停留了八天。虽是戴罪之身，但长沙府知府赵维藩，时在长沙的旧友徐成之、陈文鸣等不仅来看望他，还陪他一起游览了岳麓山。此时的王阳明在长沙写下了《吊屈原赋》，题注说：“正德丙寅，某以罪谪贵阳，取道沅湘，感屈原之事，为文而吊之。”屈原因忠君而被谤，王阳明因谏君而被谪，这种类似遭遇使他感慨万千，悲愤不已。

随后，王阳明继续余下的谪戍行程，乘船沿湘江北下，然后向西折往贵州。

第五章
龙场悟道

穴居阳明洞

王阳明从南京出发，经江西、湖南进入贵州东部的玉屏，再由玉屏经镇远、黄平、清平、贵定、龙里等地，于正德三年（1508 年）三月到达贵州龙场驿。

日暮时分，一匹羸弱的老马，三个衣衫褴褛的仆人，一位目光深邃的哲人，就从天地之间这样安静地走来。而龙场也注定要因为他的到来而青史留名。

此时，王阳明三十七岁，已经步入了壮年。由于遭受肺痨、廷杖、牢狱等种种危难，王阳明清瘦多了。但高突的颧骨、飘拂的胡须、深沉敏锐的双眼，使他显出一种特别的精气神。而此时，他的身上刑杖留下的伤痕还隐隐作痛。

等待他的，是贵州高原连绵的大山，是驿站里的二十三匹马，二十三副铺陈，和一个年老的当地小吏。远道而来的王阳明站立在驿站石碑前，抚摸着上面“龙场驿”三个古拙大字，举目四望，这究竟是怎样一个地方？

龙场驿，在今天的贵阳市西北八十多里外的修文县城区内，是贵州土司安贵荣所管辖的区域，是安贵荣的先祖奢香夫人在明洪武年间所建。当时为了效忠朝廷，打开从贵州西北到四川的通道，总共设了九驿。

驿，是古代常设的一种机构，是为来往官吏、差人提供中途休息、食宿、补给、换马的处所。常有递送公文的差役、来往的官吏在驿中暂住，换掉久征力乏的马匹，等到来日再快马加鞭地赶路。大明朝共有驿站一千九百处，每个驿站设驿丞一人、驿卒数人。驿站备马若干匹、粮食数担，供过路官差使用、食用。而龙场驿在九驿中是规模最小的一个，据有关史书记载，龙场驿只设“驿丞一名，吏一名，马二十三匹”。龙场驿丞实际上就是光杆司令一个，且无半点职权。

到了龙场，王阳明才发现这里的生活苦不堪言：杂草丛生，虫蛇怪兽任意恣行，瘴气缭绕，弥漫四周；当地少数民族还是以打猎为生，过着原始的生活。

所谓的驿站，只有一间房子，早已破败不堪，不仅不能遮风挡雨，而且随时有倒塌的危险，粮食也不够吃。无意中，他发现了一处天然山洞，位于修文县城东三里处，人称“东洞”。相比那个破草屋，这里地方宽敞多了，也能够挡风遮雨。几束光线投射进去，洞内云雾缭绕，居然有人间仙境的感觉。

这时，他猛然想起了自己六年前在故乡隐居修道的阳明洞，这两个地方简直太像了，就好像是上天早就安排好的。

王阳明一拍手：“好，就是这里了！”他将这个洞穴起名叫“阳明小洞天”，和三个仆人把行李被褥都搬了进来，布置新家。他们打制出了粗糙但实用的石桌、石椅，用来休息；打造出简陋的石床，用来睡眠；又打造出简易的石灶，用来生火做饭。

那个时候，他每天在洞中看书、睡觉，经常在山中漫无目的地游走。他的衣裳都打了很多补丁。在寒冷的夜晚他想喝点酒增加点热量，可是连酒也没有。夏天，王阳明经常在山中懒睡，有时干农活困了就在竹林边的石头上睡觉、看书，悠然自得。

他们过起了一种类似原始人的穴居生活，倒也新鲜刺激，别有一番风味。王阳明偶尔会感到“古洞闲来日日游，山中宰相胜封侯”。心情好转，他顿觉周围的环境也美了不少。春暖花开时节，树上的柳条不知何时已绿意盎然，轻盈的黄鹂在树间迎风起舞，叽叽喳喳叫个不停，居住的阴暗、潮湿、寒冷的山洞也充满了阵阵暖意。

洞天清幽，清泉潺潺，薄雾袅袅，在王阳明眼中，这里早已成为人间仙境，他以前的忧愁更是烟消云散。这时他写了一组诗——《始得东洞遂改为阳明小洞天》。

尽管在这里心情大好，但现实生存问题一直困扰着他们。他开始自己动手种菜、种粮食。因为以前很少从事体力劳动，他的双手被荆棘划破了道道口子，脚底也磨出了血泡。

这还不算什么。此地毒瘴弥漫，外来者通常会水土不服。不过，原本疾病缠身的王阳明还没有倒下，老爹安排照料病人的三个仆人却全病倒了。这下可苦了王阳明，主人反过来服侍仆人。王阳明每天早早起床，劈柴、担水，给仆人们煮饭、煎药。在他的眼中，已经没有主与仆、尊与卑、高贵与平凡的区别。经过王阳明的精心照顾，三个仆人的身体终于好了起来。

元宵之夜，雨雪霏霏，遥想江南家乡和京城里的佳节盛景，王阳明心头又添愁绪：

其一

故国今夕是元宵，独向蛮村坐寂寥。
赖有遗经堪作伴，喜无车马过相邀。
春还草阁梅先动，月满虚庭雪未消。
堂上花灯诸弟集，重闱应念一身遥。

其二

去年今日卧燕台，铜鼓中宵隐地雷。
月傍苑楼灯彩淡，风传阁道马蹄回。
炎荒万里频回首，羌笛三更谩自哀。
尚忆先朝多乐事，孝皇曾为两宫开。

——《元夕二首》

元宵之夜的两首诗，一首是写怀乡，思念家乡父老和兄弟们；另一首却是想念前朝的孝宗皇帝和他的弘治中兴。

由于没有耕种经验，收成少得可怜，根本不够吃。王阳明不得不拿起斧头，上西山采蕨以充饥。辛辛苦苦爬上了西山，却见周围树木丛生，荒草遍野，巨大的蟒蛇吐着长长的舌头，在草地上穿梭，似乎在示威。要寻找的蕨菜偏偏不见踪影，王阳明都快绝望了，只是因为肚子饿得咕咕叫，才勉强继续前行。

突然，他看见在悬崖边上密密麻麻地长了许多蕨菜，可还没来得及高兴，又一愣：那可是深不可测的悬崖，稍有闪失恐怕连尸骨都找不到。犹豫良久，王阳明咬牙决定一试。他将长袍拧成一根绳，一头绑在大树上，一头抓在手中，一步步试探着，向悬崖边挪动。眼看就要抓住那救命的蕨菜，忽然脚下的土一松动，他差点掉下悬崖。他只好先回去，再重新找路。如此尝试了好几次，眼看着近在咫尺的蕨菜就是得不到，支撑他求生的精神忽然崩溃了。他失望地一屁股坐在悬崖边，郁闷、惆怅、悲观等各种复杂的感情骤然喷发出来：

采蕨西山下，扳援陟崔嵬。
游子望乡国，泪下心如摧。
浮云塞长空，颓阳不可回。
南归断舟楫，北望多风埃。
已矣供子职，勿更贻亲哀。

——《采蕨》

更危险的是，传闻刘瑾见路途中不能置王阳明于死地，再次派人来暗害王阳明。王阳明内心对此传闻既鄙夷又悲愤。

明武宗正德三年（1508年），一天傍晚，仆人们屋前屋后都找不到王阳明，正不知所措，却听见叮叮当当的锤打声。众人循声走去，只见王阳明抡着一个大锤，正在打造一具石棺，眼看就要成形。

众仆面面相觑：这是咋了呢？一个胆大的上前去小心翼翼地询问，王阳明泰然自若道：“我现在只有等死而已，还有何计划？”原来王阳明专门为自己做了个石棺材，日夜端直地静坐于棺内，他连生死都置之度外，生活中这点儿横逆困穷又算得了什么。

他后来回忆说："往年区区谪官贵州，横逆之事天天都有。被谪贵州三年，百难全都尝遍。"三年之中，天天面对横逆之灾。不难想象，王阳明尝尽了人间之苦，而克服这些艰难困苦又需要多强的意志力！

现实无情而严酷，王阳明怎样才能走出暗无天日的深渊，迎来生命中的曙光呢？

不知不觉间，王阳明从北京流放到千里之外，已经颇有些时日了。他非常想念京城的那些朋友，时刻关注着从京城传来的消息。

正德四年（1509年）秋天，一个来自京师的吏目小官不知姓甚名谁，带着一仆一子去远方赴任，途经龙场。他们到了贵阳郊外，投宿到苗人家中。

吏目是官府中帮忙处理公文的从九品的小官，放到现在就是一个小科员。当王阳明听说有从京师过来的人，非常激动。王阳明从篱笆中间望着他，见他满脸惆怅。此时阴雨连绵，天色昏黑，王阳明想靠近他打听京城的情况，却犹豫了一会儿，最终没有去。

第二天早晨，王阳明前去探视，这名吏目却已经离开了。近午时，有人从附近的蜈蚣坡那边来，说有一个老人死于坡下，旁边两人哭得很伤心。王阳明嗟叹道："这一定是吏目死了，可悲啊！"

到了傍晚，又有人来向王阳明说："坡下死了两个人，旁边一人坐着叹息。"问明情形，王阳明知道吏目的儿子也死了。

第三天，有人回报王阳明说，发现吏目的仆人也死在了山坡下面。王阳明说道："这实在令人伤心啊！"

短短三日，三人命归黄泉，王阳明闻知，心有戚戚焉。"同是天涯沦落人，相逢何必曾相识。"想到他们的尸骨暴露在荒野，王阳明心中不忍。于是他命两名仆人去将三具尸体掩埋。家仆面露难色，不想去。王阳明感慨道："你我三人，和吏目三人其实没什么区别啊！"

两个家仆想了想，不禁潸然泪下。王阳明就起身带着两个仆人，拿着畚箕和铁锹，转身出门。王阳明三人在山脚下挖了三个坑，把三具尸骨埋了。之后又供上三碗饭。他一面叹息，一面泪涕俱下。

生与死，不仅是哲学家热衷考虑的问题，也是每一个普通人都要面对的烦恼。王阳明心中无比伤感。他十三岁丧母，三十出头就患上了重症，对死亡的敏感远远超过常人。谁知道下一个倒下的会不会是自己，谁知道自己的尸体能安埋在何处呢？

王阳明触景生情，满怀悲愤，写下了一篇字字是血、感人肺腑的千古名篇《瘗旅文》。瘗，音同“义”，意为“埋葬”。

这篇记录亲身经历的文字如同泣血一般，悲怆沉痛。金圣叹评此文：“作之者固为多情，读之者能无泪下？”

《瘗旅文》还被选入清人吴楚材、吴调侯编辑的《古文观止》中，成为流传后世的名篇。

埋葬了三人，王阳明也累得出了一身大汗。他坐下来休息片刻，望着周围寂静荒凉的山野，内心不免生起几分凄凉：人生短暂，自己的一生时光难道都要蹉跎在这里吗？

梦中悟道，一片光明

在艰难困厄之中，王阳明选择首先要生存下来，然后就是读书和思考。

其中，读《周易》当然是基本功课了。《周易》包括《易经》和《易传》两部分，其中的《易经》部分，原是周人问凶吉的卜筮之书，其中也包含着某些深邃的思想。《易传》记录了后人对卦辞的解释和论述。

王阳明读《周易》时，从卦象转化中看到事物不是固定不变的，任何现状不过是变化中的一个过程。他坚信，人的命运是在各种主客观因素交替影响下不断变化的，只要希望没有破灭，只要自己努力，未来还是大有可为的。

正是在这种简陋环境里，王阳明安于读书，静心思过，领悟了许多道理，心胸也随之开阔起来。就连平日苦不堪言的各种体力劳动在他看来也变得充满了乐趣。

他专门写了一首《西园诗》，讲述自己如何种菜：

方园不盈亩，蔬卉颇成列；
分溪免瓮灌，补篱防家豕；
芜草稍焚尽，清雨夜未歇；
濯濯新叶敷，荧荧夜花发；
放锄息重阴，旧书漫披阅；
倦枕竹下石，醒望松间月；
起来步闲谣，晚酌檐下设；
尽醉即草铺，忘与邻翁别。

拿着锄头去耕地，累了就坐在山坡上翻书阅读，困了就在郁郁葱葱的竹林下枕着石头酣然入梦。一觉睡醒，才发现月亮早已爬上了树梢，于是起来唱着歌谣向自己的“阳明小洞天”走去，谁知走回去才想起来，竟忘了与邻家的老翁告别。

经过一段时间的观察和交往，原本不通当地语言的王阳明与当地人成了朋友。这里主要有苗族、瑶族和黎族等民族同胞，王阳明向他们学习刀耕火种，并借来种子在“阳明小洞天”外开辟出了一块荒地耕种。

清闲时，他经常行走于丛林山洞之间，同当地人和流亡至此的汉人谈天说地，论古道今。王阳明不仅熟悉孔孟哲学、汉唐诗赋，还懂得修房盖屋，甚至还能为小孩看手相，为病人把脉，为老人做寿衣。乐观豁达的性格使得他很快和这些人打成了一片。闲暇时他们还常常就着土罐瓦盆，举起浊杯破碗，喝个一醉方休。此时此地，狂笑高歌，放浪形骸，也不失为人生至乐。

王阳明还教当地人伐木建屋，替他们排忧解难。很快，当地居民都将这位龙场驿丞视为能人、友人乃至神人。大家用王阳明教给他们的方法，在一个向阳的山坡上破土奠基，砍竹伐木，不到一个月就建成了一所大院落，有客厅，有凉亭，让王阳明居住。王阳明望着拔地而起的新居，望着大家脸上纯朴的笑容，感动不已。

王阳明当即决定，把这里改造成一个书院，他会免费为当地各族兄弟传授文化知识。因为书院建立在龙场的山冈上，故名“龙冈书院”。书房取名为“何陋轩”，又取孔子所云：“君子居之，何陋之有？”为记述此事，王阳明写了一篇《何陋轩记》。客厅宽敞明亮，王阳明取名为“宾阳堂”；凉亭被一片翠竹环绕，王阳明取名为“君子亭”。他还把读《易经》而悟道的茅草棚命名为“玩易窝”。

渐渐地，附近的学子们都听说王阳明贬谪至此，纷纷前来龙冈书院求学。除贵州的学子外，还有云南、湖南的学子来书院听讲，多时达百余人，盛况空前。

“自古英才多磨难，从来纨绔少伟男。”生活中的种种磨难注定会为王阳明成圣之路铺就基石。

在龙场艰难困苦的三年里，王阳明对心的力量又有了新的体悟。一开始，他对得失荣辱都可以超脱了，但生死一念尚觉未化，于是在困难的生活中，经常问自己：“圣人处此，更有何道？”

他把自己被发配到贵州龙场的经历，与孔子在陈国无粮的困窘相比：孔子毫不悲观畏惧，他王阳明也没有坐地兴叹。孔子的得意弟子颜回“一箪食，一瓢饮”活得还怡然自得，不改其志；王阳明也是住山洞，食粗粮，饮冷水而不改志向。当年周文王被拘禁在监狱里，还能写《周易》；如今王阳明也有自己的“玩易窝”，对着《周易》悟出人生的道理。

有着浓厚圣贤情结的王阳明深深感悟到，生命中经历的这些磨难其实算不了什么。同时他也为自己的行动与圣人行迹不谋而合感到惊奇和自信。

当年周文王被幽禁，逐成《周易》。那本《周易》就放在石棺边，王阳明已经翻过很多遍了，《周易》讲述的不就是天人合一吗？

心念及此，王阳明忽地眼前一亮。人性是与生俱来的秉性，而天道是世间万物蕴含的道理、度化的规律，圣人之心与万物之理的沟通契合，正是一种心灵和宇宙的融通合一。可见，心中之理与天道原本就是一体的啊。

一夜，王阳明做了一个奇怪的梦：

> 忽一夕，梦谒孟夫子。孟夫子下阶迎之，先生鞠躬请教。孟夫子为讲良知一章，千言万语，指证亲切，梦中不觉叫呼。仆从伴睡者俱惊醒。

正德四年（1509 年）的一个午夜，万籁俱寂，仆人早已入睡。王阳明忽然惊醒，从石棺中一跃而起，放开嗓门，大声呼喊："圣人之道，吾性自足，不假外求！"

这喊声在空旷的洞穴中特别尖锐，特别刺耳。三个仆人从梦中惊醒，看见他们的主人手舞足蹈，兴奋异常，三个人不明所以，面面相觑。

他们哪里知道，王阳明一夜之间参透了生死，参透了天地间的大奥秘大机关，对死亡的担忧再也不会困扰他。而他也从此奠定了自己在思想界的宗师地位。

仆人问道："先生，你为何狂喊大叫啊？"

王阳明兴奋地说："我明白了，我终于明白了！"

仆人问道："你明白什么了啊？"

王阳明正色答道："圣人之道，吾性自足啊！"

王阳明恍然大悟。《年谱》中有记载："因念圣人处此，更有何道？忽中夜大悟格物致知之旨，从者皆惊。始知圣人之道，吾性自足，向之求理于事物者误也。乃以默记五经之言，证之真不吻合。因著《五经臆说》。"

于是，王阳明在夜晚睡梦中，仿佛有仙人指路，一下子打通了过去苦思不解的种种关节，心中如同一轮明月照彻天宇，山河大地历历在目。他当下顿悟："圣人之道，吾性自足，不假外求。"

他认为：心虽主乎一身，而实管天下之理；理虽散在万事，而实不外乎一人之心。王阳明悟出“心即理”后，为了验证，抛开一切书籍，只凭记忆和深思写成了《五经臆说》。

“居夷处困，动心忍性之余，恍若有悟，体验探求，再更寒暑，证诸五经、四子，沛然若决江河而放诸海也。然后叹圣人之道，坦如大路。”一场将光照中国古代思想史的华丽蜕变，就在斯时斯地斯人身上静静地发生了。

那么，王阳明悟出的到底是什么道呢？

王阳明说：“圣人之道，吾性自足，向之求理于事物者误也。”

这就是说，其实圣人的道理，天底下事物的对与错，是先天就存在于我的心中，根本不用去外界寻找。

“心外无理，心外无物”，王阳明认为人心是天地万物的主宰，世界的本原。

王阳明在《传习录》中讲到了一个非常生动形象的事例：

> 先生游南镇，一友人指岩中花树，问曰：“天下无心外之物，如此花树在深山中自开自落，于我心亦何关？”先生答：“你未看此花时，此花与汝心同归于寂；你来看此花时，则此花颜色一时明白起来，便知此花不在你的心外。”
>
> ——《传习录（下）》钱德洪录

有一天，王阳明同友人一起去南镇游玩，忽然看见在远处岩石间有一株高耸入云的大树，树上开满了娇嫩可爱、清香扑鼻的花朵。同来的友人想难倒王阳明，就问：“你不是说天底下没有不在我心外的事物吗？可这株花树在少有人烟的深山中自开自落，它和我的心有什么关系呢？”

他本想反驳心学的基本观点，不料王阳明思索片刻，答道：“你还没有看这株花树时，花同我的心一样归于静寂，与世无争，这是我心的表现；当你千里走来看花树时，花的颜色便如同人的心境一样豁然明亮，这难道跟我的心没有关系吗？”

这就是有名的“岩中花树”公案。何谓“心外无物”？何谓“心即是理”？你以为没看见岩石间树上的花时，它便不在你心中。它真在心外吗？其实它只是沉寂于你的意识某处罢了。当你看见它时，它的花色花香和你的心一起鲜亮起来。可见它早已在你心中，只是你没有察觉到。心与物共同作用，才让你看到了花，才会让你进步，悟出花之“理”。

所以，你的心与你所认识的对象不离不弃，它们是一体的。当你看到它时，它同时也唤醒了你的心；你没有看到它时，你的心与花也就同归于寂。心与这个花其实是一个东西。既然心与花这个“物”是一体的，那么心与花之“理”也就是一体的。这是王阳明心学最根本的原理。

龙场顿悟是王阳明最传奇的经历，是他一生思想发展最重要的转变时期。

顿悟，实际上是佛学术语，指的是短期内智慧突然急剧增长。但并不是毫无根基的快速膨胀，而是在长期人生阅历、读书学习和深刻思考基础上的爆发。

王阳明从年少时就立志做圣人，苦读儒家经典，拜访娄谅等名师，欲格物以致知，还留下了“阳明格竹”的佳话；三十一岁寻师访道于九华山，后来又在阳明洞中静坐修炼悟道；来到贵州龙场后，在极为恶劣的环境中生存、读书、思考。这些磨难和经历让他内心的力量得到催生、成长，思想也不断臻于成熟。充满磨难与挑战的龙场生活经历，对他心学理论的最后形成起到了临门一脚的作用，大大催化了他思与悟的过程，完成了圣贤人格的自我塑造。

在他的心学理论中，其实隐含着这样一个深刻的命题：正如佛教教义中所说，众生皆有慧根，故众生皆可成佛。王阳明心学则指出了圣贤并非高高在上，而是人人皆可成为圣贤。因为心即理，人人内心皆存在着良知，皆有圣贤潜质。每个人都能通过自我砥砺进入圣贤境界。这就是“圣人之道，吾性自足，非假外求”的现实意义。

龙场顿悟使得王阳明如脱胎换骨一般，成长为一位中国思想史上的重量级哲人；而龙场也因王阳明而名扬四海，被人们誉为“王学圣地”。天下的阳明心学，无论是浙中、江右、泰州、南中、楚中、粤闽和北方诸学派，抑或是日本的阳明学、朝鲜的实学以及东南亚、欧美的王学，都以贵州龙场为起始源头。

这个时候，王阳明也许会想起年少时遇到的那位相士。

当年那位相士对他说：“你记住我的话，须拂领，其时入圣境；须至上丹田，其时结圣胎；须至下丹田，其时圣果圆。”

如今，王阳明已经三十七岁，胡子长到了心窝，此时结了圣胎吗？也许，现在他已可以建立自己的思想体系，向着大师级哲人迈进了。

贵阳讲学，语惊四座

就在这时，都御史王质特派人到龙场驿凌辱、挖苦王阳明，还克扣他的粮饷。

王质早年在朝廷担任御史，熟悉王阳明的情况。王阳明到龙场驿任职后忙着种粮种菜、挖洞筑房，忙着读书悟道，忽视了官场上的那一套应酬规矩，加上又闹出了一些动静，王质就派了一群亦官亦匪的人来到龙场驿站。这群人来砸场子时，王阳明正在给大家讲课。他们训斥王阳明不识好歹，并作势要揍王阳明。王阳明不动声色，大家却怒了。双方开战，当地人人多势众，来砸场子的人被打得抱头鼠窜。

王质大怒，当时就想调动军队，但又改变了主意。他命令贵州按察司副使毛应奎督促王阳明必须向他道歉。这位毛副使也是浙江余姚人，算是老乡。此前王阳明还曾为他写过一篇《远俗亭》。于是，毛应奎就给王阳明写信晓以利害，要他向王质道歉，哪怕就是写一封道歉信也好。

王阳明沉思片刻后拿起笔来，给贵州按察司副使毛应奎写了封信，信中说："本地人殴打官府派来的那群差人，并不是我王阳明指使的。那些差人仗势欺人，相信也并非是官府指派的本意。我也没有指使大家去打人，更没有对官府有任何不敬，为何要向他道歉？如果他非要追究，那请转告他，王某在龙场什么磨难没有遇到过？几乎一日三死，再大的事对我也不算什么。王某虽是遭流放的官员，也应该得到尊重。"

据说，这封信一发出，知府当下惭服，立即给王阳明送来了米、肉，还派人来替王阳明劈柴担水。王阳明明确表示拒绝。当地官员又改送金帛、鞍马，唯恐阳明先生不开心。王阳明只收下了粮米柴炭等生活必需品，其他的奢侈品一律敬谢不受。因为自己是被朝廷放逐之臣，要那些会很不好听，也不太合适。

此时的王阳明博学精思，才识卓然，当地秀才、官员纷纷登门求教。

正德四年（1509年）春，一个官员来到了龙冈书院。这个人叫席书，字文同，号元山，四川蓬溪县吉祥乡人。弘治三年（1490年）中进士，时任贵州提学副使，相当于省教育厅副厅长。

据说席书来到贵州也是有目的的。他在户部员外郎（财政部副司长）任上时，云南发生了一场大地震，灾情严重，人心惶惶。朝廷派南京刑部侍郎樊莹到云南巡视。樊莹的调查结果是当地政府荒于政事，救灾不力，导致天灾酿成人祸，于是上书朝廷，请求罢免玩忽职守的地方官员。对此，席书认为云南发生天灾，责任不在云南，而在朝廷，结果把朝中权贵们全得罪了。于是，他就被打发到这贵州来主管教育。不过，他倒无所谓，既来之，则安之。比王阳明大十一岁的席书希望能为贵州教育做点事。

当他听说王阳明在龙场讲学的事情后，立即亲自前往龙冈书院。席书在京城时就听说过王阳明，知道他致力于圣人之学。席书对此也有一些心得，更有一些困惑，正好前来切磋一番。

席书当年在京城时与王阳明是同僚，在龙场相遇自是十分感慨。

他耐心地听了王阳明的课，通报身份后向王阳明提出一个问题：朱熹和陆九渊的学说区别在哪里？哪一个的理论更正确，更值得学习？

这是一个不太好回答的烧脑问题。要知道大明王朝都是崇朱非陆。而王阳明的理论都继承了陆九渊的心学观点。如果尝试讲清楚的话，必须找好切入点。

王阳明淡定地回答道："圣人之道，吾性自足，不假外求。"这句话是他在龙场顿悟而得，凝聚了他半生的心血。这边的席书闻听却一时没有反应过来：这是闻所未闻的观点啊！圣人还能自己修成，那岂不是人人都能成为圣人了？

然而，这句话却也如当头棒喝，很有启发性。席书回去后反复思考王阳明的这句话，又有很多疑惑。于是他第二天又到龙场来向王阳明请教。王阳明以禹和稷为例，切磋一番后，席书得到了还算满意的答复。之后席书又带着感悟和迷惘回去琢磨。过了两天他好像又找到新的破绽和理论盲点，感觉说服力还差了点，于是又到龙场与王阳明辩论。

王阳明从"知行"的角度来说明他和朱熹、陆九渊的不同。他说："朱熹是通过经书得到天理，然后去实行；陆九渊是通过静坐得到天理，然后去实行。二人虽然在得到天理的方式上不同，可都认为"知行"是有先后次序的。而我却认为，知与行是合一的。知是行的开始，行是知的成果，二者是一回事。"

席书又问了另一个问题："您也提倡静坐，和陆九渊的静坐有什么区别吗？"

王阳明说："陆九渊的静坐是希望从心中得到真理。而我提倡静坐，是因为现在的人心浮气躁，静坐能让他们把心沉静下来，我并没有让人一味静坐去获取真知。"

席书问："那您从哪里获得真知？"王阳明回答："真知就在我心中，但必须在事上练，只有去实践了，你才能更深刻地体会这一真理。而且，这两者是不可分的，正如知行合一一样。"

和王阳明反反复复有过几次深入交流后，席书终于领悟到了王阳明开始对他说的那句话的所有背景和真正含义。席书激动得含泪感叹道：“没想到今日能重睹圣人之学！”

在通透彻底的大智慧面前，席书真正对王阳明的心学感到心悦诚服，越发相信王阳明确是少见的天才人物，也是自己一心想要寻找的最好老师。于是他马上命人修建贵阳书院，并亲自率领贵阳的秀才们来到龙场，礼聘王阳明担任贵阳书院的总教习。

《阳明祠碑记》对此有记载：“阳明之学，言于天下，由贵阳始也。”

王阳明在贵阳书院讲习的主要内容就是四个字：“知行合一。”当时的人多是依据朱熹“格物致知”的思路，想把世间万物的一切天理都“格”个清楚后再去实践。这种思路既不可行，又徒耗时间和精力。王阳明主张“知行合一”，实际上也就是贯彻“心即理”和“事上练”的思路：天理既然都在心中，那我唯一也必须要做的就是去用实践来验证，而不是去外面再寻找天理。

这种思路的前提是“心外无理”。它假定了世间一切天理都已在心中，不必再去寻找外在天理，而是重在行动，重在实践，并在实践中运用和验证心中之理。这是王阳明心学的闪光点，也是它区别于其他心学理论的重要特质。

正德四年（1509 年）五月，王门弟子徐爱来到了贵阳书院看望恩师。

王阳明感到了他乡遇故知的意外之喜。三个月前，正是三年一度的会试之期。在京城，徐爱考中进士，取得了二甲第一百一十三名。他从京城奔赴贵阳，这一路需要近两个月时间。

徐爱就“知行合一”当面向王阳明求教：“当今很多人都知道事父当孝，事兄为悌，可事实上还是不孝不悌，这难道不是说明了知跟行是两件事吗？”

王阳明的回答为：“这是因为知行被私欲蒙蔽，而不是知行的本体。从本体上讲，知行是一致的，所谓知而不行，其实就是不知。圣贤教育人们知与行，就是要恢复知与行的本来面目，不是简单地告诉你如何去知、如何去行。”这里说的本体，就是本来面目，而不是西方哲学的本体论。王阳明强调的是知和行的本体是一致的。

他对“行”还有一个特别的定义：“一念发动处即是行。”起心动念就是“行”。爱慕美色跟厌恶臭味也算“行”。“孝”和“悌”也是这样的。光说知道并不是真知，实践中做到孝悌才能说明知孝悌。因此做不到就不是真知，真正的知就是能做到。知和行其实是一个整体。

徐爱一听很有道理。但是，他心中还有一个问题：“古代圣贤为什么要把知、行分成两个呢？是希望人们有意识地对知和行分别加以研究吗？”

王阳明一听，点头答道：“古人为什么要把知行分开呢？是因为有两种人，一种人冥行妄做，不求甚解；一种人好说空言，不去躬行。所以，将知和行区分开来，是古人为了补救偏弊，不得已而为之的办法。如果真正领会了知与行的含义，一句话就能说清了。现在人却把知与行当成两件事，以为一定得先有知，然后才能行动。我现在如果只讲述讨论如何做知的功夫，等到真正知了才去做行的功夫，那就会让人终生不付诸实践，也终生一无所知。这种弊病由来已久了，我说‘知行合一’正是为了对症下药。”

知与行的本体就是这样。如果掌握了知行合一的要领，就算把它们说成两个也不妨事，本质上它们还是一回事。如果没有领会这个宗旨，光说两个是一回事，又有什么用处呢？只是些无用的空话、大话。

徐爱闻听，顿然领悟。王阳明就是针对当时言行不一的虚矫时风来强调知行合一的。

知县庐陵，事上磨炼

正德五年（1510 年）三月，王阳明结束了三年贬谪期。在贵州多名官员推荐下，他被任命为江西吉安府庐陵县县令。这是王阳明龙场悟道后担任的第一个正式官职。

“知之真切笃实处即是行，行之明觉精察处即是知。”那么王阳明在庐陵知县任上是如何做到知行合一的呢？

江西庐陵是个人杰地灵之地，出过欧阳修、文天祥、解缙、杨士奇等众多名人。

可是，按照当时官场普遍的看法，江西吉安府庐陵县算是个民风强悍、盛行告状之地。前任吉安知府许聪任职三年，身心俱疲。他在给上级的报告中说，如果世界上真有地狱，如果非要让他在地狱和庐陵中选一个，那他宁愿选前者。在他眼中，庐陵是个是非之地，无休无止的缠讼让他简直抓狂。

庐陵人特别喜欢告状，先在庐陵县内上诉，如果得不到满意的结果，就会离开庐陵层层上访。许聪声称，他办公桌上每天都会堆积一千份以上的诉讼案卷，令他生不如死，度日如年。后来许聪要求朝廷给他“便宜行事”的权力，效法一下汉朝的酷吏，整治民风。他采取严厉的手段，将告状人关进监狱。可是一群流浪汉特意来告状，为的就是进监狱后有吃有喝。最后许聪让越级上访、告到京城的当地乡绅给告倒了，朝廷将他下狱论罪。

现在，这个烫手山芋留给了王阳明。王阳明下车伊始，县府里的师爷幕僚们就告诉了他当地好讼的民风。这庐陵是四省交通之地，鱼龙混杂，是非极多，每个人都不是省油的灯。对此，官府只能采取高压政策，狠刹这股风气。

王阳明却不以为然。自古“民不与官斗”，民众好讼肯定是有他们的理由。毕竟平民百姓相对官府是弱势群体，他们时常找官府麻烦，那问题肯定出在官府。那些老于世故的幕僚私下偷笑：看来这位县太爷还只是一介不知道庐陵刁民厉害的书生，太嫩了点，吃吃苦头就明白了。

很快，庐陵的百姓们在新知县上任第一天就给他来了个下马威式的“震撼教育”。王阳明开府办公的第一天，庐陵上千名老百姓呼啦啦全都涌到了大堂前，大家齐刷刷地跪下，强烈要求新知县减免赋税。

王阳明面对台下黑压压的人群，显得不慌不忙，气定神闲。他和颜悦色地问大家为何认为赋税很重。于是几个能言善辩的带头人便告诉他，这庐陵县是山区县，本来赋税就很重，这年朝廷还下令庐陵县上贡本地并不出产的葛布，百姓的日子就更难过了。所以，他们绝不会缴纳葛布的税。

王阳明闻听居然还有这等事，便转头问几名幕僚："葛布果真不是本地所产？"

葛布就是用葛的植物纤维制成的织物。幕僚们点头，称本地并不出产这种粗布。王阳明看了状纸，又看了案宗，发现这确实是一项莫须有的荒唐税收。于是，他立即当面答应庐陵百姓，自己会要求上级官府取消不合理的赋税，包括这个葛布税。百姓们半信半疑地起身离开了。

接下来，王阳明找来县衙小吏，详细向他们询问庐陵赋税的来龙去脉。这些人告诉他，庐陵赋税三年前还没有这样高，自打来了位镇守中官——朝廷税务专员后，庐陵的赋税就翻了三番。这位朝廷税务专员是位姓王的宦官，平时就住在吉安府的豪宅里。

王阳明意识到这个姓王的宦官可能是各种不合理赋税的源头。于是，他就给吉安府知州写了封信。他说自己惊异地发现，三年前庐陵的赋税总额是四千两，可这三年来却达到万余两。在别的地方赋税都在负增长的时候，庐陵县却呈直线增长。他仔细看了赋税名录，发现有些东西本地根本没有，却还要收税。他还听说，以镇守中官为首的收税者来庐陵像是土匪抢劫一样。于是他不禁心生疑惑：这些赋税是上级官府，甚至是朝廷明文规定的，还是吉安府规定的？交税的日子马上要来了，可最近庐陵发生了旱灾，瘟疫又起，如果再强行收税，他担心会激起民变。他最后说，自己对于这种收税的事真是于心不忍，而且势不能行。如果上级认为他不能胜任这份工作，他可以请求辞职。

姓王的宦官看到了这封信，颇感尴尬，冷汗直冒。他深知，这王阳明过去可是连刘瑾都敢冒犯的刺头，不好对付，加之有些赋税确实收得不合理，激起民变可不是好玩的。王宦官便向吉安府知州说："我看这庐陵的赋税可能是有些问题，暂时先免征吧。”

于是，王阳明向庐陵百姓们宣布：“本县决定免去不合理的葛布税，同时以往积欠的赋税也一律免除。”这项决定顿时让庐陵全县老百姓欢呼雀跃，奔走相告。人们纷纷庆贺来了位青天大老爷，很多人甚至痛哭流涕。

然而，免征赋税虽是大得民心之举，却并没有消除当地人喜讼缠讼的习惯。

这庐陵民风既淳朴又强悍，当地老百姓只要发生一点冲突就要告到官府。历任知县为此疲于奔命，苦不堪言。不刹住这争讼之风，别的什么都不用干了。王阳明关起门来苦思良策。这位心学大师自小就是个鬼点子特多的机灵鬼，这点事其实难不住他。很快他就出手了。

针对当地县民爱打官司的习惯，县府发布公告说：“今后你们如果再告状，要遵守以下几点要求：首先，一次只能上诉一件事；其次，内容不得超过两行，每行不得超过三十字；最后，你认为可以和对方协商解决的事，就不要来告状。如果有人违反这三条，本县不但不受理，对于故意违反的人还要予以处罚。”

显然，王县令这是给告状设了个门槛：必须简明扼要，节省时间和精力；必须是双方协商不好非告不可，才能来打官司，不能让一些芝麻小事来虚耗公共资源嘛。

于是，告到县衙里的案子一下少了许多，王阳明的耳根终于清静下来。他调阅了一下本县县志档案，发现庐陵县自明初洪武皇帝时代就有争讼缠讼的习惯。为解决这个让人头疼的问题，那时的地方官员就让民间德高望重的“乡贤”长者来做里正，充当仲裁者，专门裁决民间纠纷。这些乡间长者有道德权威，说话有人听，还有鞭打顽劣败德之徒的权力，谁不服管教，擅自越级告状，将受严惩。正是这些基层仲裁者发挥了作用，于是民间争讼之风大减。

王阳明对此大为赞赏，决定重新实行这种保甲里正制度。他慎重地选聘里正三老，由他们负责对当地居民进行劝导，从基层开始移风易俗，纯化民风。通过三老的劝导和仲裁，乡间大部分纠纷矛盾得到解决，不断有人来县衙撤诉，原本堆积如山的案卷逐渐减少，庐陵民风也为之一变。

后来，庐陵暴发瘟疫，一些人就把家里染病的亲人遗弃在野外，任其自生自灭。王阳明得知后愤怒不已："这样做还是人吗！"他忍不住又写了篇布告说："天灾虽难避免，但我们要适应它。你们怕传染就把得了病的亲人抛弃，他们虽因瘟疫而死，但实际上是死于亲人抛弃。所以瘟疫并不可怕，可怕的是人心。一旦人心也染上瘟疫，就会做出没有天理的事来。这是要遭天谴的啊！要消灭瘟疫，就要先用你们的心来治。你们心中本就有孝心、仁心，不必外求，只要让你本来的孝心和仁心自然流露给亲人，瘟疫自然会消退。"

于是，王阳明又恢复了嘉奖善行、惩戒恶行的旌善亭和申明亭"两亭"制度。他要求庐陵各乡村都要设立这"两亭"。旌善亭是红榜：凡是热心公益、助人为乐、有功于朝廷和地方的人，就在旌善亭张榜表彰，弘扬正能量。而申明亭是黑榜：凡是当地有偷盗、斗殴或被官府定罪的人，名字都在此亭中公布，目的是警诫他人。这些就是王阳明扬善去恶、激浊扬清，改造人心、转变民风之举。

王阳明还经常到县里各处进行巡视。在庐陵县城视察时，他发现庐陵房屋的建造材料都是木材，巷道狭窄，又没有砖墙相隔，一旦失火将是灭顶之灾。于是，他就发出命令，要那些临街民居退后三尺，以拓宽街道用来做防火带；店铺退后二尺，做防火巷；每户出一钱银子，用来为临巷道的房屋建砖墙，隔离火势。

尤为神奇的是，他到庐陵几个月都没有下雨，于是他吃斋一个月，停止征税，释放轻罪的犯人。不知是不是由于他的诚心真的感动了老天，一个多月后，一场倾盆大雨降临庐陵。这或许是碰巧，或许是传说，但也说明王阳明在任庐陵县令时，是真正用心做事了。

王阳明在庐陵县只待了七个月。这七个月里，他一共发布了十六道告示，一举革除了当地一直未能解决的政事积弊，把庐陵县治理得井然有序。

第六章
深山剿匪恩威并举

出任南赣巡抚，开始军事生涯

正德五年（1510年），安化王朱寘鐇以反对太监刘瑾专权乱政为名，发兵谋反。朱厚照派杨一清总督宁夏、延绥一带军事，起兵讨伐朱寘鐇，并派宦官张永监军。

杨一清是江苏丹徒（今属镇江）人，成化八年（1472年）进士，曾任陕西按察副使兼督学。弘治十五年（1502年）杨一清以南京太常寺卿都察院左副都御史的头衔督理陕西马政，在训练士卒、加强边防方面立过功，后又三任三边总督。他历经成化、弘治、正德、嘉靖四朝，为官五十余年，官至内阁首辅，号称“出将入相，文德武功”。

因为杨一清为人正直，被刘瑾诬陷迫害。后来经大臣们营救，他才被释放回乡。这回朱厚照为了平定藩王叛乱，才重新起用他。

杨一清到了宁夏，叛乱已经被他原来的部将仇钺平定。杨一清、张永俘虏了朱寘鐇。杨一清早就有心除掉刘瑾，他打听到张永原是“八虎”之一，刘瑾得势以后，张永跟刘瑾也有矛盾，就决心试探一下张永。

结果两人一拍即合，一番计议后决定除掉刘瑾。

不久，杨一清复任三边总督，张永押解逆藩朱寘鐇等人入京，仇钺升宁夏总兵官，封咸宁伯。张永奉旨还朝时，杨一清为他饯行，又用手指蘸着杯中的余酒，在桌上写了一个“瑾”字。张永点头会意，拱手告别。

八月十一日，东华门外，正德皇帝亲自举行盛大的献俘礼，同时设宴犒劳张永。正德皇帝命刘瑾和马永成、谷大用等人陪酒。刘瑾或许预感到了什么，冷冷地看着张永。由于心情恶劣，宴席未完刘瑾便拂袖而去。刘瑾刚走，张永便用眼色示意马永成、谷大用等人离开。

宴席上只剩下张永和朱厚照时，张永拿出奏告刘瑾谋反的奏折。朱厚照不看，张永就跪在他面前，痛哭流涕道："刘瑾要造反。他暗中购置兵甲，联络党羽，准备在今年中秋谋逆。现在离谋逆时间还有四天了！"朱厚照喝得晕晕乎乎，问："他为何要谋反？"张永回答："要做皇帝。"朱厚照惊醒过来，咬牙切齿道："朕这么厚待他，他敢如此负朕？"

当夜，朱厚照命令张永带领禁军捉拿刘瑾。张永便派人秘密联络马永成、谷大用。

刘瑾毫无防备，正躺在家里睡大觉，禁军一到，就把他逮住，打进了大牢。朱厚照派禁军抄了刘瑾的家，共搜出黄金二十四万锭，另外还有五万七千八百两散金；银元宝五百万锭，另外还有一百五十八万三千六百两白银；宝石两斗；奇巧玩物不计其数。还有八爪金龙袍四件，蟒衣四百七十件，兵甲一千多件，弓弩五百件。其中有两柄貂毛扇，扇柄上暗藏机关，用手扣动，竟露出一把寒光闪闪的匕首。

朱厚照大怒道："好胆大的狗奴才！他果然要谋反！"很快刘瑾被定罪，凌迟处死。所有逆贼的亲属一律处斩。凌迟，俗称千刀万剐，刘瑾被判割三千三百五十七刀，三日而死。刽子手每下一刀吆喝一声，犯人昏厥则泼醒再割。

刘瑾挺过了第一天的三百五十七刀，回牢后居然还喝了两大碗稀粥。第二天，还未割到三千三百五十七刀，刘瑾就挺不住死去了。京城里的人都争着去吃刘瑾的肉，一文钱换一片肉，顷刻间瓜分殆尽。刘瑾的心腹党羽张彩、石文义、杨玉等六十余人或被诛杀，或被贬谪，或被罢黜。

这个时候，所有遭受刘瑾迫害的官员都得到了平反。王阳明也由正七品庐陵知县升任正六品的南京刑部四川清吏司主事。

正德六年（1511 年）正月，四十岁的王阳明又被调到吏部担任验封清吏司主事。春节一过，王阳明就去吏部走马上任了，虽然还是正六品，但好歹到了京师天子脚下。

杨一清除去死对头刘瑾不久，阉党的羽翼也逐渐扫清，皇帝身边不能没有可信赖并且能干的人辅助。王阳明所具备的才能正是风雨飘摇的大明王朝所急需的。

王阳明担任的主事一职，主要负责文牍杂务等工作，像编写文案、整理杂物、传达上级指示到基层，等等。王阳明注定是个闲不住的人，刚上任不到一个月，二月份开会试，他就去当考官了。不过他不是主考官，只是同考试官。上面还有主考官、副主考官，与他一起做同考试官的有十几个。

正德六年二月，王阳明又升为吏部文选清吏司员外郎，从五品。这时他还开始讲学论道。有一些官职比他大的官员，佩服他的学问，就拜他为师，自称弟子。

正德七年（1512 年）十二月，王阳明又出任南京太仆寺少卿，正四品。南京太仆寺是从三品的衙门，地点在滁州。太仆寺是掌管军马的机构，所以这个职务其实是明升暗降。显然，王阳明到处讲自己的心学理论，已经引起朝中奉程朱理学为正宗的官员们的不满和猜忌。

到了正德九年（1514 年）四月，王阳明又被升为南京鸿胪寺卿，主管朝会典礼。鸿胪寺负责朝会礼仪和外宾事务，南京鸿胪寺卿自然是个闲差。对王阳明来说，清闲不一定是件坏事，正好可以和门生们研讨良知学说，尤其在南京，可以与徐爱早晚切磋了。

这两年，王阳明在京师和滁州讲学，与众弟子对坐倾谈，穷究天理之道。而大明帝国境内却不太平了。四川、河北、山东、湖北等地先后爆发了农民起义。特别是江西、福建、广东和湖广交界处，一群山民占山据险，攻城略地，与官府为敌。

这个时候，朝廷想起王阳明来了。正德十一年（1516 年）九月，由兵部尚书王琼推荐，明廷将王阳明从南京鸿胪寺卿升为都察院左佥都御史，巡抚南赣汀漳。

这是实职实权的正四品朝廷大员。显然，王阳明的政治地位在迅速上升。

当时的南赣巡抚下辖南安、赣州、汀州、漳州、潮州、惠州、南雄、郴州七府。这七府原本物阜民丰，如今却成了山贼肆虐之地。他们凭借崇山峻岭、洞穴丛林的掩护，堵死个别山道，官军压根儿攻不进去。再加上各省互相推诿，最多将山贼赶走了事，于是局面一发不可收拾，山贼渐成燎原之势。放眼望去，赣南闽西大大小小一脉相连的山麓，几乎都成了土匪势力盘踞之地。

朝廷见江西南部及周围地区极不平静，便不得不在赣州设立南赣巡抚衙门，围剿赣州、漳州以及广东惠州等地山匪。周围江西、福建、湖南等省份觉得累赘麻烦，于是抛弃了这片匪患严重的地域，听凭朝廷重新成立一个行政区，由南赣巡抚专门管辖。这个职务其实主要任务就是剿匪。官员们对这个烫手的职务是避之唯恐不及的。

巡抚文森先后两次调集三万官兵以及广西狼兵围剿山匪，均遭惨败。一时间，号称“金龙霸王”的池仲容、号称“征南王”的谢志山威震四方。文森只得向朝廷请求辞去自己的职务。朱厚照很生气，但还是批准让他养老去了。

兵部尚书王琼原本是靠长期治理漕河取得成绩升任河南布政使、都察院右副都御史、吏部侍郎，直至兵部尚书的。他推举王阳明来担任这个南赣巡抚，也许自有他的道理。毕竟担任过吏部侍郎，对于朝中大臣的志向才干、个性特质还是心中有数的。王琼也称得上慧眼识英才。他第一次见到王阳明时就眼前一亮，对他做出了这样的评价：若用此人，可保天下太平。

然而不久，王阳明就向朝廷上了一道《辞新任乞以旧职致仕疏》。希望朝廷体恤自己上有祖母老父要奉养，身体也多病难支，愿以鸿胪寺卿退归田里。然而，朝廷剿匪事重，不容他犹豫推辞。一个月后圣谕下达，催促王阳明赴任。他继续上书请辞。半个月后，王琼在兵部又下批文，语气颇重：地方有事，王守仁不许推辞迟误。

王阳明还是不想接手。他的徒弟徐爱有点看不下去了，就劝王阳明接旨。毕竟匪患严重，扰乱地方，荼毒百姓，仁人志士当思为国为民，岂可遇事回避?

王阳明的内心十分纠结矛盾。十二月初二，朝廷再次驳回了他的辞职报告，不准休致。这下王阳明不得不赴任了。王阳明从未带兵打仗，但对军事并不陌生。他十五岁时开始考察边关，对军事十分感兴趣，熟读兵书，对排兵布阵也颇有研究。不是讲“知行合一”嘛，从战争中学习战争，把知识与实践完全融为一体，这也是检验他心学理论的机会。

如果说贬谪龙场造就了阳明心学的大放异彩，那么，南赣剿匪则造就了王阳明军事方面的极盛事功和赫赫声名。

正德十二年（1517年）正月，朝廷第四次下达征召令时，王阳明就开始起程前往赣州。妻子诸氏和十岁的嗣子王正宪，以及弟子薛侃等也一起随行。

正月初六，王阳明到达江西南昌。南昌官员向他递交了南赣地区的地理和匪情资料。在四省边界处的南赣地区，分别盘踞着这样一些土匪势力：

谢志山与蓝天凤（拥有江西赣州崇义的横水、左溪、桶冈）、池仲容（拥有广东和平浰头三寨）、陈曰能（拥有江西南安大庾岭）、高快马（拥有广东韶关乐昌）、龚福全（拥有湖南郴州山林）、詹师富（拥有福建漳州大帽山）。

南赣地区群山连绵，山势险峻，密布着大大小小的洞穴。这自然是土匪的安乐窝，因为官兵来时，他们能轻易地化整为零，官兵一走，他们又重新聚合。所以四省组织过多次围剿，但收效甚微。

王阳明看过资料，不禁陷入了沉思。从南京到赣州，一路都是水道，王阳明凝思之间，船过万安，前面就是惶恐滩。文天祥《过零丁洋》里的“惶恐滩头说惶恐，零丁洋里叹零丁”说的就是此处。该滩为赣江水路中最为险要的一段，船经此处，乘客无不惶恐。而此时是赣江的枯水期，王阳明的船在江水中缓缓前行，忽然他发现前方江面许多商船停泊不前。

王阳明遣人打听，方知惶恐滩附近来了几百个江上水匪。商人们每次到这里都提心吊胆，很怕碰到水匪。王阳明就告诉他们自己是巡抚此地的朝廷官员，他们可跟随他的船。商人们听了很高兴，可发现王阳明的船上总共才三十来人。他就带了几个随从，根本没有带兵。王阳明笑着让他们不必惊慌，只管把各自的船插上官旗，将带有商铺标识的东西藏好，把商船伪装成军船。然后他们敲锣打鼓，船只一字排开向前进发。

王阳明令人在自己的船头竖起南赣巡抚的牙旗，又遣手下三十多个军校上岸随行，遥相呼应。这样布置妥当后，队伍排成阵势，摇旗呐喊，鼓噪而前。王阳明站在船头观察情况，不久便见一排条木截在江面，岸边一群衣衫褴褛、面黄肌瘦的流贼大呼小叫，向被阻拦的船只喊话威胁。

有商人哆嗦着告诉王阳明，这就是水匪。王阳明走上甲板喊话："我是朝廷命官，皇上要我来巡抚此地，你们居然挡我去路，眼里还有王法吗？"说完向身后一指："这都是我的官船，你们也敢打劫？"

水匪们看见船队旌旗招展、声势浩大，登时大惊失色，正要作鸟兽散，却已被岸上的军校堵住了去路。他们见王阳明站在船头，官派十足，纷纷跪在船上说："我们都是本地良民，因为饥荒被逼无奈才当盗匪的，还望大人开恩。"

王阳明早就猜到了八九分，便命人向贼众宣告："江西灾情，本官已知，定有妥善办法赈济。念你们饥寒所迫，又是初犯，不予追究，就此各回其家，正当谋生，等候官府安顿。"

那些水匪不过是因贫寒起盗心的乌合之众，听到巡抚大人这番话，一哄而散。王阳明站在甲板上，指挥各商船陆续离开，走出很远，才松了一口气。轻易化解水盗的包围，似乎给了此次剿匪之行开了一个好头，同时也让王阳明心里闪过一个念头：也许不必只凭刀剑解决问题。

于是，王阳明的船扯起满帆，一路向赣州驶去。

“十家牌法”与训练精兵

正德十二年（1517 年）正月十六，王阳明抵达南赣巡抚办公地江西赣州。

王阳明到达赣州当天，即在巡抚衙门开府办事。赣州虽地处山区，却是南北交通的咽喉，巡抚衙门的规模也非其他衙门可比。

王阳明初到赣州，百废待兴。如何平灭匪患是压倒一切的重中之重。如何对付那些盘踞在深山老林里的悍匪巨盗？王阳明着手了解当地政府财政情况和军队战斗力。结果，这一路调查下来，王阳明发现情势不容乐观。

首先是官军战斗力非常差，严重缺少军事训练。在南赣，官军多次采取围剿行动，在和土匪的较量中一向胜少败多，多有畏战心理。正德六年（1511 年）来，官府每次剿匪都要调“土兵”“狼兵”，这些兵都是少数民族士兵。调来这些士兵对当地来说是个不小的扰民行为。正德七年（1512 年）时，前任巡抚陈金调动狼兵作战，破坏力极强，在民间名声极差。

这里的土匪也不同于一般匪盗，有一套专门对付官军的办法。他们和当地居民有着千丝万缕的联系，拿起锄头是农民，拿起屠刀就成了土匪。而且上山做土匪的在山下都有家眷亲人。这些当地居民的收入来源中就有山上土匪的资助，所以经常给土匪通风报信。

更不可思议的是，这些职业化了的土匪居然懂得兵法中的“用间”。他们以威逼利诱等手段在官府内安置眼线，对官府决策和军队动向都一清二楚。所以，官府以往围剿行动多半劳而无功，还常常在一些不利地形处遭到土匪的精准伏击。

最悲催的是，官府剿匪经费严重不足。明朝赋税很低，户部向来缺钱，不可能专为南赣拨出剿匪专款，即使有也是杯水车薪，难以解决根本问题。地方府库更是空虚，只能维持最低限度的政府运作，根本应付不了大规模军事行动的开支。有道是“兵马未动，粮草先行”，没钱是根本打不了仗的。

这就是南赣巡抚王阳明所面对的尴尬局面。怎么办？对于心学大师王阳明来说，办法永远会比困难多，因为人心能运转万物。他沉心静气，想尽办法来破解这一道道难题。他的办法为：

训练精兵。王阳明从四省中拣选骁勇绝群、胆气过人的民兵组成一支兵团，编为四团。每团有团长，除有农事季节外，四个团都必须到赣州城军营日夜操练。王阳明亲自调教训练。这样，民兵提升了战斗力。王阳明一生创造了多次军事奇迹，但使用的都是这样没有经过长期专业训练的“民兵乡勇”。他们的战斗力和正规军相比丝毫不落下风。他们的血性和狠劲更是官军根本无法匹敌的。后来晚清时期，曾国藩镇压太平天国起义时也用了这一招，办起了地方团练，练出了一支作风强悍、敢结硬寨、敢打死仗的湘军。

行“十家牌法”。所谓“十家牌法”，就是要每家把所有家人的个人信息（性别、籍贯、职业等）写到一块木牌上，挂在门口。十家为一牌，由指定的人当牌长。牌长手上有一份关于这十家的详细资料，谁家有残疾人，哪里残疾，怎么残疾的，都记录得一清二楚。牌长每天在固定时间挨家挨户巡查，先用手上的册子对照各家门口的牌子，然后对住户人口进行比照。有时候牌长会进门搜查，一旦发现有陌生的外来人，必须立即报官。如果这个人来路不明，或者就是土匪，那这家和与其编在一起的其他九家就要受到处罚。王阳明以雷厉风行之手腕，强力贯彻执行十家牌法，一月之内全境肃然。南赣地区土匪的生存空间被大大地压缩，只能龟缩在山林中。

整肃土匪眼线。通过调查，王阳明掌握了一个官府老吏就是山贼耳目的情报。王阳明亲自进行审讯，那个老吏承认自己是土匪安插的奸细，请求放他一马。王阳明没有贸然以通敌罪杀了老吏，而是让他戴罪立功，继续当奸细，只是以后的情报由王阳明亲自给他。那个老吏磕头发誓一切听凭安排。通过老吏的供词，王阳明还将赣州城内外的山贼眼线一一抓获。更重要的是，王阳明不是将这些人一抓了事，而是让这些棋子为官府所用，让他们将山贼动态报给王阳明，并让他们传播虚假消息诱敌上当。可见，情报战也是王阳明百战百胜的利器。

订立《南赣乡约》。身为文人的王阳明制定《南赣乡约》劝谕乡民：“……从今日起，百姓皆宜孝顺你的父母，尊敬你的兄长，教训你的子孙，乡里之间和顺，死丧相助，患难相恤，善相劝勉，恶相告诫，息讼罢争，讲信修睦，务为良善之民，共成仁厚之俗。……”《南赣乡约》使得儒家基本理念以一种接地气的方式深入南赣百姓的头脑中。这对蒙昧野蛮的乡民无疑是一次启蒙式的道德感化，逐渐消弭了当地盛行的土匪文化和流民习气。

筹措剿匪军饷。他学起了汉武帝的盐铁归公之法，拿盐商开刀来筹措经费。盐商们需持朝廷发给的“盐引”方能向政府买盐，再运到偏远地区贩卖。“盐引”不是所有人都能搞到的。以前由于各方利益博弈，广州盐商在南赣境内只有南安、赣州两个经销点。现在王阳明将广盐行销范围扩大到全境，但盐税提高一倍。他还将以往散落各处的税关统一设在南安的重要关口龟尾角，实行专卖专税，既使盐商无法偷税漏税，又防止地方官贪污受贿。

等到一切基本就绪，王阳明就开始考虑找哪一路土匪试刀了。

他盯上了盘踞在福建漳州大帽山的詹师富。与这一带的其他土匪相比，詹师富还是资历较浅的后来者。他两年前在绵亘数百里的大帽山占山为王，这里易守难攻，是个抗拒官军围剿的好地方。在两年间，他的土匪队伍居然多次突破前任南赣巡抚文森组织的围剿，还把老巢建在了大帽山子山脉的象湖山，即今天福建漳州平和县象湖山。可谓一股既顽固又狡猾的悍匪。

王阳明兵分两路，一路直攻詹师富的基地象湖山，一路从饶平（广东饶平）北上侧翼配合攻击。詹师富闻讯后，马上把土匪埋伏在官兵来象湖山的必经之地长富村（福建漳州平和长乐一带）。官军和詹师富土匪的第一战就是长富村之战。

福建都指挥佥事胡琏带着五千余士兵来到长富村，进入了詹师富设下的埋伏圈，顿时四面喊杀声起。然而，这支部队是经过王阳明整训过的，在被包围的情况下丝毫不乱，仗着人多势众，向四面八方突围。他们不但撕开了詹师富的包围圈，而且掉头反包围了詹师富。

詹师富这帮土匪居住的寨子都是客家土楼。这种土楼是一种堡垒式建筑，非常坚固。平时聚族而居，战时可以抵御外敌。开战前，王阳明交代了锦囊妙计，让官军四面攻击，选定一个方向作为主攻方向佯攻，一举突入土楼，进去之后不要拼杀，而是马上趁乱放火，放完火就往外跑。土楼中家家户户都连在一起，只要火烧起来就难以控制。这帮土匪纷纷往外跑。官军就围在外面，逐一围歼抓捕。贼首黄烨等四百三十二人被擒获斩首，一百四十六个“山贼”家属被俘，烧毁房屋四百多间。詹师富猝不及防，军心崩溃，大败而归，急忙跑回老巢漳州象湖山据守。三省交界处的象湖山山深林茂，土匪藏进山里据险而守，官军就没有办法了。

胡琏率军至象湖山下安营扎寨，遣人送信给王阳明和周边省份要求支援。王阳明早已领兵开赴前线，在半路上得到初战取胜的消息。同时那支饶平北上的偏师也传来捷报。王阳明闻听首战告捷，兴奋异常，立即叫人备马要亲自上战场。行军至大伞（福建与广东交界地）附近，忽闻前方一片喊杀之声，却是福建卫指挥使（正三品）覃桓和县丞（副县长）纪镛响应号令，轻敌冒进，中了贼兵的埋伏，附近广东狼兵却作壁上观。

王阳明提兵去救，一番厮杀，终于击退贼兵，但己方却也元气大伤，死伤无数。此时詹师富的伏兵突然冲出，杀了王阳明一个措手不及。混战中，王阳明中了两枪栽下马来。幸好随身护从把他扶上一匹快马，冲出了包围圈。这一仗，王阳明险些被詹师富活捉，他狼狈不堪地掉转马头撤回汀州。一路上，他深自反省，发现自己过于轻敌，毕竟没有实战经验。特别是作为主帅亲身上阵过于冒险，不仅容易动摇军心，而且一旦落入敌手就会危及全军，后果不堪设想。

可见，亲冒矢石、临阵相斗其实并非自己所长。不过王阳明学习能力超强，在战争中学习战争，他心里更有底了。于是，王阳明在心里筹划用奇计、出奇兵，打敌方一个措手不及。

几天后，王阳明把部队调到上杭（今福建上杭县），创造机会准备给詹师富致命一击。这时，一些指挥官因前期暂时失利情绪低落，他们认为应该撤兵回赣州，等待广东剿匪狼兵的到来。

王阳明则认为敌人气势正盛，正应该趁他们取胜后疏于防备时进攻。王阳明认为詹师富现在是希望官军撤退，自己正好可以将计就计。他让人传出消息说不打了，秋后再来，再把士兵们组织起来搞个班师撤兵仪式，搞得声势浩大，让詹师富信以为真。这样等其放松警惕后，官军就奇袭他的老巢象湖山。

詹师富接到官军在上杭举行班师撤兵仪式的情报后坚信不疑。他命人杀猪宰羊，抓起酒坛，庆祝胜利。而此时的王阳明并没有闲着，他派人随时打探象湖山的动静。当他得知詹师富已在庆贺胜利时，就知道时机到了。

王阳明马上挑选一千五百名精兵为先锋，四千名重兵继后，兵分三路，于正德十二年（1517 年）二月十九夜间衔枚疾进直奔象湖山。在距象湖山一箭之地会合后，王阳明下达了攻击象湖山隘口的命令。象湖山守卫十分松懈，突击队进展异常顺利，迅速攻破象湖山隘口。双方在山中短兵相接，展开了惨烈的肉搏战。

詹师富的手下匪众骁勇善战，在山崖森林中纵横自如，跳跃如飞。但到了黑夜里，他们只能与官军短兵相接，扔滚木、丢巨石，负隅顽抗。战斗从晚上持续到第二天中午，双方都死伤惨重。战事正胶着间，王阳明心生奇计，又派一支数千人的奇兵由山间小道从匪众背后突然发起攻击。匪众受到前后夹击，顿时溃散而逃，被斩杀者两千余人，俘虏一千五百余人，坠入山间深谷者不计其数，官军一举拿下了象湖山。不过，官兵没有发现詹师富的尸体。从俘虏口中得知，詹师富在混战中已逃到可塘洞据点去了。

王阳明下令对詹师富的据点进行全面扫荡。詹师富的据点还有四十余处，战斗人员达数万，而王阳明的部队满打满算才五千人，力量对比悬殊。不过，詹师富老巢被端掉了，士气受到沉重打击。他在可塘洞据点听到扫荡部队的战鼓声时，吓得心胆俱裂。可塘洞的防线很快溃散，詹师富本人被扫荡官军活捉，不久就被处决。

王阳明的剿匪部队在三天之内横扫詹师富四十三处据点。随后他又调集军马，向箭灌贼巢进发。正德十二年（1517 年）三月二十一日，箭灌大寨主温火烧被王阳明的扫荡部队活捉。

对于这场在南赣地区取得的胜利，朝廷给予的奖赏是白银二十两。王阳明剿灭詹师富仅仅用了三个月。这干脆利落的第一仗，让谢志山、池仲容等其他的南赣匪众瞠目结舌，对看似弱不禁风的一介文官王阳明开始另眼相看。

漳南剿匪，攻心夺气

为了对付王阳明的剿匪官军，盘踞在横水、左溪的谢志山、桶冈的蓝天凤找到广东的高快马，结成同盟主动出击。谢志山还制造出失传已久的吕公战车，批量生产，布置于各个关口，决意顽抗到底。他们还紧锣密鼓地打造攻城器具，宣称要进攻赣州的邻县南康。他们声称打下南康就打赣州，端掉王阳明的老窝。

正德十二年（1517 年）七月二十五，谢志山带领一千多人跑到南安城下，推着吕公车发动猛攻。那吕公车又重又大，攻城却毫无效果。一个月后，谢志山和蓝天凤再次进攻南安城，也没有得逞。官军们拼死守住了南安城。

这两股土匪气焰居然如此嚣张，王阳明决定对谢志山和蓝天凤动手。为此，王阳明专门给王琼写信，希望朝廷授予他提督南赣军务的专断特权，南赣地区的所有军队包括周边四省部分军队，由他来统一指挥，只求作战成功，朝廷不能规定时限。内阁批准了王阳明的请求。很快，正德皇帝朱厚照也准奏，令王阳明提督南赣军务，可便宜行事。

于是王阳明开始改革军队指挥体制。士兵二十五人编为一伍，长官为小甲；二伍为一队，长官为总甲；四队为一哨，长官为哨长；二哨为一营，长官为营官；三营为一阵，长官为偏将；二阵为一军，长官为副将。并设立牌符，上面注明“某军某阵某营某哨某队某伍某甲某人”，平时由各级军官检查，一遇战事，则凭牌符调遣。

此法治众如治寡，所有将官都由王阳明本人任命，不需上报朝廷。军队实行层层管理，令行禁止，严格有效。这样，一台精密而高效的战争机器形成了。

接下来，王阳明就开始清剿和招抚两手并用。他令人发布了《告谕巢贼书》，发送给高快马、池仲容等山头土匪。他写的这篇《告谕巢贼书》堪称攻心夺气的奇文。大意为：

“本院巡抚此地，以铲除盗贼，安抚百姓为职责所在。刚刚上任，就听说你们常年在乡村之中流窜劫掠，杀害良民。被害来告的百姓，每天都有。本想立即带兵剿灭你们，但随后去征伐漳州贼寇，打算回军之后再剿荡你们的巢穴。待漳州贼寇平定，计验战功，被斩杀、俘获的贼寇共计七千六百余人。经审查得知，当时带头作恶的贼寇也就四五十人，附随作恶的同伙也不过四千余人，其余的多是一时被胁迫的百姓。我不由得心中惨然哀伤。

“由此想到，在你们的巢穴当中，难道就没有被胁迫之人吗？况且，我还听说你们当中有不少大户人家的子弟，其中也定有能审时度势、通晓义理之人。我到任至今，还未曾派遣一人前去晓谕招抚，岂能突然就发兵剿灭你们？如此，就类似于不教而诛，日后我也定会后悔不已。所以，今天特遣人前去告谕你们：不要自以为人多势众，还有比你们兵力更强大的都灰飞烟灭了；不要自以为有险可恃，还有比你们的巢穴更险要的，如今都已被我歼灭了。你们难道没有听说？

“人情之所共引以为耻的，莫过于身负盗贼之名；人心之所共愤的，莫甚于身遭劫掠之苦。假如现在有人当面骂你们是贼，你们必定会勃然大怒，你们怎可心里厌恶盗贼的恶名，却干着盗贼的恶行呢？假如有人烧毁你们的房屋，抢劫了你们的财产，霸占了你们的妻女，你们定会对其怀恨彻骨，宁死也要报仇雪恨。如今你们将此等恶行施加于人，别人怎么可能不痛恨你们？人同此心，难道你们不懂？

“你们甘心为贼，想必其中也有某些不得已的苦衷。或许被官府逼迫，或许为大户侵害，一时冲动，错起念头，误入歧途，后来又不敢轻易回头。你们的这些苦处，也的确让人觉得可怜，但也是你们不能真切悔悟造成的。你们当初决定去做贼寇，明明是活人寻死路，尚且说去就去，而今若能弃恶从善，那便是死人有了活路，你们反而不敢，这是为何？如果你们今天像当初去做贼寇一样，拼命脱离贼巢，官府怎可能非要杀你们？你们久习恶毒，忍于杀人，心多猜疑。岂知我等无缘无故杀只鸡犬都于心不忍，更何况是人命关天呢？如果轻易杀掉你们，冥冥之中，定有还报，灾祸殃及子孙后代，我何苦定要如此？

“每每想到这些，我就彻夜难眠，无非是想给你们寻一条生路。如果你们冥顽不化，我就不得已要发兵，那就不是我杀你们，而是老天要诛杀你们了。如果说我完全没有杀心，那也是欺骗你们；如果说我非要杀你们，这绝非是我的本心。今天你们虽然做了贼寇，但从前也都是朝廷的赤子！就像一对父母有十个孩子，八人善良，二人悖逆，想要加害其他八人。作为父母，必须除掉两个逆子，其他八人才能得以安生。都是自己的孩子，作为父母，为什么偏要杀掉那两个孩子？那是因为迫不得已啊！对于你们，我心也是如此啊。如果这两个孩子能悔恶迁善，痛哭流涕，诚心归顺，做父母的也必然会心生悲悯，接纳他们。为何？不忍心杀掉自己的孩子，实乃父母之本心啊。如今二人能够顺遂了父母本心，还有什么比这令人高兴的啊！

“听说你们身为贼寇，收入也不多，有的人连衣食都难以保障。何不把辛苦做贼的那份精力用来种田经商呢？那样很快就可以发家致富，安心享受自在的生活，放心纵意地畅游于城市之中，优哉游哉地行走于田野之上。哪里会像今天整日担惊受怕，出门要躲避官府，防范仇家，回到贼巢又怕被官军围剿诛杀，只好潜藏身形，掩饰行迹，一生忧苦，最终落得家破人亡。这样的日子有什么可留恋的？你们可要好自思量。

“如果你们能听从我的劝告，弃恶从善，我就把你们当作良民来看待，当作赤子来安抚，不再追究过往之罪。像叶芳、梅南春、王受、谢钺这些人，如今我已经把他们当作良民一般看待了，你们难道没有听说？如果你们恶习难改，那只好任由如此。到时候，我南调两广的狼兵，西调湖湘的土兵，亲率大军去围剿你们的巢穴。一年剿灭不尽那就两年，两年不尽那就三年，你们财力有限，我官府兵粮无穷。纵使你们都是有翼之虎，谅你们也难以逃于天地之外！

“不是我非要杀你们不可，是你们使我良善百姓寒无衣、饥无食、居无房、耕无牛，让他们父母死亡，妻离子散。如果让他们躲避你们，他们就失去了田业，已无处可避；如果要他们送资财给你们，家资已被你们掠夺，已无财可送。就算你们替我来想想，恐怕也只有剿尽你们才可安民。

“我现在特遣人前去安抚晓谕你们，赐予你们一些牛、酒、银两和布匹，使你们的妻儿与你们团聚。由于人多，无法全都顾及，各发一篇晓谕，你们好自为之吧。我已经是言无不尽、心无不尽。如果你们还不听劝告，那就是你们辜负了我，而不是我对不起你们，我兴兵可以无憾矣。呜呼！天下人皆是我的同胞，你们也都是朝廷赤子，我不能抚恤你们，而最后至于非杀你们不可，痛哉痛哉！走笔至此，不觉泪下。”

这篇文章一字一句都直指人心，振聋发聩，可抵十万雄师。

在发布《告谕巢贼书》的同时，王阳明还派人给那些深山里的匪盗送去牛、酒、银子和布匹。这番声情并茂的攻心术加以安抚举措相当有效，真就有主动前来投降的。第一拨是赣州龙南的黄金巢武装。第二拨则是广东龙川卢珂武装。他们带领自己能控制的所有人马来见王阳明，决心要重新做人。

王阳明把他们队伍中的老弱病残清退为民，留下骁勇之士组编成一个战斗单位，由卢珂担任指挥官。当时有人提醒王阳明，这群盗贼反复无常，当心他们反水。王阳明说，他们被本官的诚心感动，本官就用真心对待他们，他们不会用伪心来对我。

他对卢珂推心置腹道：“你们做贼多年，虽是发自本心改邪归正，但还是有人用从前的眼光看你们。所以你们必须拿出点成绩来，堵住他们的嘴。”卢珂说：“王大人要打谢志山和蓝天凤，我定尽死力。”王阳明点点头，他要的就是这句话。

不过，当然也有不愿招安的。对这些顽固的土匪，王阳明的态度也十分坚决，那就是以铁腕手段剿灭之。他对刚刚整编的各路部队加紧训练，准备随时再次出击。

福建南安的山贼们听说王阳明昼夜练兵，顿时感到惶惶不可终日。他们把家人和财物都藏起来，深居简出。大庾岭的陈曰能却大不以为然，他将王阳明的《告谕巢贼书》撕个粉碎，组织队伍对南安府进行了数次进攻。陈曰能的地盘大庾岭地势险峻，遍布荆棘，全是悬崖峭壁。

王阳明让一班平时训练的团练精兵集合起来，在微弱月光的掩护下悄悄向大庾岭急行军，趁匪众没有防备实施突然袭击。由于防守松懈，陈曰能的大庾岭地盘被官军施用火攻轻易取下。陈曰能在逃跑途中，被官军的一支小分队活捉后就地处决。

大庾岭陈曰能就这样解决掉了，群贼闻讯更是大惊：王阳明此人两次取胜绝非侥幸，而真的是位用兵高手。

不过，王阳明在当地人们眼中其实不像一位军事统帅，更像是一位教书先生。他每天的大部分时间都是在和弟子们讲学，有时候会玩玩射箭什么的。每天早上，弟子们到王阳明住处请安，王阳明从后堂走出，大家就开始谈心学。中午时分，大家在一起吃饭。午饭后，大家继续谈论学问。偶尔有人送来军情报告，王阳明只是看一眼，就继续讲他的课。好像他现在最要紧的工作是讲课，而不是剿匪。弟子们也都习以为常了。

然而在正德十二年（1517 年）十月七日的凌晨，官军吹响了围剿谢志山的号角。

在整个南赣地区土匪头目里，势力最大、名气最响的悍匪谢志山最为引人注目，实力仅次于池仲容。

谢志山是畲族人，祖辈从广东潮州来到上犹、南康和大庾三县交界的地方，借山生存，先居住在横水，后迁往思顺。谢志山性格奔放豪爽，从小就在父亲指导下读书写字。他天资聪颖，悟性很强，少时曾读过很多书，特别喜欢兵法。长大以后，谢志山身材高大，勇敢有膂力，且为人慷慨讲义气，因此邻里都对他有好感。

当时江西政府横征暴敛，逼出了一大批山贼。政府屡次围剿都胜少败多。谢志山意识到这可能是实现自己抱负的时机，于是暗中准备举事。正德三年（1508 年）四月，谢志山、萧贵模等在横水举事，利用畲族民间流传的祖先盘瓠传说的“宝印画像”进行宣传鼓动，提出“抑富济贫，除暴安良”的口号。一些贫困山民纷纷投入他的麾下，响应者甚众。他还凭借深广的社会关系，拉拢了一大批有才能的人物，陆续在左溪、桶冈安营扎寨。谢志山在这些人的帮助下，极善于对付官府围剿，地盘和势力越做越大，个人野心也越来越大。

正德八年（1513 年），谢志山在南赣地区声名显赫，自称“征南王”，又称“盘皇子孙”，与明王朝分庭抗礼，并立年号、官制。地方官员无可奈何，遂上奏朝廷。朝廷先后派遣湖广都御史金泽、巡抚湖广都御史陈金、江西巡抚文森率领官军进行镇压，结果大败而归，震惊朝廷。

有志图王的谢志山不同于一般的土匪，很重视招揽各种人才。在南赣山贼中，谢志山手下的谋士最多，这些足智多谋的人甘愿为他出谋划策。正德十一年（1516 年）八月，谢志山会合广东乐昌的高快马，攻下大庾县，进攻南康县，围攻赣州府，击毙赣县主簿吴玭，引起了极大震动。正德十二年（1517 年），谢志山又联合湖广龚福全率兵攻打遂川、泰和、万安、永新，均获胜，遂又准备夺取附近州县，进一步向四面推进。

另一个悍匪蓝天凤做山贼的时间要比谢志山早，盘踞在左溪。谢志山听说蓝天凤颇有谋略，志向不小，就单枪匹马去左溪拜访蓝天凤。蓝天凤对谢志山要他入伙的事不以为然。但谢志山并不在意，他多次带着酒肉来到左溪和蓝天凤对饮，两人渐渐推心置腹，最终结成了死党。谢志山用这种方式结交延揽了不少人为他效力。

谢志山和关起门来称王称霸的山贼不同，经常还会对官府军队发起小规模进攻。不过，每次攻城战只不过是骚扰，并不构成实际威胁。谢志山一向认为自己据守的山寨险不可摧，认为王阳明暂时奈何不了自己。詹师富和陈曰能的覆灭，都没能让他有所警醒。

当时官军将领间产生“先打横水还是先打桶冈”之争。王阳明认为：“以湖广言之，则桶冈诸巢，为贼之咽喉；而横水、左溪诸巢，为之腹心。以江西言之，则横水、左溪诸巢，为贼之腹心；而桶冈诸巢，为之羽翼。今不先去横水、左溪腹心之患，而欲与湖广夹攻桶冈，进兵两寇之间，腹背受敌，势必不利。”

实际上，王阳明已经决定攻打横水、左溪，但对外放风要进攻蓝天凤的桶冈。身在横水的谢志山笃信不疑，放松了警惕。

正德十二年（1517 年）十月十日，王阳明调兵遣将，把部队分为十路，其中两路为机动部队，在黑夜悄悄埋伏到横水周边；另四路为诱敌部队，在约定时间向横水武装叫阵；最后四路是精锐部队，当诱敌部队把谢志山诱出横水的有效防御范围时，这四路就会扑上去发动进攻。而两路机动部队则从旁边快速攻陷横水隘口，仿效韩信背水一战故事，拔掉匪旗，插上官军的旗，则大事即成。

十月十二日拂晓时分，王阳明下达攻击命令。四路诱敌部队佯攻横水，谢志山急忙到前哨阵地观看，发现眼前敌人虽然喊打喊杀声震天，但只是鼓噪而已，根本不敢前来接战。于是他就开了城门，带领精锐出城，连寨门的守卫部队都跟着冲了出来。凭着山高地险，谢志山轻松地挡住了官军攻势。

王阳明见状立即下令另外两路机动部队趁势而起，从侧面猛冲破横水寨门。官军劫寨得手，马上插上了官军旗帜，然后敲锣打鼓，远近山谷炮声雷动，烟雾之中，但见山头山腰尽是官军旗号，四下有人大喊：“我等已打下老巢！”

谢志山猛一回头，发现老巢被端掉了，扭头就想冲回寨门，但贼众已然惊惧，以为各处险隘均被攻破，登时斗志全无，纷纷溃逃。

于是官军的另外四路精锐部队冲出来，紧咬着匪军屁股追击。谢志山吓得魂飞魄散，闭着眼睛狂奔。这时，王阳明让精锐部队穷追不舍，而剩下的六路部队喊叫着直奔横水寨的核心区。横水寨山贼们在上面早就听到了官军胜利的喊声，又看到他们猛冲上来，顿时人心涣散，失去了抵抗意志。横水就这样轻易地被攻陷了。

谢志山此时已神志不清，挥刀狂砍，他的士兵和谋士全被劈成两半。他一路拼命地奔逃到左溪。左溪的匪众本想只放谢志山一个人进来，可他后面跟着一群残兵败将，如洪水一样涌进了左溪寨。后面紧紧跟随的正是王阳明的精锐部队，也顺势杀进了左溪寨。半个时辰后，左溪山贼全部投降，左溪被攻陷。

谢志山满脸血污地趁乱逃出了左溪，直奔蓝天凤的桶冈。横水贼众或逃或降，官兵穷追不舍，一路追到了桶冈。

而守在桶冈的蓝天凤听说三省要夹攻桶冈后，曾忧心忡忡，寝食难安，接着听到江西官军要攻打横水时，才舒了口气。不久，谢志山就带着一帮残兵败将前来投奔，导致桶冈也陷入官军的重围，他的神经又紧绷起来。

尽管大败而归，谢志山却在蓝天凤面前继续摆老大的谱，认为王阳明没什么了不起，只会使诈，只要能事先识破了王阳明的诈术，肯定叫他有来无回。

蓝天凤认为王阳明并不简单，才一年时间就把詹师富、陈曰能轻易地搞定，而且还收服了龙南的黄金巢和龙川的卢珂。他从来没有见过王阳明这样厉害的角色。

谢志山觉得蓝天凤是灭自家威风，长他人志气。两人商议半天，决定凭险固守桶冈山寨，任他王阳明用什么花招都闭门不出，只等他的粮草耗尽撤兵。

当王阳明来到桶冈时，不由得发出一声赞叹："这山贼老巢真是个鬼斧神工的天险之地啊！"

桶冈之得名，因为地形实在太像一个木桶。四面青壁万仞，连峰参天，中间冬暖夏凉，气候宜人。他在给朝廷的报告中说："桶冈四面万仞绝壁，中盘百余里，山峰高耸入云，深林绝谷，不见日月。”不仅如此，桶冈内部还有一片适合种植番薯和芋头的土地，山贼可以长期固守。蓝天凤带着全冈山贼种旱谷、种番薯，曾多次通过耗尽官军粮草打破他们的围剿行动。

王阳明遍访向导，得知桶冈自给自足，撑个十年八年不是问题。同时官军想从外面强攻进去，几乎是不可能的。桶冈屈指可数的几个入口容量极小，且必须架设绳梯，攀登悬崖绝壁而上，贼兵只需数人守住崖巅，坐扔巨石，便可抵御进攻。

不过，王阳明最善于出奇制胜。他从被俘山贼口中得知，桶冈入口有六处，其中五处为：锁匙龙、葫芦洞、茶坑、十八磊、新地。这五处全是狭窄的险道，山贼只要在上面放一排滚石，一个人就能守住。另外还有一处要绕远，约走半个月时间才可以进入桶冈。王阳明只能在锁匙龙、葫芦洞、茶坑、十八磊、新地这五处地方挑选一处作为突击口。

王阳明的官军攻打横水和左溪后消耗巨大，已经是强弩之末，他们必须要等湖广部队前来增援。十月二十七日夜晚，王阳明在桶冈前线的营帐中沉思。他分析了蓝天凤的情况，决定采用攻心之法。他写了封招降信，派人送给蓝天凤，并声称要在本年十一月一日早上亲上锁匙龙，招降蓝天凤。送信使者到桶冈进行了一番游说，告谕贼众，三日后的早上，愿降者出冈统一接受招降。

桶冈山贼接到信后马上炸了窝。这里挤满了从横水和左溪逃亡出来的山贼，他们在谢志山的影响下强烈反对招降。

蓝天凤不是个会轻易投降的人，桶冈如铜墙铁壁，无数剿匪将领都曾在桶冈面前望洋兴叹。然而，眼看这王阳明设计用兵如鬼魅难测，大不同于以往，鉴于詹师富等人的失败下场，蓝天凤手下也有不少愿降者。蓝天凤心里盘算：王阳明真的来了，是降还是不降呢？一连几天，蓝天凤都在犹豫发呆，无法做出决断。

王阳明等了两天，蓝天凤没有任何音讯。这时，部队通过休整已恢复战斗力，攻打桶冈已箭在弦上。

正德十二年（1517年）十一月一日，王阳明命令南康县县丞舒富领数百人奔锁匙龙下寨，并声称要在这里接受蓝天凤的投降，并且催促蓝天凤尽快对招降书做出回复。同时，他早在一天前就命令赣州府知府邢珣领兵直奔茶坑，吉安府知府伍文定领兵直入新地，汀州府知府唐淳领兵奔十八磊，广东潮州府程乡县知县张戬兵入葫芦洞。这四路部队都趁夜到达指定攻击地点，等待南赣巡抚王阳明总攻的命令。

十一月一日早上大雨滂沱，整个桶冈地区淹没在一片烟雨迷蒙之中。王阳明不停地派人催促蓝天凤快点做出答复。蓝天凤盯着那封招降信，心中像窗外烟雨一样迷茫。有人提醒他赶紧做出决定，他仍然没反应。事实上他手下的桶冈部队希望投降，而谢志山和他的横水、左溪部队却表示反对。内部意见不统一，就可能自家兄弟先闹起来。

十一月一日中午，王阳明部队同时在锁匙龙、葫芦洞、茶坑、十八磊、新地发起进攻。蓝天凤和谢志山等人正围绕着是战是降开通宵会议，猛听得四下里喊杀声震天。官军冒雨疾登山顶，从山上冲杀下来，与一千余山匪在锁匙龙、杉木坳、西山界展开肉搏战。众人大惊，拼命抵抗，却挡不住如潮的官军。当传令兵前来报告时，蓝天凤才知道这五处关口已经失守了三处。茫然间他失声道："王阳明的这些兵是怎么进来的？简直像是从天而降啊！"他不知道，王阳明早已派人买通其中一两处关键隘口，暗中调遣军队进入了桶冈。

蓝天凤传令卫队集合，就在桶冈里凭借险要地势打阻击战。但是王阳明部队已经一拥而入，卢珂和他的五百兄弟与蓝天凤卫队短兵相接，打起肉搏战。

蓝天凤和几个亲信拼死突围，奔向十八磊逃跑。蓝天凤在十八磊得到了片刻的喘息，命令守卫部队拼命抵抗。双方僵持一夜，卢珂部队赶到一顿冲杀，十八磊最终被攻克。蓝天凤又逃到桶冈后山，在这里死守数日，最终见大势已去，他就想乘"飞梯"进入湖广桂阳。

然而，王阳明早已料到，在范阳大山中布下重兵。十一月十六日，王阳明率军与湖广桂阳官兵合围上庄。蓝天凤在桶冈后山前无进路，后无退路，仰天长叹道："谢志山误我！"说完跳下了悬崖。这一仗下来，三十多个据点被毁，三千多山贼被杀或被俘。一向强硬的谢志山这时反倒主动投降了。至此，横水、左溪、桶冈被全部平定，耗时不足一个月。

据说，王阳明在打扫战场时，湖广部队才到达郴州。听说王阳明已经消灭了谢志山和蓝天凤，那些将领惊讶不已：从前三省联合剿匪，拼死拼活打了一年也不见成效，而这位书生模样的巡抚大人却在一月之内干净利落地把匪兵收拾掉了，真可称得上“用兵如神”！

围剿蓝天凤大功告成后，王阳明面对桶冈漫山遍野的尸体，不由流泪对弟子说：“如果我再等几天，蓝天凤可能会出来投降，也就不必死那么多人了。”

据说，谢志山在被处决前，王阳明特地去看了这位自立为王的悍匪巨盗。谢志山虽然身在囚牢，但心犹不服。令他难以理解的是，自己纵横江湖几十年，竟然栽在眼前这个看上去弱不禁风的书生手上。当王阳明告诉他即将被处决的消息时，谢志山神色平静，手指却微微颤抖。

王阳明说：“杀你的不是我，是国法。”谢志山点头说：“这样的结局我早有预料，不过还是很荣幸能死在你手里。但是，有没有想过，这叛乱的病根不在我们身上而在政府身上呢？”

王阳明沉默良久，换了个话题：“你是用什么办法网罗了这么多同党？”

谢志山回答：“我平生只要遇见世上好汉，绝不轻易放过。我会用尽各种办法和他接近，请他喝酒吃肉，帮他排忧解难，等到和他有了深厚交情，我就把意图直接告诉他，没有不答应入伙的。”

王阳明听了觉得有些诧异，点了点头，然后对谢志山说：“时间不多了，上路吧。”

谢志山倒也爽快，在两名狱卒的押解下走向刑场。

事后，王阳明对他的弟子们说：“我们交朋友，也应该抱着这种态度啊。”

十一月三十日，王阳明班师凯旋。王阳明挥笔撰文《平茶寮》，并命工匠在桶冈突兀矗立的一块巨石上镌刻石碑，取名为“平茶寮碑”。

此后，湖广的龚福全和广东的高仲仁先后率部归顺官府。为了彻底了解匪患产生的原因，王阳明深入山野百姓中进行了考察研究。

他写给朝廷一份报告说，南赣地区的匪徒数量在五六年前还是几千人，可最近这三五年，他们的势力越来越大，几乎成倍数增长。他认为，原因之一是谢志山、詹师富这样的山贼确有其过人之处，能在短时间内聚集起大股势力，但是根本原因还是当政者的苛捐杂税，逼良为盗。官军屡次围剿虽有成效，但官军一撤，马上又有另一股土匪随之出现。之所以屡剿不绝，就是朝廷没有长远的治本之策。于是，王阳明三番五次地上书朱厚照，要朝廷取消南赣地区的苛捐杂税，尤其是盐税。但朝廷并没有回音。

王阳明没有等待，消灭詹师富后就在象湖山附近设立平和县。平了横水、左溪、桶冈后，他又在附近设置崇义县。他用十家牌法牢牢地控制每一个固定村镇，用置县的办法把容易产生盗贼的地方割裂开。同时，他还在各地倡导良善民风，他相信人性中善念和良知的力量。此外，他还鼓励山民凿山修路，恢复建设，发展经济。这些措施从根本上改变了当地的社会风气，铲除了滋生土匪的土壤。

调虎离山，平定三浰

现在，王阳明在南赣的敌人只剩下了一个，也是最厉害的一个：广东浰头三寨的池仲容。

龙川境内有条河，河名三浰水（今名浰江），发源于浰头山，顺着河流有上浰、中浰和下浰三处地方，上、中、下三浰是池仲容土匪集团的核心匪巢。由于三浰山头“年头长，人数多，根基深，成建制，地盘大”，池仲容甚至怀有与明王朝分庭抗礼、实行军事政治割据的企图。所以王阳明视池仲容为“数千年巨寇，三省群盗祸根”。

池仲容在广东浰头山区曲潭村里长大，那里千山万壑几乎是一片原始森林。池家祖祖辈辈靠租种财主的土地和打猎为生，家境贫寒。池仲容少时常随父进山射猎，练就一身好本领，力能缚猛虎，敏捷如猿猴，长大后个性豪爽，敢作敢为。

明弘治年间，浰头一带连年灾荒，哀鸿遍野，民不聊生，而一些地方豪强催租逼债，心狠手辣，毫不留情。因欠租欠债，催租的地方豪强把池仲容父亲抓走，并让池仲容和两个兄弟拿钱赎人。池仲容和兄弟商议了一夜，没有任何结果。因为他们家根本拿不出钱来。

不久，县衙门派来两名官吏，带领一帮差役，又往浰头征粮征税，破门入户，横征暴敛，并强迫一批身强力壮的百姓运送暴取豪夺来的钱粮物资。当地民怨沸腾，人们怒不可遏。有民谚开始流传：“一亩官田七斗收，先将六斗送皇州。”池仲容决意造反，带领数十名年轻力壮的乡民半途截击，杀死两名官吏，夺回粮物分给贫苦百姓。最后池仲容还割下了那些差役的耳朵，放他们回去报信。

然后池仲容站在高处鼓动大家：官府马上就会来报复，现在我们已经没有退路，只有拿起武器和官府对抗才有活路，否则只有等死。结果一呼百诺，人们积极响应，很快就组成了上千人的造反队伍。他们以红布扎头为标志，以红色蜈蚣图案为旗帜，啸聚山林。池仲容先是率领众人前去解救了父亲，又冲进一些地方官府，抢劫了刀枪武器，将上、中、下三浰作为势力范围，并在附近设立了三十八个据点。

最后，池仲容还建立起自己的政权，自称“金龙霸王”，一条画着蜈蚣的大旗在浰头迎风飘扬。他还封官拜爵，封池仲安、池仲宁、李鉴、高允贤、高飞甲、黄尚琦为元帅，下设都督、总兵，据守浰头三十八个寨，从此开始了十多年如火如荼、激情四射的造反岁月。

池仲容建立起纪律严明的军队，开荒种地、屯兵耕田，同时邀请一批铁匠制造武器，自给自足。他还主动和谢志山、蓝天凤、高快马等土匪取得联系，提醒大家是一损俱损、一荣俱荣。

池仲容最终的目的不是占山为王，而是将来有一天走出深山老林，扫荡天下。他的这番宏论引起了谢志山的共鸣。谢志山曾经想亲自去拜访他，并设想能把他也笼络到自己门下。殊不知池仲容比他的野心还要大，回信中态度坚决：你别胡思乱想，我们只是联合的关系，我也没有让谁来我门下的意思。谢志山深深叹息，可惜池仲容这位好汉不能为己所用。

其实池仲容不仅要做山中之王，还想要做一个帝国之王。造反之初，一系列的成功都在支撑和激励着他去实现这个理想。那时，他和谢志山、蓝天凤、高快马联合攻打过附近无数城池，战绩不俗。明正德年间，池仲容先后攻打龙川、翁源、始兴、会昌等县城，曾活捉河源主簿、龙南县官，掳走南安府宰，杀戮信丰所千户。他居然还曾在翁源城里检阅过自己那支衣衫褴褛的军队。官府曾先后两次调集四省数万官兵围剿，均遭惨败溃退。最后一次围剿大军无计可施撤退时，池仲容还进行了一次完美的追击行动。前几任南赣巡抚被他频繁的攻城掠寨折磨得痛苦不堪，一看见蜈蚣大旗就心惊胆战。

从此"金龙霸王"池仲容威震四方，令朝野震动，各路山贼也难以望其项背。正德十二年（1517 年）正月，王阳明在万安遇到水盗时，池仲容听说有新巡抚到来，就给了王阳明一个下马威：围攻南赣巡抚办公地赣州南部的信丰城。虽然最终没有攻下信丰城，但想必王阳明得知后印象也极为深刻。

多年来，南赣巡抚如走马灯似的换了一个又一个，没有一个能奈他何。这次，池仲容觉得王阳明也不例外。不过，等到王阳明以迅雷不及掩耳之势消灭了詹师富、温火烧等人后，池仲容才不得不重视起王阳明来。当他看到王阳明四处散发的《告谕巢贼书》时，他知道官府要下软刀子了。他赶紧给各路盟友打预防针：王阳明这封信就是个圈套，想让大家自投罗网，任其宰割。

当黄金巢和卢珂投降王阳明后，池仲容不信他们有好结果，想看看黄金巢和卢珂能不能得到官职。当卢珂得到官职并被王阳明重用后，池仲容有点疑惑：难道这次是真的招抚？

打横水时，黄金巢率五百人加入横水之战。拿下横水后，黄金巢写信告诉池仲容：看来王阳明是真心招安，你应该也来投诚。池仲容沉思许久，终未决定。如今池仲容不仅要对付王阳明，还得提防这两个人。因为卢珂与黄金巢对浰头的状况了如指掌。

然而，王阳明在南赣先后刮起了一阵阵威力无比的飓风，很快陈曰能又在风中倒下了。陈曰能是第一个宣称拒不接受招安的人，并且撕了那封《告谕巢贼书》，还放出狠话，要把王阳明装进他的囚车里。如今，陈曰能自己却身首异处了。紧接着，横水谢志山的覆灭让池仲容内心真正地受到了震动，那可是个极难对付的悍匪啊。他终于认识到王阳明不是等闲之辈，而是个十分厉害的狠角色。而王阳明对拒不投降的匪首只有一招：杀无赦。

池仲容决定试一步险棋：向王阳明投诚。众人对于号称“金龙霸王”的老大做出这个决定颇感吃惊。其实池仲容所谓的投诚，不过是刺探虚实、缓兵之计。他要弟弟池仲安带领二百名老弱残兵去向官军投降。

王阳明笑了，对池仲容此举表示了赞赏，然后问池仲安：“你哥哥池仲容为何不亲自来？”池仲安回答：“哥哥处理完一些要紧事务会马上来见巡抚大人，现在他是唯恐落后于人。”

于是，王阳明便让前来投诚的二百名老兵到横水建立营场。正德十二年（1517 年）十月下旬，池仲容的弟弟池仲安领着二百多老弱残兵开始在横水做苦力修营。他来投降王阳明的真实目的是刺探虚实，可是现在受困营场根本就办不成。

正当他忧心忡忡时，王阳明突然命令他跟随部队去打桶冈。池仲安痛快地答应了。但是，吉安府知府伍文定带着队伍刚走了一半，就让池仲安在新地埋伏下来。新地离蓝天凤的桶冈最远，守在这里什么消息都得不到，也送不出去。池仲安感觉到王阳明可能并不信任自己。

桶冈之役结束后，一些官员和地方士绅告诉王阳明，池仲容这种人只能剿灭，不能招抚。他自知十恶不赦，所以绝不会相信投降后会有好下场。也有士绅认为虽然他们是盗贼，罪大恶极，但纯靠杀戮不能解决问题。

实际上，王阳明并非嗜血之人。对于池仲容，王阳明还抱着一丝招降的希望。池仲容也并不希望和王阳明兵戎相见，但也绝不愿投降。其实他早就暗中积极备战。山寨里，伐树封路的，埋设竹签的，设置滚石檑木的，一派繁忙景象，铁匠铺里叮叮当当都在赶制大刀长矛。

王阳明不可能让他拖延下去，便令池仲安回三浰，同时还让他拉回去几大车酒肉。临行前，王阳明说："你哥哥池仲容已经宣称投降，我没有催促他赶紧来报到。可是，他现在却开始备战，这是想干什么？你回去传达我的意思，既然已经投降，为何要备战？如果不投降，何必又派你来？"

池仲安这下愣住了，哥哥这么干不是要自己的命吗？他表示回去一定说服池仲容来投降。池仲安和王阳明派出的宣慰使到达三浰后，池仲容告诉王阳明的来使：他之所以备战，是因为老对头卢珂要对他下手，并非是防备官军。

池仲容说的其实也有点道理。卢珂过去盘踞的龙川山区离三浰很近。池仲容当初四方联络时，只有卢珂根本不理他，两人就此结下梁子。卢珂主动投降王阳明后，池仲容又是愤怒又是忌惮：想借官府来灭我？休想！

卢珂打完桶冈后，王阳明又让他带着那支山贼为主的剿匪部队回龙川，目的就是监视池仲容。桶冈战役结束后，王阳明就把精锐力量分成数路，慢慢地向池仲容的三浰合围。卢珂离池仲容最近，池仲容马上就察觉到了威胁。

王阳明回信给池仲容说："如果情况属实，我肯定会严办卢珂。"

池仲容并不太相信，王阳明却立即派出一支部队来三浰，说要开一条道去龙川。去龙川最近的路必须经过三浰。池仲容担心王阳明会来个假途伐虢，发动突袭。他忙回信说自己对付得了卢珂，不需要官军帮忙。

池仲容还故意问道："这卢珂总是对我充满敌意，是代表官府的意思吗？"王阳明让他放宽心："如果还不相信官府的诚意，那我们一起在赣州商谈投诚事宜如何？"池仲容对此保持了沉默。王阳明知道他还心存疑虑，不肯犯险。

正德十二年（1517 年）十二月九日，王阳明从前线撤兵回南康。六天后，王阳明给池仲容写信说：“我率军归来，所过之处的民众对官军热情相迎，甚至还有民众捐款为我建立生祠。这是何等光荣！过去我对杀了那么多山贼感到良心不安，现在已经释怀了。民众的行动告诉了我，那是不得已的必要之恶，对多数民众有利。如今我在南康城，正要回赣州，随时恭候你的到来。”

显然，只要真心投诚，王阳明是不愿大开杀戒的。十二月十五日，卢珂来到赣州府南康县，把池仲容三浰的情况向王阳明做了详细汇报。池仲容正在联络各山寨，要共同抗击三省围剿的官军，卢珂还拿出了物证：池仲容给卢珂等人的官职委任状。

卢珂判断说，池仲容必是诈降，以拖待变。王阳明笑笑，表示心里早已有数。卢珂小心地提醒王阳明：“我们应该做好准备。”王阳明又笑了笑：“我自有主张。”

此时的王阳明做了两手准备，但从内心来讲他还是希望池仲容能把诈降变成真降。当然，为此他要做得更多、更真诚一些。

十二月二十日，王阳明班师回到南赣巡抚办公地赣州，立即通告全城军民，南安剿匪胜利，浰头土匪已经招安，天下太平，全城放假庆祝。同时他还宣布休兵，本地士兵回家务农，外地士兵则自由来去。他再次致信池仲容，暗示如今已把部队解散，并且准备好酒好肉在赣州城里等待他归降，问他何时能来。

有人说王阳明这是诱蛇出洞、调虎离山；有人说是真诚招抚，希望巨盗悍匪金盆洗手。其实这两者成分都有，单看那池仲容能否良心发现，幡然悔悟了。

那池仲容看过来信，逐字琢磨王阳明在耍什么花招。忽然他发现了一个绝大漏洞，不觉笑道：“这么快就解散部队了？要知道还有个高快马呢。”

是啊，哪怕我池仲容愿意投降，不是还有盘踞在广东乐昌的高快马没有投降吗？你王阳明这么火急火燎地声称解散了部队做什么？可见也不过是虚晃一枪，做给我看的。

这个逻辑上的漏洞很快被王阳明用行动弥补了：高快马已经快被王阳明逼得精神失常了。王阳明很早就派出一支特种突击部队前往广东乐昌，时刻注意高快马的动向。而在迅速推进的剿匪形势面前，高快马已是热锅上的蚂蚁。每当王阳明剿灭一处山贼，他就会惶惶不可终日。当王阳明消灭横水谢志山、桶冈蓝天凤以后，高快马心态已崩溃，认为自己迟早也是王阳明的囊中之物。有天夜里，他猛然从噩梦中惊醒，赶紧让两个老婆收拾金银财宝，带着卫队跑到自认为隐秘的藏身之所躲了起来。然而，他万万没有想到王阳明的突击部队一直在后面跟踪，第二天就对他的隐秘据点发起猛攻。高快马猝不及防，魂飞魄散，扔下老婆和卫队只身逃跑。结果突击队紧追不舍，对他来了个生擒活捉。

高快马被捕的消息传来，轮到池仲容成热锅上的蚂蚁了。如今他是南赣诸匪中最后一个态度暧昧的“钉子户”，再不明确表态就要大祸临头了。

他急忙要弟弟池仲安带口信给王阳明：“投降是完全可以的，只是卢珂与我势不两立，我会不会遭了他的毒手？”

王阳明略一思索，便当着池仲安的面把卢珂叫来，训斥了一顿。他疾言厉色地让卢珂不要处心积虑地诬陷池仲容，最后还让人将卢珂押进大牢里关起来。池仲安就在身边看得一清二楚。王阳明又当着他的面给池仲容写了封信，信中说得颇为诚挚：“虽然我把卢珂关押了，但他的部队还在龙川，请你不要撤除警戒，我担心他的部队会攻击你。”

这该是推心置腹、仁至义尽了吧？池仲容收到信后，却要弟弟池仲安准确了解王阳明是否在制订进攻三浰的计划。池仲安回了信：王阳明解散了部队，赣州城里只有为数不多的军警在维持治安。王阳明每天都和一群书生谈论什么“心学”。他最后认定王阳明没有武力解决的意思，如若不信，可以亲自来看看。

池仲容看了，仍然犹豫不决。这时，池仲容身边一位谋士前来献计：王阳明每次派使者厚礼相送，礼尚往来，应回拜一下；那卢珂状告大王谋反，如果主动到赣州走一趟，就能自证清白了，也许卢珂这次死定了。

池仲容反复考虑后，决定去见王阳明。临行前，池仲容挑选了四十名精壮悍匪作为随从。

池仲容离开老巢的消息刚传来，王阳明立即发布《进剿浰贼方略》，要求龙川县所在的惠州府知府陈祥精选五千士兵做好进剿准备，要准备好向导和地图。这份方略下发到了巡抚境内各衙门。同时更详细的进剿计划《克期进剿牌》也下发给各领兵官。他下令离三浰最近的部队开始行动。

千户孟俊带着部队依计而行，拿着缉捕卢珂党羽的拘捕令前往三浰。池仲容手下的那些山贼先是惊恐不已，准备抵抗。可当他们看过了孟俊出示的那道拘捕令后，才知道是搜索卢珂在龙川的余党，便开门放行了。于是，大批官军就轻易地进入了三浰。孟俊刚刚参加了南安剿匪，很有作战经验。他此行的目的是组织卢珂手下的三千人马做好进剿准备。

正德十二年（1517 年）十二月二十三日，这一天正是“小年”。池仲容一行人进入赣州郊区，马上派人去通知王阳明，告诉他自己已经来了。王阳明见池仲容在城外驻足不前，便命人前去问：“既然来了，怎么不进城，难道还要让巡抚大人亲自去迎接？”

为了以防万一，池仲容把多数人马安置在城外的校场驻扎，还和城外兄弟约定：如果自己不能活着出来，你们就进城去干掉王阳明。然后池仲容带着几个贴身护卫进了赣州城。

赣州城中正张灯结彩，迎接新年。处处舞龙舞狮、观灯看戏，热闹非凡。在巡抚衙门口，王阳明微笑着向池仲容说：“今日见面可是喜事一桩啊，我可以回京交差，南赣百姓也可以安心过年，你池仲容功不可没啊。”

池仲容堆起笑脸附和着。眼见这王阳明其实不过是个身体孱弱、几乎有点弱不禁风的文人，他几乎不相信：这个人怎么就能用兵如神？他的军事才能从哪里来的？

王阳明也在不动声色地观察池仲容，察觉到他眼神中闪过一丝乖戾狡诈。一会儿，他忽然问道："池仲容啊，你为何还把部下留在城外？难道是怕我招待不好吗？"池仲容无言以对，只是干笑几声："怕人多叨扰了巡抚大人。"

王阳明宽和地笑笑："这样吧，大过年的，让他们都进来吧。"

于是城外的一干随从都进了城。王阳明还把池仲容的那些随从当作已归降的部下对待，奖赏了很多钱物。

然后王阳明道："你们路上也累了，先休息几天，衣食住处已经准备好了。"他们一起被安排在城内的祥福宫住下，那里装修华丽，生活设施一应俱全。

如此一番盛情难却，池仲容也只得客随主便了。不过，池仲容一行却心中忐忑，一夜未眠。

第二天，王阳明就派人送来酒肉和官服，又派人专门来讲述官场礼仪。显然这是把他们当作已降的人员来对待了。池仲容的随从们大为惊喜，感动不已。池仲容还是不太相信，派人到赣州城里城外仔细打探部队情况，发现赣州城里果然只有少量的官府护卫和巡逻队。他又重金贿赂关押着卢珂的监狱守卒，亲自进去探看。果然，那个冤家对头戴着木枷铁镣正在监牢里睡大觉。

池仲容这才放下心来，和弟兄们来到赣州城里寻欢作乐。他还给留守在三浰的兄弟们写信，说他已经搞定了巡抚王阳明。不过三五日，卢珂等人就会被砍头。三浰匪众颇为兴奋，认为平安无事了。

其实，王阳明也没有闲着。池仲容从关押卢珂的监狱一走，王阳明马上放了卢珂，令其昼夜兼程回龙川集结部队随时待命。同时他又让各地方部队悄悄集结，等待命令。

尽管做了万全部署，王阳明仍希望不必定要兵戎相见。他每天都和池仲容喝酒吃肉。除了稳住这个匪首，王阳明还对教育感化他们抱有期待，做着最后的争取。

巡抚衙门安排各衙门各级官员热情招待池仲容，天天都有宴会。岭北分守道、分巡道、兵备道、守备道、赣州卫、赣州府、赣州卫五个千户所、赣县，各衙门轮番招待池仲容。衙门还发布命令，让过去在城外龟尾角居住的乐户搬进城里居住，活跃一下气氛。

王阳明还几次亲自出席宴会，对池仲容等人好言相劝。他大谈忠孝仁义为做人之本，希望他们能够弃暗投明、改恶从善。每听到这些，池仲容心里有说不出的滋味。他当然明白王阳明的苦心，可他来赣州并不是来投降的，他内心最想过的日子还是占山为王、吃肉喝酒、逍遥自在，其他的他都不感兴趣。

他内心隐隐有个想法，只要再拖上一段时间，王阳明就会知难而退。所以，他表面上对王阳明的劝导一概应承，唯独不对何时率众出山归顺朝廷做出明确承诺。

事实上，这几天王阳明一直在观察池仲容，深觉此人眼神中的乖戾之气浓厚，内心叹息不已。看来此人的良知已被恶欲完全遮蔽，很难挽救了。

这时，池仲容表示想告辞，回到老巢三浰。好不容易调虎离山，怎能让这只虎再回去呢？只要池仲容不回去，那帮山贼就只是一群乌合之众。一旦放虎归山，恐怕就前功尽弃，颇多反复了。念及此，王阳明内心便动了杀机。

是啊，一切都安排妥当了。既然此人良知已泯，那也只好除恶务尽了。

王阳明依然劝说池仲容，马上就是年关了，这年除夕赣州城张灯结彩，异常热闹，不如看过灯会后再走不迟。

池仲容拱拱手，依然执意要去。王阳明叹息道："马上就过春节了，这里有酒有肉，何不多享受几天？"

随从们听过此语，也纷纷从旁劝池仲容多留几天。池仲容思来想去，便点头答应了。

赣州的除夕夜热闹非凡，家家户户都挂着花灯，整个城市灯火通明。春节那天，池仲容和那些随从喝得烂醉如泥。第二天醒来时已是中午，池仲容有些后怕，如果王阳明就在他们喝醉时下手，简直易如反掌。可见，王阳明还没有动手的意思。

不管如何，池仲容决意正月初三必须回山，否则很难预料会不会发生什么意外。

王阳明目光明澈，看着辞意甚坚的池仲容，良久方道：“多住几天不好吗？我们还可以再谈谈。初四再走吧？”

池仲容说：“初三我们必须走。”

王阳明淡淡地应允道：“好吧，吃过饭，你们就上路吧。”

正德十三年（1518年）正月初三，王阳明在祥福宫安排酒宴，为池仲容饯行。席间，众贼觥筹交错，喝得酩酊大醉，人仰马翻。吃到一半时，池仲容的随从们把武器从身上取了下来。

酒已半酣，杯盘狼藉。池仲容醉眼蒙眬，却总有些心神不定。蒙眬间，他似乎听见一阵凌乱的脚步声，间杂着人喊马嘶。

他睁开醉眼看时，只见月光下，一队精卒手持白刃正快步走近前来。池仲容如梦初醒，摸到兵器，一跃而起。

王阳明掷杯于地，大喝一声：“还不拿下，更待何时！”于是一群黑衣杀手冲了过来。池仲容叫一声：“不好！”两个杀手已把他按倒在桌上。随从们逃的逃，伤的伤，有的刚要反抗就被砍翻在地。

池仲容挥刀怒骂，要朝桌对面的王阳明扑过去。突然他只觉胸口一凉，一把利刃穿心而过，一股殷红的血喷溅出来。池仲容扔掉刀，一手捂住胸口，一手指着王阳明，眼睛瞪得老大，却发不出声来。

王阳明静静地看着他，长叹一声：“池仲容，不是我王阳明非要杀你，而是你良知泯灭，咎由自取。你认命吧。”

这就是以菩萨心肠，行霹雳手段。很快，池仲容一干人等被斩首。王阳明迅速集结赣州兵马，安排一队先锋换上池仲容等人的衣服，向三浰进发。

正德十三年（1518年）正月初七，王阳明兵分三路，直指三浰：第一路从广东惠州府龙川县奔三浰；第二路由他本人率队经由江西龙南县冷水径直奔三浰；第三路从赣州府信丰县奔三浰。卢珂的龙川部队作为机动部队，随时支援各处。

三浰山贼自接到池仲容送回的那封平安信后，就已没有了丝毫警惕。卢珂出面向三浰山贼传话，说池仲容等一干首领已归顺朝廷。为了表示奖赏，官府给首领们的眷属和山民每人派发半斤猪肉、两斤大米，大家晚饭后亲自到离大本营约二里路的“黄江围”大围屋内领取。眷属和山民信以为真，陆陆续续来到黄江围，并被要求一个个从前门进、后门出，但最终没有一个人能从后门走出来。第二天，黄江围屋口的两个池塘堆满了尸体。

三路剿匪部队发起进攻时，三浰山贼一下子惊惶失措。在短暂商议后，他们决定把精锐放在龙子岭抵抗王阳明。王阳明三路部队同时向龙子岭发动猛攻，决心一战定成败。刚开始，官军遇到了顽强抵抗。当战斗进入白热化时，王阳明命人把池仲容的人头悬挂在长杆上，叫人呼喊：“你们的‘金龙霸王’已经完蛋了，现有人头在此！”这些亡命之徒闻听此言，顷刻间丧失斗志，四散逃跑，在逃跑中他们互相践踏死了一半，另一半又被王阳明的部队紧紧追击，死伤殆尽。王阳明趁热打铁，命令所有部队迅速扫荡池仲容的各个据点。

在攻击九连山据点时，这里山高百仞，横亘数百里，四面都是悬崖绝壁，壁面光滑如镜，易守难攻。东南崖壁之下，只有一条鸟道可以到达山顶，鸟道一端是陡壁，另一端是万丈深渊。而九连山中藏有大量的粮米饮水，土匪们还在这里设下了滚木礌石，官军寸步难进。

王阳明用兵经常正奇相辅。他挑选一批七百名官兵组成的敢死队，让他们穿上盗贼的服装，混杂在贼堆里一起狂逃。入夜后，这批敢死队在九连山下向驻守的土匪求救，声称他们是从老巢逃出来的人。夜黑时面目难辨，九连山盗贼毫不怀疑，开了大门，打着灯笼照着他们脚下的路。敢死队抓住机会砍翻了守卫，守住隘口，放进了王阳明的部分人马。

这一突破截断了土匪东逃的后路，彻底动摇了妄图固守九连山的匪众的意志。众匪无心恋战，向着山外一路狂奔。这时早已赶到埋伏地点的官军以逸待劳，对着从九连山逃出来的匪众一齐放箭，当即射杀了一众匪徒。九连山就这样被拿下了。

这时南康县县丞舒富紧急来报，称老弱妇女二百人，聚于九连山谷口，呼号痛哭，自言是南赣良民，被池仲容等山匪胁迫、强抢在此，给他们搬运木石、洗衣做饭，并不曾上阵厮杀，求开生路。王阳明派冀元亨、周积查验，果然如此。王阳明见是老弱妇女且从贼未久，其情可怜，乃使赣州府知府邢珣往抚众人，籍其名数，遣散回乡，复为良民。

浰头剿匪是赣南赣西最后一仗，也是最为干净利索的一仗。贼兵可谓一盘散沙，一溃千里。湖广的龚福全也被湖广巡抚趁势剿灭。南赣之乱自此平息。望着漫山遍野的尸体，王阳明心中惨然，不以为功。

正德十三年（1518 年）三月八日，王阳明从三浰班师回赣州。这样，让四省多年疲于奔命而又劳而无功的南赣匪患被王阳明彻底平定，用时仅一年零三个月。

王阳明所带领的都是些文职官吏和偏裨军校，却取得了多少名臣武将都没法取得的成绩。从此，朝野都认识到了王阳明的军事才干。皇帝朱厚照特批提拔他为都察院右副都御史，正三品。

然而，王阳明没有就此志得意满，而是心怀忧惧：詹师富、谢志山、蓝天凤、池仲容，当初为什么会踏上这条不归路？是他们的思想出了问题，还是官府的哪些政策出了偏差？

这天夜里，辗转反侧、难以入睡的王阳明起得床来，拨亮油灯，提笔疾书：“破山中贼易，破心中贼难。”

是啊，山中盗贼蜂起，自然是人心思乱。人心乱者，自是良知不彰。所以可悲可叹者，良知虽然人人皆有，但是很多人的良知却被恶欲贪念所遮蔽。一旦人心中本真状态的良知无法被体认，无法被激活，无法被明觉，则其人必将浑浑噩噩、愚昧无知，其性格亦将走向偏执狭隘、自私蒙昧，最终沦为盗贼、恶匪、小人，昏聩庸碌一生。所以，欲除山中之贼必先去心中之贼。

能臣可以破山中贼，但只有圣贤才可能破心中贼。王阳明开始着手治理南赣，教化百姓，纠正民风，破心中之贼。

一是颁布《南赣乡约》，建立约长制度，以图民众自治；二是恢复社学（官督民办的义学），聘请名师，改革教育。对于改革教育，王阳明根据自己童年时的体会，提出儿童教育应诗歌、习礼、读书三步并举，强调因势利导、寓教于乐的重要性。

就在此时，传来了王阳明最心爱的弟子徐爱的死讯。徐爱病逝于正德十三年（1518 年）四月，正是王阳明在赣州兴办书院讲学之时。

正德十三年三月，王阳明剿匪功成。徐爱希望能和王阳明一起回浙江余姚，可以随时求教。他还引用名言道："朝闻道，夕死可矣！"想不到的是，竟一语成谶，就在他回老家看望父母时，一病不起，去世时年仅三十一岁。

王阳明在赣州得此噩耗，悲痛万分，大呼："天丧我！天丧我！"三天哽咽不进食，心情长久低落，每每想到徐爱，悲痛之情不能自已。多年以后，他领着众多门徒到徐爱墓（今绍兴迪埠山麓）前扫墓，就在徐爱的墓前讲解他的心学。讲到兴头上，他突然长叹一声："真想让他起死复生听我讲课啊！"

第七章
智平宁王之乱

朱宸濠萌生反心

南赣剿匪的辉煌战绩，让王阳明的军事才能发挥得淋漓尽致，也让他威名远播。然而真正让他达到一生事功鼎盛巅峰的，是智平宁王朱宸濠军事叛乱。

若要了解朱宸濠，他的先祖、首任宁王朱权是绕不开的。

朱权是朱元璋的第十七子，洪武二十四年（1391 年）受封宁王，到大宁（今内蒙古赤峰市宁城县）就藩。这里也是蒙古军队活跃的地区，所以朱权常常带兵与蒙古军交战。由于强悍善战，他成了蒙古军队非常惧怕的对手。后来，宁王卫队势力扩大已近七万之众。

洪武三十一年（1398 年），因太子朱标早逝，皇太孙朱允炆继位，是为建文帝。建文帝与亲信大臣齐泰、黄子澄等采取一系列措施，准备开始削藩。他们在北京周围及城内部署兵力，以防边为名把燕王朱棣的护卫精兵调出塞外戍守，准备削除燕王的势力。

显然这捅了马蜂窝。燕王朱棣于建文元年（1399 年）起兵三万挥师南下，打出的口号是“清君侧，靖国难”，史称“靖难之役”。当初明太祖朱元璋恐权臣篡权，特意在《皇明祖训》中说：“朝无正臣，内有奸逆，必举兵诛讨，以清君侧。”朱棣以此指齐泰、黄子澄为奸臣，须加诛讨，并称自己的举动为“靖难”，即平定祸难之意。不过太祖成法里面讲得很清楚，那就是必须是皇帝先召唤藩王，藩王才能起兵，且成功铲除奸臣后要在五日之内离京。朱棣起兵并非出自建文帝的诏令。所以，“靖难”不过是朱棣想要夺取皇位的一个借口而已。

起初燕王的军队势如破竹，一路攻城略地。但建文帝诏令出师讨伐燕王，很快将朱棣赶到了西北。十月六日，燕军经小路到达大宁城下。朱棣单骑入城，向宁王朱权求救，哭诉自己无路可走，希望宁王能向朝廷上书，帮助朱棣谢罪免死。朱权虽对建文帝的削藩之举也非常不满，但也不赞成造反。出于同情，朱权相信了朱棣的话并收留了他。

在大宁期间，朱棣令手下吏士入城结交并贿赂大宁军将领。他还密令一部分士兵化装成普通百姓混进大宁城，在宁王府附近埋伏下来。

十月十三日，朱棣向朱权辞行，朱权只带了几百名卫士送朱棣出城。但朱权来到郊外后，伏兵尽起，随朱权出城的大宁军士兵纷纷叛变，归附朱棣。混入大宁城里的燕王士兵也趁乱占领了大宁城，宁王府里家眷都被燕王的军队控制住了。

于是，朱棣借机劝宁王朱权一起起兵靖难，并承诺事成之后天下一人一半。朱权别无选择，只得和朱棣共进退。建文四年（1402 年），朱棣的靖难军攻下帝都应天（今江苏南京）。历时四年的靖难之役结束。战乱中建文帝下落不明，或说于宫中自焚而死；或说由地道逃去，隐藏于云、贵一带为僧。同年，朱棣即位，是为明成祖。

结果，朱棣得了天下后，绝口不提和兄弟平分天下这回事。朱权这才知道自己被耍弄了。无奈之下，朱权提出想去苏州养老，朱棣没有答应。于是朱权又想去杭州做个逍遥王爷，朱棣同样拒绝了。朱权提出去武昌，朱棣还是没同意。最后，朱棣封他为宁王，藩地在南昌，朱权带着自己的家眷去了南昌。同为朱元璋子孙，同为有继承权的皇子，朱权内心其实是很难真正平静下来的。他的子孙们也都记住了这份耻辱。

朱权死后，他的孙子朱奠培继承了王位，朱奠培的继承人是他的孙子朱宸濠。这可是个不安分的人物。

明弘治十二年（1499 年），二十一岁的朱宸濠继承了宁王之位。

据说他天资聪颖，博览群书，还能作诗填词，喜欢结交文人墨客。

五岁时与来王府的饱学鸿儒对谈，竟驳得对方哑口无言。见过他的人都称其礼贤下士，气度非凡。同时，他更是一个心怀不甘、颇有抱负的人，还下功夫研究军事兵法。也许朱宸濠认为自己这辈子的使命，就是要替先祖向朱棣的子孙讨回公道。

当时朝廷对藩王卫队数量有严格限制，宁王府卫队不得超过七千人。这朱宸濠不断招兵买马，很快就把七千人的卫队扩充到了一万五千人。明孝宗弘治十七年（1504 年），有江西官员向朝廷告发朱宸濠私自扩充卫队。弘治皇帝朱祐樘忍无可忍，下令取消宁王的卫队编制。

正德皇帝朱厚照继位后，刘瑾乱政，朝政腐败。朱宸濠远在江西南昌，却十分关心京城里发生的事情。他特别喜欢听关于朱厚照的负面消息。谁在他面前说明武宗的好话，或是认为天下太平，他反而会十分生气。

在朱宸濠看来，朱厚照有两个致命缺点：首先是“望之不似人君”，你看朱厚照放着正事不干，只顾寻欢作乐，不务正业，简直是误国误民，有亡国之兆。其次，这朱厚照一直没有生下儿子，也就没有立储。这更不免让朱宸濠起心动念。

江西龙虎山是著名道教圣地。道教创始人、号称“张天师”的张道陵曾经在江西龙虎山修炼道家功夫，后来白日飞升为仙。这就使得江西境内弥漫着浓厚的道教氛围。林林总总的民间术士层出不穷，甚至连紫禁城后宫都有不少来自江西的术士。

朱宸濠当然也注意到了道教的势力，也十分迷信道教的法术。他请来有名的术士李自然和李日芳为自己摸骨相面。这两个术士都身怀绝技。据说李自然精于看相摸骨，李日芳擅长看风水。

李自然一见朱宸濠便大为惊奇，称其面相清奇，气宇非凡，绝非寻常人，贵不可言。说如今朱宸濠只不过是蛰伏江西南昌，就好比潜龙在渊。正所谓“金鳞终非池中之物”，终有乘时而起、飞龙在天的那一日。

李日芳手里拿个罗盘和指南针，神神道道地把南昌城走了一圈，然后跑回来向朱宸濠一惊一乍地告知有重大发现：南昌城的东南方有天子气。而朱宸濠的宁王府正位于东南方向。

有了来自两个术士的权威认证，朱宸濠心中暗喜，自认是人中之龙，再也不肯久居人下。他开始结交朝中权贵要人，还结交山贼草寇和江洋大盗，并出手干涉地方司法，从监狱里救人。被救的人为报答他，就替他卖命，抢劫、杀人、放火，无恶不作，得到的利润统统交给朱宸濠，从而赚取谋反资金。

朱宸濠还暗中遣人在城郊昼夜不息地打造兵器，积蓄粮饷，准备干一番大事业。

不过，当务之急是要有一支直接听命于自己的武装力量，否则一切都是空谈。为了重建自己的卫队，朱宸濠盯上了朝中炙手可热的宦官刘瑾。

为了打消朱厚照心中的疑虑，朱宸濠一面亲自来到京城，向朱厚照说明情况；另一方面，他让人给刘瑾送去了二万两黄金。刚刚当权的刘瑾还没有多少受贿经验，一见到那万两黄澄澄的金子，就立时被这阔绰的出手震住了：宁王还真是豪爽大方啊！刘瑾毫不犹豫就笑纳了。朱宸濠马上趁热打铁，提出想恢复他的王府卫队。刘瑾也不含糊，当即同意向朱厚照禀告，一定给宁王一个满意的答复。果然，尽管兵部反对，朱厚照仍然同意让宁王重新恢复了卫队。

没想到的是，三年后刘瑾就垮台了。刘瑾伏诛的前一日，一帮御史上奏皇帝参了宁王一本，宁王卫队再次被兵部裁撤。

朱宸濠不甘心就这样栽了。他又看中了朱厚照跟前的红人、大太监钱宁。钱宁据说能双手开弓，百发百中。朱厚照让钱宁箭射哪片树叶，钱宁就能射掉哪片树叶。朱厚照想骑马，钱宁立刻扮成马，还能嘴里发出嘶鸣声。把朱厚照乐的，直呼钱宁为贤兄。钱宁称不敢当。朱厚照便信口称他为义子，钱宁只好点头答应。此后朱厚照特别关照这个“义子”。

这个钱宁是个有本事也爱钱的主，只要宁王肯花大价钱，二话不说就把事办了。不过，王府卫队从职权范围上归兵部管理，因此，必须兵部尚书点头才行。

明武宗正德八年（1513 年），陆完当上兵部尚书。只要搞定陆完就大事可成。朱宸濠马上命人推了一车珠宝来到京城，通过人脉关系见到了陆完。陆完被朱宸濠的阔绰手笔拿下，当即答应恢复他的王府卫队。朱宸濠得知朱厚照有在宫中张灯为乐的爱好，就在正德九年（1514 年）正月，向武宗贡献新样四时灯数百，穷极奇巧，并派人亲自入宫将灯悬挂起来。尽管后来引起火灾，将乾清宫烧成一片灰烬，但朱厚照仍然十分高兴。

于是，正德九年四月宁王府获准恢复护卫，宁王卫队再次建立。朱宸濠手里又有兵了。一些朝廷官员提出了反对意见，但朱厚照没有理会。

此后，朱宸濠做事更加低调谨慎。他意识到自己要成大事，还必须有几个摇鹅毛扇的谋士来辅佐。有两个人进入了他的视野：刘养正和李士实。

江西举人刘养正颇有些才气，不过运气不太好，朝廷会试屡试不中。于是他发誓不再去应考，醉心于道家养生术。他常常身穿道服出门，还拒绝了一些地方官的入幕之邀。刘养正这种独特个性居然颇为舆论所热捧，官员们多以和他结交为荣。

朱宸濠认为此人就是自己找寻已久的卧龙、凤雏，三番五次派人带着厚礼去请他出山。刘养正终于同意出山，共谋大计。

李士实，也称李白洲，字若虚，南昌府丰城人氏，成化二年（1466 年）的进士。他是朝中有名的重臣，官至右都御史。此人不光精通翰墨，更是地地道道的才智之士。当年，李士实与罗伦、李东阳、林俊、杨一清等人关系不错，名气相当。七十二岁时他致仕还乡。虽然此时李士实已过古稀之年，但朱宸濠认为他是个人才，迫不及待地邀请他出山相助。

李士实得知朱宸濠内心的宏图大志后，不禁拍案而起，叫道："老夫如今虽已垂垂老矣，却总以抱负未能实现为憾事。如今苍天有眼，让我遇到了你宁王朱宸濠。老实说，老夫颇知那姜尚、孔明之谋。”

于是，朱宸濠大喜过望，将其视为辅佐自己的姜子牙、张子房。

除了刘养正和李士实，朱宸濠还听说了苏州才子唐寅的大名，专门派人延揽入府。唐寅，字伯虎，又字子畏，号六如居士、桃花庵主等，苏州吴县（今江苏省苏州市）人。唐伯虎应朱宸濠之邀远赴江西南昌。后来，他渐渐察觉到宁王朱宸濠图谋造反，大惊之余决定装疯脱身。于是，他天天赤裸着身子到处溜达，自称是宁王府中的贵客。这让朱宸濠顿时感到有些丢人，觉得唐伯虎真是疯了，便下令赶紧把他送回苏州。嘉靖二年（1523年），五十四岁的唐伯虎结束了自己坎坷的一生。

不久，李士实为朱宸濠出了个点子：让朱宸濠的儿子认朱厚照做干爹。那朱厚照三十多岁始终没有儿子，如果能让宁王之子成为当今天子的儿子，将来继承大位的就是你朱宸濠的儿子。如果宁王自己想当皇帝，只要让儿子让位即可。

朱宸濠闻听大喜，于是动员在京城的一切关系进行游说。这时，朱宸濠与一个伶人臧贤相识，中间人是臧贤的女婿。这个女婿以前犯过罪，被发配到南昌，这期间与朱宸濠结识，朱宸濠通过他与臧贤搭上关系。为了在朝中布设眼线，及时获得朱厚照的准确信息，朱宸濠就把男伶臧贤推荐给钱宁。后来，钱宁又把臧贤推荐给了朱厚照。

朱厚照对臧贤的机灵乖巧和恭维奉承很是受用，便常常召他来陪自己逗乐解闷，还对他异常恩宠，赐一品蟒玉。这臧贤也就借机在朱厚照面前提起宁王朱宸濠，称他为人仁孝、做事勤勉。

朱宸濠又给钱宁送了大量钱财，希望他能向朱厚照推荐自己的儿子。于是，钱宁便先向朱厚照禀报，请召宁王朱宸濠之子进太庙司香献祭。正德皇帝朱厚照便用异色龙笺，加金报赐。按照朝中旧例，这种异色龙笺是与监国联系所用的书笺。如果没有太子，监国就代皇帝行事。朱宸濠得到后大喜，以为让儿子进宫为皇太子有望，当下吩咐列仗受贺。同时，他还胁迫地方的镇巡官及南昌诸生父老上奏朝廷，褒奖其孝行。

不过，朱宸濠还是高兴得太早了。在进行廷议时，朝中多数大臣都反对将朱宸濠之子过继给皇帝。朱厚照自己对此也并不热心，认为自己正值年富力强，将来未必生不出儿子。不过，他还是对宁王忧国忧民之心给予了肯定，还让江西的地方官员多多照顾。

看来这种和平过渡的方式是不行了，于是朱宸濠加快了武力夺取政权的步伐。他以剿匪为名，要求朝廷给予他指挥调动当地监军和卫所部队将校的权力印信，还想由自己来管理江西境内的皇族。在兵部尚书陆完的帮助下，朱厚照居然一一照准，还对宁王为朝廷分忧感到高兴。

同时，朱宸濠招募了大约一百名盗匪作为私人卫队。这时，他已经按捺不住篡位的野心，开始自称为“朕”，还把卫队叫作皇帝“侍卫”，把自己发出的命令叫作皇帝的圣旨、敕令。他甚至还让江西的地方官们穿戴正式朝服随侍，遭到地方官们的抵制和拒绝。

八字还没一撇，朱宸濠就迫不及待地过起“皇帝瘾”来了。

拉拢王阳明失败，宁王决意造反

朱宸濠最关注的，还是直接管辖江西事务的那些地方官员。为了拉拢这些官员，他也没少下功夫。对于那些不愿依附自己的官员，朱宸濠也用尽了手段。

巡视江西右佥都御史王哲就是一个不愿意跟着宁王跑的，朱宸濠见拉拢不了，便决意除掉他。正德八年（1513 年）九月，朱宸濠在府中设宴，请王哲赴宴。结果一番推杯换盏之后，王哲回到家中当晚暴病身亡。

正德十年（1515 年）的某一天，朱宸濠被江西都指挥使（江西省军区司令）戴宣惹怒了，他竟然命令手下人把戴宣当场活活打死。依大明律，王爷也不能擅杀朝廷委派的地方官员。谋士建议朱宸濠赶紧想办法应对危机，朱宸濠却满不在乎地说：“大明江山都是我们朱家的，我打死个把地方官有什么大不了的。”

铅山籍朝官费宏，曾抵制宁王请复护卫屯田事。宁王怀恨在心，遂交结权幸诬陷费宏，使他被迫辞官归里。在归家途中，宁王派人将其船焚烧，还怂恿铅山李镇、周伯龄、吴三八等人据险作乱，对费氏家族大肆报复。他们掘毁了费宏先祖坟墓，洗劫了当地二百多家乡民，铅山县被搅得远近骚动。

这位惹不起的宁王擅杀都指挥使戴宣，驱逐布政使郑岳和御史范辂，幽禁南昌知府郑巘、宋以方等。宁王在地方的淫威，致使在江西为官者都惴惴不安，以能离开江西为幸事。正德十二年（1517年），宁府典宝阎顺、内官陈宣、刘良等赴京揭发朱宸濠的不法之事，朱宸濠遣同谋刘吉贿赂幸臣钱宁等人，结果不仅未问他的罪，反而将检举者阎顺等发往孝陵卫充军。朱宸濠怀疑周仪是阎顺等人的指使者，把周仪及其家属六十余人全部杀害，并杀了典仗查武等数百人。

胡世宁曾在江西担任兵备副使。他察觉到朱宸濠和山贼土匪勾结，便暗中向朝廷报告，上疏弹劾朱宸濠：“江西患非盗贼。宁府威日张，不逞之徒群聚而导以非法……礼乐行政渐不自朝廷出矣。”并要求派官员来江西调查。朱宸濠得知后，就亲自前去拜访胡世宁。这胡世宁是兵备副使，不仅有监察当地军队的权力，还有调动军队的权力。胡世宁冷冷地对朱宸濠说：“律法规定，亲王不得结交地方官员，宁王爷这是想干什么？我胡世宁天生就不喜欢交朋友，请宁王自重。”

朱宸濠碰了一鼻子灰，就派人警告胡世宁，最好识相点，做事不要太绝了。生性耿直的胡世宁根本不以为意，仍然向朝廷预警宁王朱宸濠将会谋反，希望及早预防，否则真会出大乱子。结果，收受了宁王贿赂的兵部尚书陆完一再压下胡世宁的奏章，让他不要胡乱猜疑，另一方面却暗中告诉了朱宸濠。

朱宸濠发现这个胡世宁总是和自己作对，便通过朝中要员将胡世宁调到福建。他还连上三道奏疏称胡世宁挑拨离间，诬陷皇族。胡世宁去福建上任时，转道回浙江老家看望家人。朱宸濠抓住机会指控胡世宁畏罪潜逃，并且命他在浙江的党羽巡抚潘鹏把胡世宁缉拿到南昌来。胡世宁慌忙逃往北京，结果被关进锦衣卫大牢。在狱中，胡世宁依然三次上书皇帝，认定朱宸濠必反。朱宸濠于是决心动用一切关系除掉这个心头之患。然而，正德皇帝朱厚照却认为胡世宁罪不至死，将其发配东北。他这一去，直到平定宁王之乱后，才回到京城。朝野十分推崇他能够预见宁王的谋逆。

江西巡抚孙燧，字德成，号一川，浙江余姚人，弘治六年（1493年）进士，历仕刑部主事、郎中，河南布政使，右副都御史，巡抚江西。他不但是王阳明的老乡，也是好朋友，算是半个王门弟子。他一到江西就着手对朱宸濠进行调查，察觉到朱宸濠的种种不轨之事，确信朱宸濠造反只是时间问题。他还了解到两位前任王哲和董杰之死的幕后黑手正是朱宸濠。这二人在任江西巡抚时都拒绝与朱宸濠合作，下场凄惨。

孙燧一到南昌，毫不迟疑，立即加强了进贤、南康、瑞州城防，并发现江西一些土匪势力和朱宸濠有千丝万缕的联系，甚至就是朱宸濠的属下。朱宸濠不仅四处劫掠军民财货物资，私制刀枪，日夜赶制火铳等火器，还派人秘密联络漳州、汀州以及南赣一带的少数民族一起起事。同时，朱宸濠密切注视着京城的动静，准备随时伺机造反。

这时孙燧获得了情报：活跃在鄱阳湖附近的盗贼凌十一、吴十三、闵廿四和朱宸濠有密切往来。于是他率军在大雨夜突袭了他们的老巢。三人狼狈地逃到朱宸濠祖墓后突然消失，孙燧进入朱宸濠祖墓搜寻无果。孙燧事后在给朝廷的奏章中取笑朱宸濠：“不愿做王爷，甘去做盗贼，大概是做王爷的趣味不如做盗贼佳。”

孙燧先后七次把朱宸濠必反的奏折递给朝廷。然而，孙燧的奏折根本出不了江西，最后都到了朱宸濠的手里。朱宸濠派人给孙燧送去四样江西土特产：枣、梨、姜、芥，暗示孙燧“早离疆界”，快快走人。孙燧却不为所动，决意当个赶不走、吓不倒的钉子户，和朱宸濠周旋到底。

王阳明到达江西南昌后，也发现了朱宸濠的种种可疑迹象。他来到江西巡抚孙燧府上了解情况。不料，那孙燧神色平静，似乎根本不奇怪。半晌，孙燧才问道：“你才知道宁王有问题吗？”王阳明这才明白，宁王谋反的野心有如司马昭之心，已是路人皆知了。

孙燧告诉他，这几年自己在江西做了一些事，均征赋，饬戒备，实仓储，散盐利，慢慢削除不利于朝廷的赋税；以防盗为名在进贤、南康等地修建新城，并在九江这一兵家重地增设防备；还以讨贼为名，把卫城武库内的武器都调派到了外地，这样就能避免朱宸濠起兵时抢劫南昌武库。

王阳明点点头：“是要及早准备，否则要出大乱子。由于朱宸濠本人是皇族近室，只要没有确凿的证据证明他谋反，现在就无法动手，只能等待。”

就在这时，朱宸濠又开始打王阳明的主意了。

对于王阳明的心学和平乱功绩，朱宸濠也知晓一二。此时的王阳明已经是巡抚南赣等地的都察院右佥都御史。他派刘养正和李士实前往赣州，去探一探王阳明的虚实动向。

这刘养正交游广泛，早年曾听过王阳明讲学，深服其人其才。王阳明也曾经当面夸奖过他。刘养正认为王阳明的态度很重要，要把他争取过来才有胜算。

对于刘养正和李士实的造访，王阳明早已恭候多时。酒宴上，刘养正先是对王阳明剿匪平乱的功绩赞不绝口，又对他讲学之事大加称颂。继而他话锋一转道：“宁王殿下尊师重道，有商汤、周武的气度。先生以恢复圣学真谛为己任，宁王殿下十分钦佩，是以命我前来，一则为表敬意，二则是想投入先生门下，以求正学。”

王阳明笑道：“难道宁王舍得王爵之位，来赣州做我的学生？”

刘养正见他不为所动，只得叹了口气道：“宁王去不去爵倒在其次，只是皇上总爱出巡，国事也不打理，这样下去如何得了！”

王阳明闻听不觉一愣：怎么，这么快就露出狐狸尾巴了？于是他干脆来个沉默不答。

李士实在旁一直没说话，实为观察王阳明的反应，此时却主动发难：“世上难道就没有汤武（商汤、周武王）吗？”意思是难道没有人出头来造反吗？这可是赤裸裸的谋反言论啊。王阳明倒平静下来了，不疾不徐地说道：“汤武再世也需要有伊吕（伊尹、姜子牙）来辅佐。”这意思是造反的人也需要得力的人才来辅佐啊。这是逼他们正式表态。

李士实态度很强硬，一步紧似一步：“有汤武就有伊吕！”显然他是铁了心跟着宁王朱宸濠造反了。

王阳明的神情依然淡定，但词锋已经柔中带刚：“有伊吕还怕没有伯夷叔齐吗？”意思是即使造反的人有帮着谋划的谋士，别忘了还会有许多忠贞之臣来保卫国家。

这番话说下来，刘养正已摸清了王阳明的真实态度，看来拉拢他一起造反根本没戏，就准备起身告辞。这时，王阳明也明白了朱宸濠必定造反。他马上做出一个决定：让弟子冀元亨随行，去南昌为宁王讲学。

冀元亨，字惟乾，湖广承宣布政使司常德府武陵县（今湖南省常德市）人。正德十一年（1516 年），他乡试中举，从学于王阳明。他和徐爱一样，对王阳明忠贞不二，是王阳明非常看重的学生之一。他深深信服王阳明心学，确信任何道理都要到实践中去验证。王阳明派他到南昌，是想让他试探宁王虚实，也想让他在可能的情况下对朱宸濠进行劝阻。同时王阳明也提醒他此去凶多吉少，要注意保护自己。冀元亨知道此行的意义，很乐于在国家危难之际去做这件事，认为这才是士人应有的担当。

冀元亨随刘养正进入南昌，感觉这座城里气氛有些说不出来的微妙和异常。比如人们常常聚在一起对进出宁王府的人指指点点，你走近时他们却一哄而散。比如街头常常会成群结队地出现一些拿着刀剑、身份不明的人，老百姓不敢惹，地方官也不敢管。冀元亨和刘养正走在一起也很别扭，一些熟悉的故人遇见冀元亨居然不敢和他打招呼，而是一扭头扬长而去。

不过朱宸濠对冀元亨倒是礼遇有加，引为上宾。冀元亨每日在宁王府看看书、打打坐，到府中花园转一转，日子倒也过得自在。朱宸濠想试试这位王门弟子是怎么想的，于是就请他来给自己讲讲阳明心学。于是冀元亨就给他讲“格物致知”，讲致良知，讲王阳明《大学问》中所说的“只要良知光明就能获得一切”。

冀元亨还给朱宸濠讲北宋张载的文章《西铭》：“乾称父，坤称母。百姓是我同胞，万物与我同类。皇上，是天地间的宗子；其大臣，是宗子的管家。”这里陈述的是君臣之义，朱宸濠听了感到格外刺耳，只得耐着性子听。那冀元亨又开始大讲时与势，对朱宸濠的“时”与“势”进行分析，暗示朱宸濠最好认清时势，不要胡来。

最后朱宸濠终于明白，这王门弟子如此态度，显然受了王阳明的影响，看来让王阳明归顺自己基本是不可能了。不过，朱宸濠没怎么难为冀元亨，只是给了些钱打发他走人。于是，冀元亨回到赣州，向王阳明详细汇报了南昌的情形。王阳明据此料定朱宸濠必反，只是时间早晚而已。

而宁王朱宸濠突然来了个大动作。他要动手了。

本来，他还有耐心，准备等朱厚照哪天突然暴病身亡再趁机举事。谁知这时朱厚照身边几个受宠的人物起了内讧。

边将江彬、许泰，宦官钱宁、张忠、张永是朱厚照身边最为受宠的人。其中江彬地位上升最快。江彬，北直隶宣府（今河北宣化）人，初为蔚州卫指挥佥事。正德六年（1511 年），朝廷调大同边军入京协同镇压盗贼，朱厚照听说大同军中有一个游击，与盗贼作战，身中三箭，其中一箭从面部直穿出耳，这个游击毫不犹豫将箭拔出，继续奋战。朱厚照听说后肃然起敬。通过太监钱宁引荐，朱厚照将这个游击召至跟前。此人半裸上身跪在朱厚照面前，露出身上的三处箭伤。朱厚照大吃一惊，三处箭伤分别在阑尾、胸口、耳根。吃惊过后，朱厚照连呼“壮士”。一番长谈后，朱厚照当即对其加官晋爵，并且出同舆坐同席。这个“游击”就是江彬。后来朱厚照收江彬为义子，赐姓朱，封为宣府、大同、辽东、延绥四镇的统帅。

江彬得宠后，最早向朱厚照推荐他的钱宁心中不悦。江彬也察觉到钱宁不能容己，就想着法地陪朱厚照玩乐，借以排挤钱宁。

比如，在江彬的建议下，朱厚照在宫中搞起了军事演习，玩得甚是刺激。江彬调兵上万人在大内操练演习，旌旗招展，铳炮齐鸣，兵士们摔跤搏斗，射箭击打，喊杀声震天，场面极其壮观。朱厚照本人身穿黄金软甲，跨上高头大马，与江彬并行。江彬还与朱厚照等人一起微服出京，在京郊等地游逛。

朱厚照感到和江彬很是投缘，将他视作最信任的心腹。渐渐地，江彬在朱厚照身边的地位取代了钱宁。然而钱宁在宫中、朝中还有一帮势力。江彬、太监张忠等人为了与钱宁争权，就想揭露朱宸濠谋逆之事，从而把与朱宸濠关系密切的钱宁搞下去。他们都在朱厚照那里密告朱宸濠有谋反之心。

正德十四年（1519 年）五月，御史萧淮上书揭发宁王罪行：“宁王不遵祖训，包藏祸心，招纳亡命，反形已具。”并且指出：“不早制，将来之患有不可胜言者。”他请求让锦衣卫逮捕朱宸濠党羽，缉拿其潜入京师之人，革其护卫，等等。东厂太监张锐、大学士杨廷和都曾被朱宸濠贿赂过，怕日后事发牵连自己，也落井下石，一起上奏朱宸濠有谋反之迹。

这下子把朱厚照吓了一跳，他立刻派太监赖义、都御史颜颐寿及驸马崔元等人携带敕书前往南昌，警告朱宸濠，收其护卫，令其归还所夺官民田。同时朱厚照下令内阁拟旨，着手安排削藩事宜。

朱宸濠在京城的耳目赶紧密报朱宸濠。正德十四年（1519 年）六月十三日是朱宸濠的四十一岁生日。这天，他正在王府大摆酒宴，款待前来贺寿的大小官员。当听到朱厚照要收拾自己的消息时，他哪里还有心思开生日宴会，赶紧找刘养正商议对策。刘养正本来计划八月十五日起事，现在只有提前行动了。

于是刘养正建议：“趁江西省大小官员前来贺寿之机，杀掉不与我们同心的人，然后发兵起事，我们就胜券在握了。”朱宸濠点点头，让刘养正着手进行造反前的准备工作。这天晚上，朱宸濠召集吴十三、凌十一、闵廿四等整饬兵器，严阵以待。刘养正等人连夜布置人马，在厅堂左右设下伏兵。

第二天一大早，众官来拜谢昨日的生日宴请。刚刚起身，突然从外闯进数百带刀兵士，把他们团团围住了。众人惊诧不已：出了什么大事？

这时，朱宸濠起身，冷冷说道："各位，皇太后有密旨！"

众官员面面相觑，一齐俯身跪地。朱宸濠很满意这样先声夺人的震撼效果，高声宣布："朱厚照是从民间捡来的孩子，并非皇室正统。当年孝宗皇帝为太监李广所误，抱养民间之子。我祖宗不血食者，今十四年矣。如今太后有密旨，命寡人发兵讨罪，共伸大义，你们就看着办吧。"

这爆料来得太猛了，一时间谁都搞不清是真是假。来客们开始交头接耳，议论纷纷。江西巡抚孙燧心中有数，上前责问道："空口无凭，太后的密旨在哪里？敢让我们大家看看吗？"

朱宸濠一愣，略一思索，便高声喝道："少废话！我现在就要去南京登基，你要做好护驾的准备！"

孙燧瞋目骂道："天无二日，臣无二君，我是不会和你一起谋逆的！"

朱宸濠大怒，下令左右卫士把孙燧捆绑起来。然后，他进入内殿换上戎装，亲手捶断了孙燧的右臂。下手如此凶狠，众人一时陷入了沉默。

不过，总会有不屈服的人。按察司副使许逵大呼："孙巡抚是朝廷命官，你们敢擅杀朝廷命官，是要造反吗？"同时，他扭头顿足对孙燧说："我说先发制人吧，你偏不，如今受制于人，后悔莫及啊！"

朱宸濠命左右把许逵也绑了，然后劝降："跟我走吧，否则你活不过今日。"

"呸，我只有一片赤心，岂会跟你这个反贼穿一条裤子！"

朱宸濠大怒，命人把他们二人押往南昌惠民门外斩首。许逵临死前还痛骂道："今日贼杀我，明日朝廷必杀贼！"二人临刑不屈，咒骂不止，城中百姓看到这种情景，无不流泪叹息。

据说那天的天气都突然变了，黑云遮日，暗淡无光。这一天，还有布政司参议（从四品）黄弘和马思聪奋起抗争，力竭而死。余者皆从宁王而反。

朱宸濠一不做二不休，把一向不服从自己的十多人全部关入大牢，令刘养正草檄并传布远近，革去正德年号。同时他正式称帝，年号顺德，还大肆封官，授刘养正为右丞相，李士实为左丞相，参政王纶为兵部尚书，总督军务大元帅。同时朱宸濠起兵七万，号称十万大军，目标直指武宗朱厚照。

而被封为右丞相的刘养正，奉命为朱宸濠起草了一篇檄文《讨正德檄》布达四方州县。文中痛骂正德皇帝朱厚照昏庸无道，纵情声色，斗鸡玩狗，以致"朝廷如市肆，神州苦板荡"，然后称宁王朱宸濠起兵讨伐昏君，"秋毫无犯"，"民心所向"，把造反说成了顺应民心的义举。

然后，朱宸濠四处收兵，夺船顺流，进攻南康，知府陈霖吓得逃跑了。接着，朱宸濠命其将领闵廿四等转攻九江，九江守城的将士也弃城而逃。就这样，在很短的时间内，数城俱陷，朱宸濠的骤然起兵震惊了大江南北。

正德十四年（1519年）七月一日，朱宸濠留宜春王朱拱樤、内官万锐等守南昌城，自率水师号称十万，战船千艘出鄱阳湖，蔽江东下，攻打安庆，指向南京，欲攻取南京即位。

缓兵之计迟滞叛军

正德十四年（1519年）六月十五日，王阳明得到兵部指令到福建福州去平定进贵士兵哗变事件。到达丰城靠岸休息时，他得知朱宸濠造反的消息。这里距离朱宸濠的大本营南昌只有一百里。

先是丰城县令向王阳明一行汇报："朱宸濠起兵造反了。"众人闻听无不色变。王阳明在船舱里吃了一惊，疾步走出，叹道：“想不到宁王如此急于造反！”

这位丰城知县还告诉王阳明，宁王已开出高价悬赏王阳明的人头。

王阳明得知，立即命令船夫掉转船头原路返回。但返回时是逆风，他的船寸步难行。据说王阳明在船头焚香祷告，含泪说，如果老天怜悯生灵，让他可以匡扶社稷，就请给他一阵顺风。如果老天没有此心，此舟就是他葬身之所。他的祷告灵验了，很快，风向变了。

虽然有了顺风，可船老大知道宁王造反了，惊惶不定，以逆流无风为由拒不开船，以为回去肯定是死路一条。于是王阳明抽出卫兵的刀，把船老大的耳朵割掉了一只。船老大还是不开船，王阳明又割掉了他另一只耳朵，并且威胁他，如果再不开船，就把他扔到水里喂鱼。船老大这才老实了许多，依言开了船。

王阳明让船夫将官船靠近一艘路过的渔船，和扈从弃官船上渔船，只留下一人虚张声势。渔船借着月色向南疾驰而去，官船则大张灯火在江上缓缓前行。朱宸濠派出的护卫效率不低，一路飙船，当晚就追上了官船，却连王阳明的影子都没见着，只得悻悻而归。

渔船行至临江府已是深夜，王阳明登岸去见临江知府戴德孺。临江距南昌不远，叛军朝发夕至。已得知宁王反情的戴知府正在发愁，一见王阳明便如见到救星一般。

戴知府苦苦挽留王阳明坐镇临江。王阳明摇头说道：“临江靠江，又离南昌近，地处南北交通要道，基本无险可守。所以，我要回吉安调集兵马，整顿防务。临江就拜托给你了。万望做好守城准备。如有意外，可及早通报吉安。”

这番话说得戴知府无言以对，只好请王阳明指点一下如何防守朱宸濠的叛军。

王阳明说，这要看宁王如何出招了。以自己的观点，上策是从南昌直捣京师，由于朝廷没有任何准备，很可能一举扭转乾坤，江山社稷危如累卵。中策是直取南京，控制大江南北，要是这样必是血流成河，宁王若运气好，搞不好会是南北对峙。下策是据守江西，灭亡指日可待。

为了将朱宸濠的军队迟滞在南昌城，王阳明又开始那一套“兵不厌诈”的拿手好戏。他让各地官员招兵买马，迅速集结起一支平叛部队。同时他又让伍文定带领那支临时拼凑起来的部队，来到离南昌一百二十里的丰城敲锣打鼓，声称要进攻南昌，直捣反贼巢穴。

他命人伪造了各种公文如《迎京军文书》《兵部公移》等，声称奉朝廷密旨，已预料到宁王将反。现两广总督、湖广巡抚以及两京兵部已出师十余万，设伏于各要害地区，望各地方官员听从号令，配合伏击叛军事宜。公文中还声称，约定在本年六月二十合围南昌城，次日拂晓发动总攻。在另外的公文中，王阳明又回复说，不要太急躁，为了避免重大伤亡，攻城是下策，应该等朱宸濠出城后打歼灭战。

他还伪造了答复李士实和刘养正投诚的书信。在信中，他对两人弃暗投明的态度表示深深的欣赏，并且答应在平定叛乱后会给他们升官发财的机会，然后催促他们立即发兵东下。他再伪造朱宸濠手下指挥官们的投降密状，然后让人去和平时与朱宸濠结交的人相谈，在会谈结束后故意把这些公文遗落。

然后，王阳明找来一帮士兵许以厚禄，让他们装扮成信使怀揣着这些假公文骑马在江西官道上奔跑。这些人自然都被朱宸濠安排的人马截获，这些假公文都到了朱宸濠手上。果然，朱宸濠看了公文惊疑不定，而一班部属也都以为官军就快杀到了。他们心怀疑惧，派人私下打听，发现丰城旌旗蔽日，人喊马嘶，以为丰城里的部队有十万人。朱宸濠确信王阳明集结了大部队正准备攻南昌；政府军正从四面八方云集南昌。

朱宸濠找李士实、刘养正商量下一步计划，李、刘异口同声地要求其尽快率兵攻打南京。这与密信中的内容完全一致！如此说明他们一定是与朝廷暗中勾结，怂恿自己出兵。于是心生怀疑的朱宸濠停止了进攻南京的计划，更重要的是，他从此不再信任刘养正和李士实。

后来，李士实多次建议朱宸濠亲自带领主力直奔南京，朱宸濠不假思索地拒绝了。李士实大失所望，不觉叹息流泪。

王阳明设下这么多计谋，当然就是要拖延朱宸濠的军事行动，待朝廷反应过来后，迅速集结军队平叛。果然，宁王造反的军队在南昌足足待了半个多月，错过了用兵的最好时机。当王阳明判断朱宸濠可能中计后，便决定去吉安。

因为时间一长，朱宸濠会省悟过来，迟早要出兵攻取南京。现在所在的临江镇离南昌太近，又是交通枢纽，朱宸濠随便派出一支部队就能拿下。

吉安位于江西中部，易守难攻，交通便利。王阳明在那里当过庐陵知县，对那里的民情和地形十分熟悉，逐决定先在吉安安顿下来。就在王阳明离开临江前往吉安的路上，朱宸濠派出一支精锐部队突袭南康、九江，轻松得手。

江西、浙江、湖广、福建、南京等地官员纷纷上书朝廷。正德十四年（1519 年）六月十九日，王阳明向朝廷递交了《飞报宁王谋反疏》，直言宁王朱宸濠反状已明。

朝廷接到王阳明奏疏，内阁立刻做出反应，朱厚照根据江彬等人的建议，将钱宁、陆完、臧贤等朱宸濠的同党论罪下狱，革除朱宸濠王爵，向南方诸省通报宁王反情，着令地方官员配合王阳明剿灭叛军。

当时王阳明名声昭彰。许多人看到他都站出来反对宁王，人心便倒向朝廷一边。很多官员都来投奔王阳明，愿意听他的号令。王阳明刚刚船行过半，吉安知府伍文定就率兵前来迎接。

伍文定，字时泰，湖北松滋人，出生于官宦世家，明弘治十二年（1499 年）进士，后官至兵部尚书。此人生得身材魁梧、为人豪迈粗犷，有膂力，善弓马，议论慷慨，兼资文武，崇尚节义，喜谈兵法，有儒将之风。王阳明后来戏称他是“吾之典韦”。

此时吉安附近的官员、军队总共七八万人从四面八方涌向吉安，只等王阳明一声令下，便为国效命。但王阳明没有立刻发兵。伍文定赶紧问王阳明怎么不发兵，王阳明笑着说：“时机未到。”

伍文定着急道：“现在大家士气高涨，正是出兵的大好时机。”王阳明淡定地说："此心不动，随机而行。"见伍文定不懂，他解释说："起初敌强我弱，需要用计拖延敌军，争取时间。如今我军实力大增，可以与敌人抗衡，但宁王经营江西多年，根深蒂固，若贸然出击攻城，必然久攻不下，人心思变，断不可行。不如龟缩不出，示弱于叛军，使其主力出击，然后看准时机，一举围歼，必能取胜。"

伍文定当下心服，一丝不苟地执行王阳明的部署。

朱宸濠被王阳明拖在南昌半个月，六月末才得到可靠消息：根本就没有政府军来，王阳明在丰城的部队才几千人。

朱宸濠心知中计，不觉叹息这样一位人才居然不肯投入自己帐下。

李士实却在一边连连哀叹："大势恐怕已去。"他认为宁王军队迟迟不攻取南京，恐怕会影响士气和人心。如今王阳明的虚张声势已经奏效，叛军中少数部队正脱离大部队，私下向朝廷军队投降。

朱宸濠却不以为然："我手下有精锐部队十八九万，可以不费吹灰之力席卷江南，王阳明的小伎俩只能得逞一时。"

正德十四年（1519 年）七月一日，朱宸濠命令宜春王朱拱樤以及布政使胡濂、参政刘棐、参议许效廉、副使唐锦、佥事赖凤、都指挥王圮等留守南昌。朱宸濠深恐大军出城后南昌城生变，于是在行前下令："城中军民每户给米一石、银五两，以安定人心。"

正德十四年七月二日，朱宸濠带着七万水师设坛祭江，誓师出征。他先从牢中拖出端州知府王以方。这王以方无数次向朝廷上奏，告知宁王必反，结果惹怒朱宸濠，借过生日将王以方诳到南昌，关在了大牢里。此时正好杀他祭旗。

杀掉王以方以后，所有船舰开始擂响战鼓一齐前进。这时原本是晴朗无云的天气突变，四方云涌，一时间电闪雷鸣。舰队先锋官居然遭遇雷击。一艘军舰瞬间起火，很快就烧成了灰烬。众人看得清清楚楚，厚重云层之中，有片片鳞甲闪过，就见一道弧光划破天际，准确无误地命中朱宸濠的弟弟朱宸澅的脑袋。那朱宸澅只发出了一声惊恐的尖叫，就已被雷电劈得焦烂。

这出师不利的预兆让朱宸濠有些郁闷。这天夜里，他入睡后在梦里照镜子，发现镜中的自己白发如霜。梦醒后，他赶快叫来术士徐卿解梦。徐卿察言观色，安慰他说：“您贵为宁王，梦到头上发白，是‘王’字上面一个‘白’，此为‘皇’字。可见此行必轻取皇位为帝啊！”

朱宸濠闻听，大喜过望，决意迅速出兵，千余条战船沿长江扑向安庆。

安庆位于安徽省西南部，长江下游北岸，是南京的门户。此城是南宋时为防御从海上进攻的蒙古兵团而修筑，所以易守难攻，有着“万里长江此封喉，吴楚分疆第一州”之称。

那安庆知府张文锦到任后，多次接到江西巡抚孙燧的来信，叮嘱安庆地近南昌，要加强城市防御。张文锦深知朱宸濠一旦造反，安庆必首当其冲，所以不敢懈怠，加固了安庆的防御工事。

朱宸濠军的前锋屠钦、凌十一等领兵途经湖口、彭泽、望江，先期抵达安庆城下。六月二十七日，朱宸濠的先遣军队大举进攻，知府张文锦、同知林有禄、通判何景畅、知县王诰、指挥崔文等也在城中誓众守御，安庆守备都指挥杨锐早就整军备战，率领水师首战于大江及岸上。

不久，宁王船舰已达到两百余艘，兵力也越来越集中。安庆守军渐渐势孤不敌。指挥使杨锐便决定收兵入城。他命人在安庆城头四角竖起旗帜，旗上书写着“剿逆贼”三个大字。然后，城中守备力量重新部署：杨锐守城西，崔文等辅助；张文锦守城北，林有禄等辅助；何景畅、王诰等守城东南。

双方刚一交战，攻城的宁王叛军就死伤两百余人，只得后撤。

七月六日，朱宸濠亲自率兵抵达安庆。舟船千余艘，相连六十余里，众号十万，屯军于正观、集贤二门前。朱宸濠此时就在长江右岸黄石矶的一艘黄色舰船上亲自督战。他的目标是南京，所以不想在安庆徒费兵力和时间，就派张文锦的老乡、佥事潘鹏前去劝降。潘鹏是安庆本地人，情知此去危险，便派了一个亲信拿着招降书进城招降。结果杨锐、张文锦、崔文等人不吃这套，那崔文见了潘鹏的信使，也不多话，立即撕碎了招降书，拔剑在手砍了来使的脑袋，并从城墙上扔了下去。

朱宸濠又令潘鹏到城下喊话劝降。崔文走上城头道：“你食君禄，受君恩，却甘心为反贼卖命，你不配与我讲话。”潘鹏还想说什么，还未等他开口，断胳膊断腿便向他飞来。原来崔文割了来使的脑袋还不解气，竟然又开始碎尸，还一样样地丢下城楼示众。崔文在城头高喊：“反贼你要当心了，你日后只会比这更惨！”

潘鹏气愤难当，当即破口怒骂。不久只见城上忽然出现数十个被绑的人，他定睛看去，居然都是他在安庆城内的亲戚。只见张文锦对城下的军士喊道：“你们都是朝廷兵士，朝廷也待你们不薄，为何要为叛贼效力？大逆不道，罪该灭族。这些人是朝廷叛逆潘鹏的家属，今日就为他受罪了。”说完就喝令左右，把潘鹏的亲戚枭首示众。

潘鹏眼睁睁地看着亲戚一个接一个地被杀掉，当即吐血晕倒。末了，张文锦还给朱宸濠带了口信，诅咒这朝廷叛逆早晚必死在安庆城下。

这一幕简直让城外的叛军毛骨悚然，魂飞魄散。朱宸濠闻听怒火攻心，拍案而起，决心要攻陷安庆，拿杨锐、张文锦是问。于是宁王军队将安庆城层层围住，炮矢四集，猛烈进攻。

安庆守备都指挥杨锐、安庆知府张文锦率众据城进行殊死抵御。宁王叛军建起数十层高的云楼，能够窥视城中情状。杨锐等率军向叛军的云楼射箭，又趁夜派兵出城烧毁了云楼。宁王叛兵见一计不成，又转眼间在城墙前树起数十条云梯，这种云梯宽二丈，高于安庆城墙，外面用木板遮挡，前后都安装有门，中间伏有兵卒。叛军就以这种天梯再次攻城。

对此，安庆守军也有应对之策。他们在城上捆绑苇草，浇以油脂，然后点燃一端。等到敌方云梯接近时，就迅速将点燃的苇草束投入云梯之中。结果那些高高的云梯瞬间被苇草火焰点燃，藏身云梯中的叛军士兵多被烧死。

这时，谋臣李士实认为没必要在安庆消耗时间，应该迅速绕过安庆以最快速度攻取南京。朱宸濠则坚持认为必须先打下安庆，否则一旦攻打南京不利，安庆军队会断了自己后路。

李士实却认为南京是大明陪都，应该放弃安庆直奔南京。一旦攻取了南京，在政治上就取得了主动，最差也能形成南北对峙的局面，老在安庆消耗时间和实力，会被拖死的。只是朱宸濠已不再相信任何人，只相信自己的判断，他下令军队强攻安庆。

在叛军强势攻击下，安庆城里却众志成城。当时，安庆城中的军卒不满百人，守城的都是些临时招募的民兵。杨锐就命人迅速动员全城百姓参加战斗。还发布命令说，每个登城者防守的时间必须坚持到一个时辰。一个时辰后，没有受伤的歇息一个时辰再来；轻伤的可以休息半天；重伤的不但无限期休息，还会得到物质奖励。结果安庆城中的百姓都响应了号召前来支援。青壮年男丁登城进行防守，老幼妇女或送水送饭，或搬运石头。

安庆城上各类石头堆如小山，并安置了锅灶，煮起沸水。当叛军攻城时，城上或投石击打，或将整锅的沸水浇下去，叛军士兵被石头砸得痛不欲生，或被热水浇身，烫得嗷嗷直叫。叛军不敢接近城墙。张文锦和杨锐等还写下劝降书，告谕士兵不要跟随朱宸濠作恶，命人将书信射入濠兵营内。结果不少宁王军队中的士兵看过书信后悄悄逃走了。

杨锐还组织起一支支敢死队，乘夜缒城而下偷袭宁王兵营，惊扰敌人。朱宸濠见安庆久攻不下，心中忧虑万分，不觉叹息道：“连个小小安庆都攻不下来，还指望能打下南京吗？”

朱宸濠在夜雾之中，见突出江边的小石山形势险要，问左右道：“此处叫何名字？”一个小卒是饶州人，熟悉当地地形，即上前答道：“这地名黄石矶。”宁王朱宸濠正值心烦意乱，闻言大怒道：“你敢来讪笑我？”言未毕，已拔出佩刀，把小卒杀死。娄妃在副船上得知，派人问宁王为何杀死此小卒，朱宸濠回答：“我询问此处地名，他竟敢讪笑于我，说是‘王失机’，讽刺孤王今天至此，是坐失良机之故，岂不当死！”娄妃听了以后，又转问宁王所封右丞相刘养正，方知小卒所说的是“黄石矶”，而宁王误听为“王失机”。

吉安知府伍文定听说安庆城战事吃紧，就去劝说王阳明，应该去援救安庆。安庆沦陷，南京就危在旦夕了。南京防御工事多年来没更新加固，根本抵挡不住这群虎狼之师的围攻。到时如果朱宸濠拿下南京称帝，大明必将出现南北对峙的局面，在政治上就会造成极为恶劣的影响。

王阳明得知安庆被围后，仍然决定先攻击南昌。他分析，朱宸濠目前已精锐尽出，南昌守备十分空虚，一旦被围很容易拿下。而朱宸濠得知后院失火，军心必然浮动。如果他回兵来救，这时再设伏以待，就可赢得主动。

王阳明马上命令各地官员集结部队，于当年七月十五日在临江樟树镇会合，以对南昌城发动总攻。

鄱阳湖生擒朱宸濠

南昌之战是平定朱宸濠之乱中又一场著名战役。在南昌之战中，吉安知府伍文定成为王阳明最为得力的助手。

七月十三日，王阳明与伍文定率兵从吉安出发。约各地起兵于十五日会师临江府的樟树镇（今江西清江）。是时，知府戴德孺领兵自临江（在今江西清江西南），徐琏领兵自袁州（今江西宜春），邢珣领兵自赣州（今江西赣州），通判胡尧元、童琦领兵自瑞州，通判谭储，推官王玮、徐文英，新淦（今江西新干）知县李美，太和（今江西泰和）知县李楫，宁都（今属江西）知县王天与，万安（今属江西）知县王冕“亦各以其兵来赴，合八万余人，号称三十万”。

七月十五日，各路部队在樟树镇会合。王阳明召集众官员商议进兵方向。当时有人提出：“安庆被围，宜引兵直接逼近安庆，以解安庆之急。”

王阳明沉思片刻，说道：“如今九江、南康都已经被朱宸濠占据，而南昌城中还有数万之众，精兵也有一万多，粮草充足。我军如果前去解救安庆，朱宸濠军必定回师与我军作殊死战斗，而安庆不到一千守军，仅能自守，必不能前来援助我们。这个时候，朱宸濠的南昌之兵可以乘机绝我粮道，而九江、南康的叛军可以倾巢而出，首尾夹击，那么我们就会陷入孤军无援、被围被歼的险境。”

伍文定急问：“那我们现在应该怎么办？”

王阳明不慌不忙地说道：“宁王这次精锐尽出，南昌守备一定非常空虚。我们现在唯一的办法就是合兵一处，集中力量全力围攻南昌。如果攻破南昌这个大本营，那么叛军就会军心浮动，失魂落魄。朱宸濠不甘心失其根本，势必回兵来救。这样安庆之围自动解除，而宁王进军南京称帝的企图也就落空，军心士气必然大为低落。这时四面八方的朝廷援兵也将源源而至，进退失据的朱宸濠势必束手就擒。此可谓‘致人而不致于人也’。”

王阳明的一席话入情入理，把战争前景说得十分透彻。这一计实为“围魏救赵”，攻其必救。于是，众官员同意王阳明的决定，先攻打南昌。

七月十八日，王阳明引兵进驻丰城。当时探知，朱宸濠于南昌附近的新旧坟场设有千余伏兵，以应援城守。王阳明于是派知县刘守绪夜晚从间道袭破之。

七月十九日，王阳明正式起兵。在市汉（在今江西丰城北）誓师，历数宁王反叛行径，鼓舞士气。他高声对将士们说：“我等要一鼓而附城，再鼓而登，三鼓而不克诛伍，四鼓而不克斩将。”众将士见这是要玩命啊，便抢着表决心，昂然相应：“诺。”

同时，王阳明向江西全境发布勤王军令，并率领八万多人逼近南昌。随后，王阳明部队迅速攻陷了距南昌城四十里的南昌县。

当夜，王阳明调兵遣将，自市汉出发，于二十日黎明抵达指定位置。南昌城傍赣江而建，共有七门：东为永和，东南为顺化，南为进贤，又一南为惠民，西南为广润，西为章江，北为德胜。王阳明针对南昌城七个城门，把攻击部队分为十三路，每路多则四千余人，少则只有一千余人，确定在第二天拂晓对南昌城发动总攻。

王阳明深知现在自己带领的这支军队没有打过硬仗，缺乏严格训练，一旦进入实战很可能会出现畏战避战的情况。他命人当着众多攻城将士的面，处决了在攻打南昌县城的战役中不听将令、贻误战机的低级军官，并告诫众将士："明天作战，必须要严格执行我的命令。如果我发现有士兵不听命令，就斩士兵的长官；你们的手下不听命令，就斩你们；如果你们不听命令，我就斩司令官伍文定。"众将听得直冒冷汗。

实际上，王阳明所斩的都是抓获的叛军俘虏。除了攻城，王阳明也展开了攻心战。他让人暗中潜入南昌城中张贴告示，谕告城中居民，要闭户自守，不得助乱，不得因害怕而逃匿。

南昌城中，强壮男丁都已跟随朱宸濠攻打安庆，现在留守城中的都是些老弱之辈。新旧坟场战败的消息，加上王阳明措辞严厉的告示，使南昌守军惊惧不安，毫无斗志。

七月二十一日凌晨，王阳明的部队敲起战鼓攻城时，南昌城叛军如大梦初醒，顿时乱成一团。其实南昌被宁王朱宸濠经营多年，城上常年架设着滚木、灰瓶、火炮、石弩等守城军械。朱宸濠临走时，留下一万精锐和五千民兵。而王阳明的军队都是七拼八凑的杂牌军，如果南昌守军据险死守，王阳明的军队很可能陷入苦战。然而，王阳明的攻心战术造成了人心恐慌，此前南昌外围被迅速扫清也使城中军队士气低落，加上各地勤王军正源源不断赶来，更让南昌城守军失去了斗志。当他们在城头看到城外黑压压的攻城队伍时，对守卫南昌已不抱希望。

这时，王阳明命令士兵们抬着云梯等攻城之具，一路推至南昌城下。霎时间，鼓声大震，各军喊叫着把云梯架了起来，顺梯齐上，奋勇攀城。

南昌城头上虽然设有守御，但此时守城士兵大多望风而逃或是跪地倒戈，甚至有的地方连城门都没有关。当伍文定攻城部队率先攻打广润门时，广润门守军一哄而散，伍文定几乎未遇任何抵抗就进了广润门。广润门一失，其他各门随即扔掉武器，大开城门，攻城部队就这样兵不血刃地占领了南昌城。

王阳明的军队入城后迅速擒住了留守宁王府的朱拱樤等十余名附逆官员。宁王府中闻知王阳明的军队已经入城，一些人自知罪孽深重，纷纷纵火自焚。宁王府浓烟滚滚，火光冲天。进城后的王阳明军队迅速扑灭宁王府大火，一些没有自焚者被朝廷军队抓获。于是王阳明发布安民告示，安抚城中居民，遣散胁从，封存府库，同时打开宁王府粮仓，向城中百姓放粮赈济。就这样，南昌城中百姓很快安定了下来。

而朱宸濠军队久攻安庆不下，便于七月十五日撤围而去。

安庆守卫战前后历时十八天，张文锦、杨锐等以不满百人的军卒和民兵，击退号称十万人的宁王叛军四面围攻，堪称奇迹。在撤围安庆之后，朱宸濠获知王阳明率兵围攻南昌，十分恐慌，准备还兵南昌。

李士实、刘养正等一干官员纷纷劝说他直取南京。朱宸濠闻听大怒，说了句："朕知道你们俩收了王阳明的银子，要把南昌城献给王阳明，难道朕待你们如此之诚，还打动不了你们的心吗？"李士实等人目瞪口呆。朱宸濠见状冷笑道："看你们不救南昌，就知道心怀异志。"李士实等面面相觑，知道处境实在是危险。

不仅是朱宸濠执意要先回师南昌，朱宸濠部队的大部分士兵都是南昌人，家人都在南昌，此时也都无心恋战。于是朱宸濠先派凌十一和闵廿四为前锋，率领两万军队急回江西救援，自己在后率大军跟进。

七月二十二日，王阳明获知朱宸濠已回兵江西，遂召集文武官员商议对策。有的说："朱宸濠兵多势盛，而我们的援兵还未至。我们还是坚壁自守，等待援兵。"王阳明则说："朱宸濠兵力虽强，但未曾遇到大敌鏖战。未经战阵的军队战斗力是存疑的。何况，朱宸濠从南昌出兵未满一个月就又回师，表明出师不利，反叛的前景堪忧，想必会造成士气低落。我军若先出精兵锐卒，乘其惰归之际进行伏击，挫其锋芒，敌军众将会不战自溃。为今之计，就是水陆并进，迎战朱宸濠叛军于鄱阳湖之上。”

方针已定，王阳明立即部署兵力。七月二十三日，朱宸濠军队的前锋进抵南昌北赣江左岸的樵舍，也就是今天的江西新建县樵舍镇。王阳明获报，立即部署精锐兵力迎击。他命令伍文定以官军当其前，余恩继后；赣州知府邢珣率兵绕到敌后；袁州知府徐琏、临江知府戴德孺则从左右两翼夹攻，形成四面包围的歼敌阵势。

正德十四年（1519 年）七月二十四日，朱宸濠军乘风敲鼓呐喊而前，先锋闵廿四的船队一路进逼黄家渡（今属南昌县南新乡），距南昌不过三十里。朱宸濠的船队则停泊在其后不远处，远远望去，旌旗招展，连天蔽空，沿岸百姓纷纷扶老携幼逃走。

正面迎敌的伍文定、余恩等到了晚上才开始悄悄行动。他们绕过闵廿四的船队，直扑朱宸濠的主营，那亮光处就是朱宸濠的船。突然，两岸却亮起了火把，喊杀之声四起。原来这是闵廿四为了防止敌军偷袭朱宸濠的船而布下的埋伏。伍文定寡不敌众，节节败退。闵廿四自然不会放过，下令全军万余人压上去奋力追击，结果造成队伍前后距离拉大，追兵离大本营越来越远。

就在闵廿四正得意时，忽闻两岸鼓号之声连天。赣州知府邢珣率军从叛军队伍的侧后翼杀出，以冲锋态度横贯敌阵，叛军瞬时阵脚大乱，溃不成军。伍文定、余恩见状迅速回兵截击。埋伏已久的徐琏和戴德孺二人指挥船队从两翼杀出，各路船队将闵廿四围在圆心，并不断缩小包围圈。

叛军顿时军心慌乱，不知所措，大败而归。王阳明率军乘胜追击。叛军被擒斩两千余人，溺水死者数以万计，浮尸几乎堵塞了长江。贼首凌十一肋下中箭，失足跌入水中。

闵廿四兵败如山倒，拼命突围，带着几百个残兵硬着头皮去见朱宸濠。此时，朱宸濠也已退至鄱阳湖畔的八字脑，这个地方今属南昌县塘南镇。

这一仗就损失了一万多人，朱宸濠极为恼火。不过，他明白现在不是发火的时候。闰廿四虽败，毕竟没有投降。而败因其实也很简单，就是这个王阳明用兵虚虚实实，太过狡诈。

朱宸濠知道，这个要命的当口，士气只可鼓不可泄。他安慰各路将领们："胜败乃兵家常事，自南昌出师以来，诸位浴血奋战，势如破竹，连克九江、南康，今遇小挫，不必挂怀，来日再战，与那王阳明决一死战。"

这时，朱宸濠放了个大招：他将自己随船携带的金银珠宝悉数取出，分赏众人。他还承诺：再战时，一马当先、冲锋在前的赏一千两黄金，受伤的给一百两。

有道是"重赏之下，必有勇夫"。那些受赏的将士手捧真金白银，顿时感激涕零，山呼万岁。同时，朱宸濠下达了一道命令：九江、南康的守城部队撤防，立刻增援南昌。九江和南康其实是阻击各路援兵的要冲，但是现在也顾不上那么多了。

王阳明这边也增添了不少生力军。建昌知府曾玙率兵到达王阳明处。.

王阳明向各路官员分析敌情，认为："九江不破，则湖兵终不敢越九江以援我；南康不复，则我兵亦不能逾南康以蹑贼。"所以，必须攻下九江和南康才能打通救援通道，让各路援兵源源而至，最终形成压倒叛军的兵力优势，一举而歼之。

于是，他派知府陈槐领兵四百，会合饶州知府林城之兵，乘间攻取九江；知府曾玙领兵四百，会合广信知府周朝佐之兵，乘间攻取南康。

王阳明故技重施，命人在南康、九江城外散播朱宸濠已在南昌附近被擒的消息，南康、九江守军人心浮动。待城中叛军无心恋战时，这两支官军突然发动进攻。南康、九江被攻克，朱宸濠的两万精锐部队弃械投降。

朱宸濠得知，不得不承认王阳明在打仗方面的确是个狠角色。

七月二十五日，鄱阳湖面雾气笼罩，一场大战一触即发。

王阳明让人备好弓箭火器以及救火工具，率大军沿江而下。待雾气逐渐散去，伍文定的先锋部队终于看到了朱宸濠的大军。远远望去，大江之上密密麻麻，一片片白帆竟和天空融为一体，无边无际。

朱宸濠的重赏政策起作用了，军士像打了兴奋剂一般，前仆后继地往前冲。这帮亡命徒面目狰狞，凶悍无比，显示出一股不要命的劲头。官军居然抵挡不住，节节败退，加上天公不作美，官军正处于逆风。叛军仗着顺风开炮放箭，伍文定率领的船队刹那间就被火光笼罩。伍文定屹立于炮火之中，岿然不动。前方几只小船畏战掉头，准备逃走。伍文定大吼一声，将座船靠过去，手起刀落砍死船夫。

他举起血淋淋的宝剑，划下一道生死线，高声喝道："此地为界，越界者立斩不赦！"这下，士兵们只得重新抖擞精神，返身杀入战场。眼看即将溃败的战局被一举扭转过来。

王阳明见状，大为欣喜："好，真不愧吾之典韦！"

王阳明见反击的时刻已到，便命人擂起战鼓，战船全部降帆，士兵们一律操桨划船，顺着水势疾驰而下，待距离一近，两军战船搅在一起，风力优势自然消除。然而就在此时，湖中突然传来巨响。大大小小的石块、铁弹从天而降，前军防备不及，损失惨重。

原来，朱宸濠在远处观战，眼见情势危急，便亮出了炮舰，实施火力压制。这种炮舰装备有佛朗机、火龙出水等各种火炮、火箭，代表了当时最先进的技术。炮舰不仅杀伤力强，而且其震耳欲聋的爆炸声极具心理威慑作用。

就在一些士兵畏惧不前时，他们被眼前的场景惊呆了：只见伍文定的座船被火炮炸开了一角，燃着熊熊烈火。伍文定立于船头，奋力撑橹，头发胡须都被炮火点燃，却毫无惧色，声嘶力竭地鼓励大家共赴国难。士兵们于是不再退却。

双方在鄱阳湖上僵持不下，竭力厮杀，直至日薄西山，也难分胜负。放眼望去，流血漂橹，浮尸如麻……

炮舰弹药渐渐用尽，朱宸濠退无可退，成败在此一举。

王阳明站在座船的箭楼上观战。他闭上了眼睛，耳边的厮杀声渐渐变得遥远。他派身边一个士兵去伍文定的座船传令。伍文定接到命令后改变战术，带着几只战船冲透船阵，和朱宸濠的几艘主舰搅在了一起。他左冲右突，一一试探，虽然没有找到朱宸濠的指挥舰，却找到了朱宸濠的副舰。

王阳明接到回报，终于也亮出炮舰：当时最先进的武器——佛朗机铳，这一武器是王阳明的崇拜者林见素贡献的。林见素是成化十四年（1478 年）的进士，进入官场后以敢于谏诤出名，后来到沿海地区做官，和外国的商人结下友谊。佛朗机铳大概就是他从葡萄牙人那里得来的。据说，当他知道朱宸濠叛乱后，便第一时间把一尊佛朗机铳运送给了王阳明。

伍文定大展神威，把佛朗机铳对准朱宸濠的副舰，开出了山摇地动的一炮，朱宸濠的副舰像纸糊的一样被炸成了碎片。而他的指挥舰就在那艘倒霉的副舰后面，副舰被炸碎后，朱宸濠的指挥舰也被震荡得左右摇晃。一声巨响，副舰燃烧的碎片击中指挥舰。朱宸濠双耳一阵轰鸣，眼前一片模糊。那山贼闵廿四急急将朱宸濠扶起，带他暂避险地，不提防数枚弹丸破空而来，闵廿四急忙将朱宸濠往旁边一艘船上用力一推，自己却被密集的弹丸打得稀烂。紧接着，指挥船陷入一片火海之中。

待清醒过来，朱宸濠长叹一声，下令撤离。朱宸濠一撤，叛军失去主帅，或降或散，被俘者两千余人。伍文定命各路官兵趁势进攻，杀声震天，叛军兵马挤落水中活活淹死者就有一万多人。水中挣扎的叛兵被官兵捞上来，砍下首级报功。两次交锋，叛军被淹死两万多人，共损伤五万人马。

朱宸濠趁着天色已暗，退守鄱阳湖畔的樵舍。这时有人献计：主力舰队受损不大，如果把战舰连成一体，就可以抵御王阳明的进攻。然后再寻找战机扭转败局。历史上有两个人物使用过“连环计”：一个是三国时期赤壁大战时的曹操，一个是元末的陈友谅。

朱宸濠似乎忘了这两人的结局都是惨败。他居然重蹈覆辙，立即下令派人连夜将战船用铁锁连接到了一起。同时搬出他所有金银财宝，鼓励他的将士们，如果能杀回老巢南昌，这些财宝就属于那些奋勇杀敌的人。

第二天清晨，朱宸濠起了个大早，召集主要骨干开会。会上，朱宸濠先是总结了昨天失败的教训，痛斥那些不顾同伴、贪生怕死的败类，要拿这几个只领钱不办事的人祭旗。

时值七月盛夏，天气炎热。王阳明下令把战舰换成轻便灵活的小舰艇，装备火炮。然后兵分四路，戴德孺率左翼，徐琏率右翼，另一路从岸上绕到樵舍后方包抄。伍文定则暗中准备火攻器具，当晚以舟船四十只，载以灌油的蒿草，乘夜自下游绕至朱宸濠船阵后面约七里处埋伏起来。

七月二十六日黎明时分，伍文定立于船头指挥放火，只见火船齐发，乘风蔓延，朱宸濠结成连环的水上舰队一点就燃，一船着火，船船相继燃烧起来。更要命的是，朱宸濠的兵船都搁浅于淤沙中，首尾相接，仓促之间竟无法开船，加上舟篷多为竹茅，遇火即燃。这时，王阳明指挥官军四起，争相进击。数百艘小船燃着大火，火船后面就是官军的大战船，船上的官军拈弓搭箭，专门瞄准了拿挠钩推开火船的叛军士兵狂射。叛军一路负隅顽抗，且战且退。

朱宸濠木然地望着水天之间肆虐的大火，确信大势已去。他垂头丧气地来到娄妃的船舱里。娄妃名素珍，上饶信州区人，明代女诗人、书法家，是著名理学家娄谅的女儿。她博学多才且很有政治见解，是宁王正妃。在朱宸濠起兵之前，她曾多次泣谏劝阻，可惜朱宸濠已经被野心和欲望迷住了心窍。如今兵败，朱宸濠想起了夫人的劝谏，拉着娄妃的手哭诉道："商纣因听妇人之言而亡，我因不听妇人之言而亡。"

娄妃非常镇定，她带头拿出自己的金银首饰，其他嫔妃也纷纷效仿，一并交给了朱宸濠。

朱宸濠将首饰分与众将，准备做最后的抵抗。他说了一番鼓励的话，正要下令进军，却听周围船上一片喧哗。正要命人询问，一个侍卫手持一块木板跑了进来。刘养正从侍卫手中接过木板，却见其正面赫然写着三个大字：免死牌。再看反面，一行小字映入眼帘："宸濠叛逆，罪不容诛。胁从人等，弃暗投明。手持此牌，既往不咎。"

刘养正大惊失色，将木牌递给朱宸濠。三句话没有一个生僻字，读起来朗朗上口，就是要让闵廿四这些文盲都能看懂。朱宸濠恨恨道："好你个王阳明，何劳费心至此！"

整个船队都陷入连天火海之中，湖面上漂着大量的免死牌，士兵们弃刀丢枪，呼朋唤友，争抢木牌。到后来，叛军几乎人手一块，军心涣散。

目睹此状，朱宸濠仰天长叹："大势去矣，大势去矣！"

话音刚落，但闻船外喊杀之声四起。朱宸濠万念俱灰，回到内舱，与嫔妃一一泣别。包括娄妃在内的这些绝色佳人都清楚，作为家眷，造反被抓还不如自行了断，因此一一投水。余众或降或逃，作鸟兽散。

传说娄妃在黄家渡投水以后，尸首漂浮于江面，开始随着漩涡打了几个转，然后傍江岸，缓缓倒流至南昌。岸上市民见此情景，无不称奇，都说娄妃生前不愿从夫谋反，死后亦不肯随波逐流。

朱宸濠看到这些弱女子在水里挣扎哀号的痛苦模样，马上换了身平民衣服，跳到一条摆渡船上，悄悄地逃出了混乱的战场。当朱宸濠的摆渡船经过芦苇丛时，一条船突然从斜刺里杀出，挡住了朱宸濠的去路。

由于船夫不是官军打扮，朱宸濠对他们说："我是宁王，你们送我到岸上，我必有重谢。"

一个船夫问道："你真是宁王吗？如何重谢我们？"

朱宸濠指着摆渡船上的几个箱子说："里面是金银珠宝，上岸后全归你们。"

船夫大喜道："来来来。"

朱宸濠跳到对方船上，要他们赶紧划船。这时船上所有的人都狂笑起来。朱宸濠发现船直奔官军方向而去，他预感大事不妙准备跳船，立即被船夫们摁倒，五花大绑起来。

那船夫方笑道："本官乃万安县知县王冕是也，奉巡抚大人之命，在此拿你。"

朱宸濠叹息一声："王冕，你我往日无仇，近日无冤，何必苦逼至此？放了本王吧，日后必定重重有赏。"

王冕哈哈大笑："朱宸濠，别做梦了，随本县去见王大人吧。"

就这样，宁王朱宸濠被王阳明预先设下的伏兵擒获。这时朱宸濠及他的世子、郡王、仪宾并李士实、刘养正、刘吉、屠钦、王纶、熊琼、卢珩、罗璜、丁馈、王春、吴十三、凌十一等数百人被活捉；被朱宸濠胁迫的王金、杨源、潘鹏、陈杲、郑文、马骥、白昂等也被擒获。残兵四下溃逃，王阳明派兵四处追击，相继歼灭之。陈槐、曾玛也相继攻取了九江、南康。

朱宸濠从起兵到失败，总共不过四十三天。朱宸濠潜心谋反十年之功，如今毁于一旦。

士兵将朱宸濠押解到王阳明帐前时，王阳明居然正在给弟子讲学。

当侍卫呈上捷报时，他和往常一样向学生们抱歉地笑了笑，然后走到外面，看了看报告，思索了一下，神色如常地回到学生们中间。有人问他："宁王可是败了？"他点了点头，回答："败了，但死伤太重。"说完，他又平静地继续讲他的心学。弟子们由衷地赞叹："阳明先生果真是不动如山的大圣人啊！"

事实上王阳明一直边打仗边讲学，随时可以应接万物、随处体认天理。朱宸濠尴尬地站在原地，好不容易等王阳明讲完，早已是惧恨交加。

"这是我朱家的家务事，何劳你如此费心！"朱宸濠瞪着王阳明大吼道，半是不解，半是恼怒。王阳明盯着他，并不吭声。王阳明并不同意朱宸濠的见解，这是家事也是国事，事关江山社稷，关系苍生百姓，岂是一句"家务事"那般轻松？

朱宸濠又道："王守仁，你想想，难道我不如那个胡闹任性的朱厚照吗？"

王阳明摇了摇头，断然说道：“事到如今，宁王阁下还是如此糊涂。你为一己之野心，悍然起兵造反已是不忠；妄动刀兵，置百姓于水火，是为不仁；擅杀朝廷命官，结交江湖匪贼，已是不义。试问你的行为可是一个曾有‘仁孝’之名的王爷所当做的？如何能令天下人信服？”

朱宸濠闻听，为之语塞，不觉心生绝望：“阳明先生，我欲尽削护卫，降为一个普通庶民，可以吗？”那意思是还想活着当个普通老百姓。

“惜命如此，何必当初？”王阳明淡淡地道：“有国法在。”朱宸濠痛苦地低下头，半晌方才抬头道：“悔不听娄妃之言，乃有今日。望先生派人打捞她的遗体，好生安葬。”

这句话王阳明听进去了，他点点头，马上命人于江中搜寻娄妃尸体。士兵赶到江边时，只见一个渔夫已将娄妃的尸体捞了上来，怀疑娄妃身上藏着宝物，正要将衣服撕开。军士当即上前将渔夫赶走，抢回娄妃的尸首。王阳明命以厚棺盛殓，葬于湖口县城外，其墓至今犹存，称为贤妃墓。

不久，伍文定带着几个士兵抬着一个大箱子进来，打开一看，全是朱宸濠结交、贿赂朝中大小臣僚的信件。伍文定支开众人，请示王阳明怎么办。王阳明看都没看，大手一挥，道：“烧掉。”

荒唐的御驾亲征

当初，王阳明那道《飞报宁王谋反疏》传到京城时，朝野为之震动。因为以往有关宁王谋反的奏报大多含糊其词，令人不太相信。而王阳明则讲得言之凿凿，明明白白：朱宸濠已经开始动手了。

兵部尚书王琼事先心中有数，故而表现得十分镇定。这自然是因为他早有预见，并先布下棋子以做防备。只要王阳明在江西坐镇，那朱宸濠就要先过他那一关。

朱厚照闻听宁王已反，还有些惊疑不定。他开始回想宁王朱宸濠以前的种种可疑行迹。是啊，朱厚照想起那个戏子臧贤，这个人老在他面前夸宁王朱宸濠仁孝。听得多了，就让朱厚照有点烦，数落了几句："为臣的仁孝是为了可以升官。他一个王爷仁孝，是要干什么？难道他想做皇帝？"臧贤闻之色变，现在想来很是可疑啊。

还有一次，朱厚照在臧贤家玩时，发现一个精美别致的酒杯。他便拿在手里把玩，觉得不是寻常之物，便顺口问了一句："这是哪里来的物件儿？"臧贤当时回答说是宁王朱宸濠所赠。朱厚照听了不太高兴："他有这么好的东西怎么不给我，为何要给你？"

是啊，一个皇族亲王身份的王爷居然把这样的宝贝赠送给一个戏子，是何居心？这个臧贤八成有问题！

朱厚照在怀疑臧贤的时候，太监张锐与江彬也跑来禀告，称太监钱宁一直与宁王朱宸濠暗中勾结，图谋不轨。朱厚照一听：这还得了，朱宸濠的手伸得挺长啊！他即刻命人调查。

这一查，钱宁马上就现了原形。这人最大的爱好就是钱，当初宁王在他身上可是下了血本。当江彬等人将证据呈上时，朱厚照骂道："这个狗奴才，老子早就看他不顺眼了！"他立即下令逮捕钱宁，还指派锦衣卫查抄钱宁的家，结果所获甚丰：得玉带二千五百束，黄金十余万两，白金三千箱，胡椒数千两。

朱厚照下令把钱宁和臧贤下锦衣卫狱，严刑拷打。结果两人招供：那朱宸濠确有反心，他以巨资贿赂朝廷官员，结交朱厚照身边的红人，其意就是探听朝中信息，为谋反做准备。

朱厚照这次确信，那个朱宸濠真的造反了。在愤怒之余，他心里又有些兴奋：这下有机会可以练练手了。

要知道，朱厚照从小就是一个军事迷，做梦都想像明太祖朱元璋、明成祖朱棣一样，纵马驰骋疆场、建功立业。早在正德十二年（1517年），蒙古小王子挥师南侵。朱厚照曾以"威武大将军朱寿"的名义御驾亲征，带着卫队出关游玩。结果在关外偶遇蒙古军队南下，和那蒙古小王子打了一仗。朱厚照以他自己的卫队为诱饵，引诱蒙古军队发动攻击，然后以皇帝的命令调集各路边防部队设伏。蒙古军进入他设置的埋伏圈后，双方展开激战，结果蒙古军大败而逃。据说他亲率军队击毙蒙古军数百人，打赢了“应州之战”，在民间传为美谈。

其实，这次小胜的关键，是因为朱厚照以皇帝身份调动了各地增援部队。那些边防部队得知圣驾到此，哪里敢耽搁片刻。有的边防部队没有接到命令就跑来救驾。这是一场十倍于敌的战役，最后还是让蒙古兵团主力冲出重围跑掉了。

自那以后，他就十分向往沙场建功，这比天天坐在紫禁城里刺激多了。怎奈众臣一直对那“土木堡之变”耿耿于怀，一听说皇上要御驾亲征就“过敏”。如今这朱厚照动不动就嚷着要御驾亲征，把兵事当儿戏，岂不是要重蹈覆辙？

在群臣的压力下，皇帝再也没有出去过。皇宫里各种游戏虽然有趣，可哪里有真刀真枪的战争刺激过瘾。这下可把朱厚照给闷坏了。

不过这次朱宸濠自己作死，让朱厚照总算找到机会，要再次过一把打仗的瘾了。

深受正德皇帝恩宠的边将江彬、许泰，宦官张忠、张永这几人，永远支持朱厚照一切脑洞大开的想法。其中江彬最为受宠。这次御驾亲征，江彬就极力推波助澜，还主动做好各项筹备工作。所以，朱厚照异常坚决地要求亲自出战，让司礼监传旨给内阁：

> 宸濠悖逆天道，谋为不法，即令总督军务威武大将军镇国公朱寿，统各镇边兵征剿，所下玺书，改称军门檄。

这个大将军朱寿就是正德皇帝朱厚照自己。内阁首辅杨廷和决意不奉诏。一帮朝臣跑到皇帝面前跪地哭谏，直哭得屋瓦震荡、树叶飘零、天空变色。朱厚照只好说，他不以皇帝的身份出征，出征的是威武大将军朱寿。

那些哭谏的官员面面相觑：活了一大把年纪，为朱家王朝效力了半辈子，从没有在皇族里听过这个奇怪的名字。此人是谁？有何奇功？如何能带兵出征？

朱厚照努力地提醒他们：“这人你们不记得了吗？就是两年前在应

州大胜蒙古兵的那位威武大将军啊。”

结果朝中群臣这才明白，朱厚照御驾亲征之心不死啊。他们一百多人跪地死谏，伏阙痛哭。自古有所谓“文死谏，武死战”。明朝文官以敢谏受刑为荣，以此体现士人的担当和气节。朱厚照对付这群危言耸听、阻挠他干事创业的人，唯一的办法就是廷杖。锦衣卫接到授意，个个都下死手，把哭得最响亮、最狼狈的几个大臣摁倒在地，噼里啪啦地打得哭爹叫娘，当场杖毙十多个文官。

金吾卫指挥使张英为义气所激，光着膀子挟两大袋土拦路哭谏。见皇帝不从，即拔刀自刎，血流一地。侍卫见其未死，问他挟土袋干吗，张英道：“恐血污帝廷，以土掩血。”言毕气绝。

为图个耳根清净，铁了心的朱厚照干脆下旨：“再言之，极刑。”群臣此时俱已精疲力竭，见他顽冥不化、一意孤行，根本没有回心转意的可能，也只好随他去了。

正德十四年（1519 年）八月二十二日，朱厚照总算排除了一切干扰，再次踏上御驾亲征之旅。

朱厚照让内阁首辅杨廷和与毛纪坐镇京师，梁储和蒋冕随行。另外，许泰为副将军，张永、张忠提督军务。此外，他还特意随军带了两个史官，以记录他的丰功伟绩。然后朱厚照便以威武大将军朱寿的身份，率京军一万余人在北京城外誓师，浩浩荡荡从北京出发，奔赴平叛前线。

按照军队纪律，出征将士不得带家属。朱厚照也不例外。不过，朱厚照虽是荒唐事不少，却也有一番婉约浪漫的情思。他在出行前，约定与宠爱的刘美人在潞河会面。刘美人送别时，赠了他一支簪子作为信物。朱厚照把玉簪藏在袖中，不料在骑马经过卢沟河时，不小心将簪子掉进了水里。这可了不得！朱厚照立即驻军不前，让士兵三天三夜在水里寻找簪子，最终还是没有找到。朱厚照心里不痛快，只得悻然前行。

或许就是因为这么一耽搁，朱厚照大军抵达河北涿州时，收到了王阳明的第二封捷报。这位南赣巡抚已经打败了宁王叛军，并生擒了朱宸濠。对于朱厚照来说，这显然是一个再坏不过的消息。王阳明丝毫不懂得体察圣意，居然不等朝廷降旨就率军征讨，几下就把不争气的宁王活捉了。战事已经平息，御驾亲征就显得多余了。怎么办？

不过，在这封捷报里，王阳明苦劝朱厚照回銮，还恫吓说，当初朱宸濠举事时就料到陛下会御驾亲征，布置了很多亡命徒埋伏于道旁，想重演博浪沙椎击秦王之故事。

此时朱厚照巴不得为这趟御驾亲征多找些理由，你越说危险他反而越发来劲。而边将江彬也适时地给出了建议："这不正说明余党未尽吗？"嗯，这个理由不错。于是，朱厚照大笔一挥：元恶虽擒，逆党未尽，不捕必遗后患。

尽管内阁首辅杨廷和立刻命人骑快马赶往涿州，以战事已结束为由苦劝朱厚照返京。可是，朱厚照正在兴头上，让他转驾回京已经不可能了。

朱厚照索性隐匿捷报，整日打猎玩乐，继续长达八个月的南巡之路。到达临清时，他依照约定派中使去接刘美人，但刘美人不见信簪，辞谢说："不见簪，不信，不敢赴。"朱厚照见美人心切，便独自乘船昼夜兼行，亲自去迎接美人。

十二月一日，朱厚照抵达扬州府。第二天，朱厚照就率领数人骑马在府城西打猎，这一去就上了瘾。从此，他天天出去打猎。众臣进谏无效，便请刘美人出面，终于劝住了好玩成性的皇帝。十二月十八日，朱厚照亲自前往妓院检阅，一时胭脂价格暴涨，妓女身价倍增。

正德十四年（1519年）十二月二十六日，朱厚照终于到达了南京。南巡之旅就此没有再往南走。在南京城，南京兵部尚书乔宇向朱厚照禀报安庆战绩。朱厚照很高兴，当即升张文锦为南京太仆寺少卿，升杨锐为参将。

而此时心中最为着急的莫过于王阳明了。

为了平定叛乱，他连上月刚去世的祖母岑氏最后一面也没有见上。另外，父亲王华年迈多疾，王阳明自己身体也需要调养。早在五个月前，王阳明就把朱宸濠捉到南京去，请皇帝来参加献俘仪式。朱厚照一概不准。所以如今当务之急，就是尽早把朱宸濠这个烫手山芋处理掉。

王阳明决定去杭州找宦官张永，通过张永把朱宸濠交给朝廷。毕竟，张永曾经参与扳倒太监刘瑾，是一个比较明事理的人。

就在王阳明准备出发时，收到张忠、许泰发来的书信。原来那朱厚照突发奇想，要王阳明将朱宸濠放回去，由他自己亲自抓回来。于是太监张忠派人快马加鞭到江西，要王阳明把朱宸濠放掉，皇上要亲自出手活捉朱宸濠。

这种儿戏式的古怪提议，让王阳明哭笑不得。他急忙赶到杭州去见张永。不料，张永深知王阳明已身陷是非旋涡，有意避而不见。

王阳明在门口大声喊道："我千辛万苦来见公公，为的是要紧的国家大事，公公为何不见我？"

张永听闻便让王阳明进来。王阳明便告知江西境内先后遭盗匪荼毒和宁王之乱已民不聊生。如今朱宸濠余党听说朱厚照要来，肯定会制造麻烦，到那时岂不是刀兵又起？所以，他力劝张永不要让朱厚照在南方待得太久。

张永叹息道，自己也没办法阻拦皇帝南巡。只能尽力劝止，聊尽人事而已。他也告诉王阳明要有心理准备，已经有人在皇上面前诬陷他私通朱宸濠。只因朱宸濠被王阳明所擒，皇上如果继续南下也就名不正言不顺，现在朱厚照身边的张忠、江彬等人正想逼王阳明交出朱宸濠，让皇上重新擒拿，这样就师出有名了。可王阳明三番五次不交于朱宸濠，朱厚照当然准备对他下手了。

王阳明表示，自己已将生死荣辱置之度外，只希望能拯救苍生和保护好皇帝的安全。他这次来的其中一个目的就是将朱宸濠交给张公公。现在朱宸濠已经押解到这里，希望能向皇上解释。

张永点头答应，有了朱宸濠在手里，他将会向皇上说明王阳明的忠心，绝不让平叛的功臣遭受委屈。于是王阳明将押解到杭州的朱宸濠交给张永，连夜绕道回到江西。

张永派人押解着朱宸濠，星夜兼程赶往南京。见到朱厚照后，他苦口婆心地为王阳明辩解：“王都御史赤心报国，如果蒙受不白之冤，日后朝廷有事，谁还愿意效忠于朝廷？”

对于张永挺身而出为王阳明辩诬，江彬等人自然是忌恨不已。他们立即向朱厚照猛进谗言，说王阳明暗中勾结宁王，阴谋败露后才倒戈平叛，分明是惑乱圣听。说王阳明还派自己的门生冀元亨去做朱宸濠的幕僚。

张忠又奏：“攻破南昌城时，王阳明纵兵焚掠，杀人太多。其实捉拿朱宸濠有一知县即可，王阳明的功劳没那么大，他的捷报过于夸大。王阳明在江西，早晚必反，甚是可忧。”

双方说的似乎都有些道理，朱厚照为信谁的话犯难了。这时，张忠上奏道：“王阳明既然已经到了杭州，为何不来南京拜见皇上？心里分明有鬼。即使皇上有旨召他，恐怕他也不敢来。这样的人目无君上，一定是个飞扬跋扈的人。”

朱厚照于是下旨召王阳明觐见。这也许是王阳明的一个机会。王阳明接到诏书后，立即动身，日夜兼程赶往南京。他好不容易赶到龙江，连口水也没顾得上喝，便要去见皇上，没想到被江彬派人截住了，不让他进谒皇帝。

王阳明被耍来耍去，感到十分生气。于是他干脆脱下朝服，跑到附近的九华山找和尚道士谈玄论道去了。张永听到王阳明被阻的事情后非常恼火，便把这一情况如实地告诉皇帝：“王守仁已到芜湖，被江彬等人拦截。他是忠臣啊，听说现在众人争功，有谋害他之意，他就想弃官入山修道。此人如果离开朝廷，天下忠臣更没有肯为朝廷出力的人了！”

朱厚照得知后心中明白了真相，便说：“看来这王阳明还是忠诚于朕的，还是让他回江西吧。”

不过，他让张永暗示王阳明，重上一道报捷奏告书。那意思很明白：只要把朱厚照和张忠、江彬等人写进平定朱宸濠的功劳簿里，一切都好说。皇帝大老远地从京城跑到这里干吗？他还等着青史流芳呢。

不过，王阳明曾向朝廷连上两道报捷书，如今天下都知道是王阳明捉了朱宸濠，一向主张致良知的王阳明能跟着这位荒唐皇帝公然造假吗？

张永思来想去，知道王阳明是个有良知、有底线的人。这件事岂是有志圣贤者所为？可朱厚照这倔劲儿一上来，十头牛都拉不回来。张永无奈，只好告诉王阳明：如果按皇上的要求重写告捷书，皇上可以马上回北京！

张永深知王阳明不在乎自身安危，却在乎皇上和天下百姓。他便说那皇上在南方多待一天就多一天危险，少待一天也就少一天扰民，百姓也可早日解脱。

王阳明一听就明白了，马上重写了一道平定宁王报捷书，声称这次平叛全是大将军朱寿的功劳。正是由于朱大将军的指挥才略，以及他身边的江彬等一干功臣，才能迅速平定叛乱。于是，朱寿大将军、张忠、许泰、江彬成为平叛第一功臣。而王阳明对自己攻南昌、战鄱阳、擒朱宸濠之事一字不提。

这样一来，朱厚照爽快地批准了奏报，为表彰王阳明平叛之功，还升他为江西巡抚，知府伍文定升为江西按察使，邢珣升为江西布政司右参政。

这下有个人心里就很不爽了。这个人就是江彬。

他此番极力怂恿朱厚照南巡亲征，原本是想把朱宸濠控制在自己手里，以免他私受宁王贿赂、暗通叛逆的事泄露。同时，他作为一个带兵打仗的将领，更对王阳明如此轻易地就平定叛乱心存忌妒。是啊，这个功劳太大了。

于是，江彬就想和张忠等人联手，诬告王阳明暗通叛匪，借机将他整垮，把平叛的功劳抢过来。万万没想到，张永在关键时刻居然为王阳明出头辩诬。这王阳明不仅没垮掉，还当了江西巡抚。

王阳明还未回到南昌就任，江彬就派遣张忠和许泰等人，率领部分京军进入了江西南昌。一方面他们要找到更多王阳明和朱宸濠勾结的证据；另一方面也为找到传说中宁王府的那些巨额财富。

南昌城里的阅兵军演

人人都知道宁王朱宸濠府中有大量财宝。这一点，张忠和许泰心知肚明，朱厚照得知后也是垂涎欲滴，他便拨了几万京军，让张忠和许泰以“扫清朱宸濠余孽”为名杀到了南昌城。

一进南昌城，张许二人才发现如今这里早已是穷街陋巷，民生凋敝。而传说中的宁王府财富和美女也不见影子，只剩下一堆废墟。他们不甘心空跑一趟，就对南昌城里的无辜百姓下手了。他们先是罗织罪名，把一批批“朱宸濠余党”抓来进行严刑拷打，只有出钱才可能活着出去。一时间，南昌城鸡飞狗跳，怨气冲天。

此外，张忠怀疑王阳明可能知道宁王府的财宝到哪里去了，又不能当面盘问，于是决定先找到他的把柄。当初王阳明派弟子冀元亨去宁府讲学，是尽人皆知的事情，可以以此来对付王阳明。他命人抓来冀元亨严刑拷打，想撬开他的嘴，得到关于王阳明的一些“黑料”。没想到冀元亨铁口钢牙，让逼供的人万般无奈。张忠命人将冀元亨秘密遣送北京，交给锦衣卫来审。

正德十四年（1519年）冬，王阳明重返南昌城。百姓们听说后顿时感到有救了，纷纷箪食壶浆前来相迎。对王阳明来说，南昌百姓越是热情，越是对自己寄予厚望，他身上的压力就越大。他命人通知南昌百姓迅速离开南昌，等风平浪静后再回来。但很多人都走不了，家里上有老下有小，怎么能说走就走得了？结果，张忠等人每天仍然会抓捕不少“叛乱余党分子”，打得他们血肉横飞，鬼哭狼嚎。

张许二人这样胡来，自然惹恼了南昌的地方官。只是他们敢怒不敢言。但性情耿直的伍文定则态度强硬，不让他们胡来。许泰不管那么多，下令把伍文定抓起来严刑拷打，要他承认王阳明和朱宸濠暗中勾结谋反。可伍文定是从腥风血雨中杀出来的硬汉，对王阳明钦佩无比，根本不可能让张忠一伙如愿，惹毛了还骂他们陷害忠良，不得好死。伍文定是平叛功臣，又是朝廷命官，张忠等最终不敢把他怎么样，便把他先关起来了。他们又拷问了朱宸濠的同党，想问出财宝埋藏地，结果依然没问出个名堂。

看样子，只有王阳明知道宁王府财物的去向。于是张许二人来到巡抚衙门，开门见山地质问王阳明：“朱宸濠富甲一方，那么多财物都到哪儿去了？”

朱宸濠确实有很多钱，但是他攒钱是为了造反，招兵买马、笼络人心都花费不小。王阳明是缴获了一些资财，可这缴获的资财还不够给底下的军官和士兵发饷的，要知道他起兵平叛根本就没拿朝廷一文钱！

因此，王阳明直言相告：“二位在皇上身边当差，不知这其中的复杂缘由。朱宸濠的钱大部分都到了京城中那些权贵手上。本官一直想查，却是有心无力。不如二位和我一起上书，请求皇上彻查此事，也好向天下人有个交代。”

许泰和张忠这样的人暗中其实得了不少好处。二人心里有鬼，被这一席绵里藏针的话噎得无言以对，只得悻悻而归。难道就这样白跑一趟认栽了？张忠、许泰简直有些恼羞成怒，有火无处发泄。

于是他们让一批士兵到王阳明府衙门前破口大骂。从早到晚，士兵们指名道姓，谩骂不绝。王阳明对这种下流招数嗤之以鼻，根本不予理睬。他和弟子们专心研讨心学，一派光风霁月。更有甚者，一些士兵干脆直接在巡抚衙门门口挑事，故意挡道，出言不逊，趁机寻衅。王阳明不惊不怒，和颜悦色，好言相劝，以礼相待，让一帮行伍出身的武夫倒也没招了。

王阳明再在南昌城内发布告示，称朝廷派来的军士们来到南昌，十分辛劳，作为地方官员，他代表皇帝犒劳军队。他经常派人抬着酒肉，犒赏京军。京军有些招架不住了，但许泰却前往阻止，勒令士兵不能接受王阳明的馈赠。你不体恤下属也就罢了，人家王阳明送酒送肉，你还不让我们接受，到底想闹哪样啊？如此这般，京军便有中不少士兵对许泰有了怨言。

接下来，王阳明还让人遍贴告示，称京军自远道而来，在外有诸多难处苦处，本省居民要以主人身份以礼相待。他让南昌百姓们端着粗茶淡饭在街巷等着，只要看到京军士兵就上前送温暖。礼轻情重，在春节期间这样的举动自然打动了不少京军士兵。王阳明自己身着朝服出巡，遇到京军将士也必定停车慰问，态度亲切和气，还主动为他们提供最好的后勤保障。

那些京军在南昌待久了，水土不服，纷纷患病。王阳明就重金聘请南昌最好的医生为他们治疗，如有病殁一概厚葬。天气渐渐转冷，王阳明找来了南昌城的几个大户。大户们在乡下都有房产，王阳明说服他们暂居别处，把城里的房子让给京军过冬。

日久见人心，京军营中绝大多数士兵的良知开始复苏，忏悔自己在南昌城里做过的坏事，并对王阳明的人格和气度感到钦服。他们每每遇到王阳明都恭敬地喊一声"王都堂"。

正德十五年（1520年）春节前夕，南昌百姓开始祭祀活动，城里哭声震天。王阳明发布告示，告诉南昌城百姓在祭祀亲人时不要忽略还有一批远离家乡的人，那就是来到南昌的朝廷军队。士兵们看到告示后，顿生思乡之情，很多人流下泪水。于是京军找张忠和许泰哭诉："我们离开故土很久了，不能尽孝，在这里待着无事可做，还不如让我们回家吧！"

这下，张忠、许泰感到人心散了，队伍不好带了。哼，玩这些咱们玩不过这些文人，咱们就来比试比试武的！

这天，王阳明接到许泰的邀请函，说是准备在城外的校场举行一次阅兵仪式，欢迎届时莅临指导。王阳明不明所以，只得复书照允。

第二天一早，王阳明带着江西地方官们前往校场，过了半天才见许泰和张忠领着京军策马而来。他们一番迎候致礼后，便一起步至观台，宾主依次坐下。

许泰高声道："值此天高气爽，草软马肥，正是试演骑射的大好时机。王都堂虽是文人，却也用兵如神，听说年轻时还在居庸关外射杀过胡人，其武艺精湛，由此可见一斑。许某戎马一生，不会作诗，只晓骑射。今日一别，不知何时再会，斗胆要跟都堂比试比试，也让大伙开开眼，还望万勿推辞。”

言毕，不容王阳明多想，许泰径自下台，命人竖起箭靶。只见他拈弓搭箭，屏气凝神，但听得几声弦响，三只羽箭嗖嗖嗖激射而出，在箭靶上排成一个竖列，彼此相距不过一寸。京军士兵们欢声雷动，纷纷叫好。许泰扬扬自得，回到看台，神情倨傲地看看王阳明：“听说王大人通晓兵法，战无不胜、攻无不克，何不试试身手？让我等行伍中人也开开眼界。”

这显然是公然叫板了。王阳明自幼就对刀剑骑射感兴趣，区区射箭自然难不倒他。不过，他久在官场，又身染肺疾，加之常年熬夜读书，视力下降，此时突然上阵比试箭法，还真的很难说胜券在握。但此等情形，他不可能示弱。

于是王阳明泰然自若地起身呵呵一笑，接过旁人递来的弓箭，说道：“将军弓马娴熟，真乃李广、纪昌再世。本官虽薄有微名，于这弓马骑射只是略知一二。不过，今日却也不能拂了兄弟们的好兴致，只好献丑了！”

这时，在场的王阳明部属和弟子们有些担心。一旁的伍文定一度站起身，想替师上阵。王阳明轻轻按住他，不慌不忙地走下看台。

他命人牵马过来，随即跃身上马，挽着马缰奔驰一圈后，他拈弓搭箭，对着箭靶挽弓如满月。人们此时都屏住了呼吸，眼睛眨都不眨地看着。只听得一声弓弦劲响，那羽箭飞射出去，不偏不倚正中靶心，箭尾兀自轻轻晃动，嗡嗡作响。

不待众人反应过来，王阳明左右开弓，从另一角度连续射出两支箭。人们回头望去，只见得前箭方中，后箭已至，分毫不差，直透木靶，纹丝不动。

众人惊呆了，待回过神来，不禁齐声欢呼，校场上顿时响起一阵此起彼伏的喝彩声。

许泰见此情状颇为尴尬，对王阳明说道：“王大人骑射功夫不凡，某等领教。”

王阳明向士兵们微微一笑，向许泰等人拱手：“王某到底老了，只能说是献丑了。”

次日，许泰和张忠到巡抚衙门辞行，王阳明为他二人设宴饯行。张许京军驻兵江西计五月有余，江西官民遭张许二人罗织罪名，没收财产，受其荼毒，不知凡几。好在如今他们总算要离开南昌了，这让南昌官民感到如去芒刺，顿时松了口气。

张忠等人一到南京见到朱厚照，马上就开始诬蔑攻击王阳明，甚至诬指王阳明与朱宸濠暗中有勾结，拥兵自重，妄图谋反。朱厚照听了将信将疑，幸亏有兵部尚书王琼等一班大臣力保，王阳明方得无事。

王阳明一直心系这位正德皇帝南巡的安危。朱宸濠有余党在逃并非虚言，如果朱厚照老在南方晃荡，不务正业，一旦保护措施有失，真有可能让余党乘虚而入。朱厚照要是死在南方，那可真就造成国家动荡了。

王阳明马上行动起来。正德十五年（1520 年）六月，王阳明集结军队在赣州郊区进行了一场声势浩大的军事演习。

此时搞演习其实十分敏感，已陷入是非旋涡的王阳明这样做很容易给自己招来猜疑和非议。弟子们纷纷劝他不要搞演习，这是授人以谋反的口实，往轻了说也是拥兵自重。王阳明淡然道：“我要警告那些别有用心的宁王余党，不要打皇上的主意。正所谓‘欲加之罪，何患无辞’。即使我不搞军事演习，那群人想找麻烦也一定能有别的借口。何必自缚手足，畏缩不前，无所作为？”

其实，朱厚照对王阳明大张旗鼓地搞军事演习并没有什么猜疑。当江彬向他进谗说王阳明别有用心时，朱厚照一笑置之。他其实并不傻，王阳明是个什么样的人他心里还是有数的。王阳明奉诏剿匪平叛多少次了，要反早反了。

朱厚照现在最迫切的想法是让朱寿大将军的平叛事迹载入史册。当皇帝嘛，自然想在皇帝那一堆人里拔尖儿。朱厚照想要办个声势浩大、风风光光的献俘仪式，好让史官笔下生花，名传后世。

正德十五年（1520 年）八月，朱宸濠将被正式移交给朱厚照。在南京兵部尚书乔宇的主持下，南京城郊的演兵场举行了一次煞有介事的盛大“献俘仪式”。

京军和南京驻军排成阵势，旌旗招展。乔宇一本正经地手持令旗，站在阅兵台上，陪着这位“奇葩”皇帝玩这种弱智游戏。

乔宇令旗一挥，登时鼓角齐鸣，军阵的西南角闪开一条道，只见一将拍马持枪，冲入阵中。众人好奇地瞧去，不是那造反落败的宁王朱宸濠又是谁？只见乔尚书手中的令旗又是一挥，但见那军阵东北角也呼啦闪开一条道，只见一将杀入，他头戴冲天冠，手舞大砍刀，冲到阵中亮了个相。众人看去不觉失声：“那不是正德皇帝朱厚照吗？”不过他此时身穿大将军服，名字唤作朱寿。

这“朱寿大将军”武功好生了得，但见他舞刀扑向朱宸濠，一个力劈华山的招式虎虎生风。脸色发白手发抖的前宁王朱宸濠做了一个招架抵挡的动作。那朱寿大将军上前，一把抓住了朱宸濠的腰带，大喝一声将其摔落。朱宸濠主动滚倒在地，还连连翻滚。于是场上欢声雷动，朱寿大将军得意地看看周围，指着地上的朱宸濠大声喊：“绑了！”等候多时的武士赶紧冲上前去，将朱宸濠五花大绑押走了。朱宸濠临走翻了个白眼，表示不服：这都叫什么事儿！

朱厚照不管那么多，只管开心地大笑，大将军上阵擒敌的感觉真爽。

正德十五年（1520年）八月十二日，朱厚照从南京起驾回京。从正德十四年（1519年）十二月二十六日抵达南京之后，他在南京一共滞留了二百多天。

王阳明得到消息后，为天下为百姓大松了一口气。他拿起书本，开始在江西讲学了。南昌讲学盛况空前，上至达官贵人，下至平民百姓，简直要把巡抚衙门的门槛踏破了。然而王阳明念念不忘的还是他的弟子冀元亨。

在王门弟子里，冀元亨追随王阳明最久。还在他贬谪龙场时，冀元亨就跋山涉水不避艰险去龙冈书院投师，后又追随他到吉安、南赣，始终形影不离，最后因奉王阳明之命卧底宁王府而被许泰、张忠抓住把柄，押往北京。

抓冀元亨是为了诬陷王阳明勾结朱宸濠。然而让许张二人失望的是，冀元亨在惨绝人寰的诏狱中饱受酷刑，竟能一言不发，拼死维护恩师。王阳明则多方奔走，为其鸣冤，北京六部的王门弟子纷纷响应，上书要求释放冀元亨。奈何江彬势大，终正德一朝，冀元亨也未能出狱。

这冀元亨在锦衣卫的监狱里受百般折磨，但对人依然如沐春风，把坐大狱当成了上学堂，感动得狱吏和狱友们一个劲儿流泪。监管狱卒们都以为奇事，遇见他夫人就问：“你丈夫秉持什么学术？”他夫人说：“我丈夫的学问不出阃帏之间。”闻者皆惊愕不已。

直到嘉靖即位，冀元亨方得出狱重见天日，却因长时间的身心摧残，加之又染上痁疾，不逾五日而亡。王阳明痛失爱徒，悲愤不已，在答谢朝廷封赏的奏疏中特别提出：“冀元亨为臣劝说宸濠，反被奸党构陷，竟死狱中。以忠受祸，为贼报仇；抱冤赍恨，实由于臣。虽尽削臣职，移报元亨，也无以赎此痛！”

第八章
破山中贼易，破心中贼难

正德驾崩，嘉靖上位

回程路上，朱厚照也是走一路玩一路，游镇江，登金山，自瓜洲过长江。其间，他还跑到致仕在家的杨一清家做客，闹腾了好几天。

正德十五年（1520年）九月的一天，朱厚照一行人经过淮安清江浦时，发生了一件诡异的事情。那朱厚照见崇山层叠，古木森然，水上风景优美，鱼翔浅底，心中顿起渔夫之兴，他便自驾小船去捕鱼。有四名太监随行，两名太监划桨，两名太监布网，渐渐地荡入中流。收网时，发现很多鱼入网，朱厚照便尽力拖拉，船体一下子失去平衡，使他跌落水中。朱厚照不识水性，入水后胡乱扑腾。侍从们吓得脸色惨白，赶忙纷纷跳入水中把皇帝救上了岸。被救上岸的朱厚照继续钓鱼，尽兴方归。

也许是水呛入肺，加之惶恐惊悸，从此时起朱厚照身体开始变得虚弱，每况愈下。这个从前精力旺盛的正德皇帝变得整天无精打采，再也没有了以往的精气神。随行太医认为朱厚照这次病得非常重，能挺到回北京就不错了。

正德十五年（1520年）十二月间，朱厚照一行人到达通州，江彬提醒朱厚照不要回紫禁城，因为一旦回紫禁城，再要出来就难了。江彬设法让朱厚照相信，在通州完全可以处置宁王余孽，完事后可以去江彬在大同建造的行宫。朱厚照欣然同意，就在通州审讯朱宸濠同党。

不过，这时的朱厚照身体更加虚弱了。他经常会莫名其妙地浑身发冷，不停地咳嗽，没有力气。从症状来看，可能是入水受惊之后，加上九月秋凉引发了肺炎。在今天，肺炎只是一般病症，消炎加上休养就能痊愈。但在明朝，肺炎、肺积水可是要人命的绝症。

浑身虚弱无力的朱厚照并不知道自己病情的严重程度，毕竟他还年轻，三十刚出头，过去的身体底子也还不错，以为过些时日就会好起来。

于是朱厚照在通州下了一道圣旨：令五府、六部、都察院、通政司、大理寺、鸿胪寺、锦衣卫、六科、十三道，每衙门只留佐贰官一员在京，其余并内阁、皇亲、公侯、驸马、伯俱赴行在。朝廷每个部门只留一个副职在北京处理政务，其他官员还有皇亲国戚都要赶到通州开会。

消息一出，舆论哗然。内阁集体上书表达异议，但朱厚照执意要大家来通州，一起商议如何处置朱宸濠。于是所有官员和皇亲国戚纷纷赶往通州。当他们见到脸色蜡黄、气喘吁吁的朱厚照主持大局时，很是奇怪：好好的一个人，怎么就病成这样了？

经过一番讨论，除了已经关起来的钱宁，为朱宸濠恢复护卫的吏部尚书陆完、几个重要的太监、锦衣卫指挥、监察御史和河南布政使等人全部被关进牢狱。当钱宁和陆完被拖到朱厚照面前时，他恨得咬牙切齿，这些家伙居然以谋反来回报自己的信任。他令禁军把二人剥得一丝不挂，五花大绑，让他们站在严寒天气中向他们身上吐口水。凌辱完毕，他下令把钱宁凌迟处死，将陆完发配到福建靖海卫戍边。

同时，朝廷又着手处理朱宸濠反叛集团。这天，正阳门法场上空灰暗阴沉，寒风飒飒。六辆囚车分别枷载着朱宸濠、致仕在家的都御史李士实、举人刘养正等人。囚犯们披发跣足，面容憔悴。囚车缓慢移动，镣铐在凛冽朔风中颤动作响。钦命监斩官是太监张永。刑部大堂、都察院、锦衣卫的官员们也骑着马跟在后面。

围观看热闹的平民百姓蜂拥而来。张永捧出圣旨高声朗读道：“午时三刻已到，将反叛逆贼朱宸濠、李士实、刘养正等明正典刑！”于是响起一迭连声的吆喝，接着鸣礼三炮，附逆的李士实、刘养正等人被斩首。唯独朱宸濠因是大明皇室的嫡裔，身首不能斩断，所以采用燔刑。这是一种烧人致死的残酷刑罚。

同时，朱厚照降诏：永远废除宁王封国，以绝后患。

正德十五年（1520年）十二月十日，病入膏肓的朱厚照回到紫禁城。他还硬撑着身着戎装，骑着高头大马，沿着通往皇宫的甬道“检阅”了几千名捆绑着的俘虏。但由于病体沉重，检阅仪式匆匆结束。

三天后，礼部就提出让皇帝亲自出席郊祀大典。朱厚照强打精神到天坛献祭。按照惯例，皇帝要进行四次跪拜。行初献礼时，朱厚照颤颤巍巍地刚要迈步，忽然口吐鲜血，眼前一黑瘫倒在地，再也爬不起来了。郊祀大典不得不终止。等到众人将其抬回紫禁城时，朱厚照已奄奄一息。皇帝的这次当众晕倒让满朝文武大臣忧心忡忡。

很多大臣开始上奏，请朱厚照考虑立储。朱厚照看着这些奏疏，内心十分纠结：自己才三十岁，正值壮年，也许还能挺过这一关吧。朱厚照对于储君问题仍然闭口不言，他祈祷自己能渡过这个难关。

很快就过年了，正德十六年（1521年）来了。家家户户张灯结彩，喜气洋洋，一派热闹的景象。正月初一，朱厚照先是带病去给死去的祖宗和活着的皇太后行礼，接着又接受文武群臣和四夷朝使的庆贺礼，同时，百官中的命妇到皇太后和皇后宫中朝贺。

看着满朝臣子都面露喜色，朱厚照的心情也变得好了起来，但他的身体并没有因为过年而有所好转。参加完这些朝会，因劳累过度，他又躺在了病床上，一动也不想动。

朱厚照沉疴难起，虽经御医精心医治，终难回天。正德十六年（1521年）三月十四日，朱厚照结束了荒唐游戏的一生，享年三十一岁。

尽管他的后宫嫔妃如云，美女无数，却没有留下可以继承皇位的子嗣。这让太后和群臣忧心忡忡。

朱厚照一死，最惶恐不安的是宠臣江彬。他原本计划是让朱厚照去大同行宫，但朱厚照这次居然没有听他的，而是回到了北京紫禁城。在群臣都为皇位继承人操心时，江彬等人却越来越骄恣，竟然假传皇帝旨意，改西官厅为威武团营，自称兵马提督兼掌京内大军，所领弁卒也是狐假虎威，横行霸道。显然他们是想拥兵自重，以防万一。

不过，朱厚照咽气时，江彬并不在身边。到三月，朱厚照已处于弥留状态，当时除了几名宫女外，只有两个司礼监太监。两个太监记下了他的临终遗言："朕疾至此，已不可救了。可将朕意传达太后，此后国事，当请太后与内阁定夺。从前政事，都由朕一人所误。"

言毕，这位英俊爱玩的大明天子驾崩于豹房。朱厚照把身后事托付给皇太后和大学士，说明他心里清楚江山社稷还是不能交给江彬这类人。司礼监掌印太监魏彬受张太后之托，找到内阁首辅杨廷和，向他询问如何善后。并暗示太后的意思是从民间找一个婴儿即位，对外宣称是朱家正统。杨廷和则认为必须从各藩王中选合适的人即位。

朱厚照驾崩当天，杨廷和找到张太后商议，决定秘不发丧，先商量好由谁继统。朱厚照没有亲兄弟，最妥善的办法是从朱厚照的叔伯堂兄弟里寻找合适的即位者。随后杨廷和提出了他心目中的人选：封地远在湖广安陆（湖北钟祥）的兴王朱厚熜，时年十三岁。

杨廷和认为朱厚熜天生明敏、温文尔雅，好读书，有贤名，有明君气度。张太后同意了，不过她提出的条件是朱厚熜必须继嗣后才能即位，也就是必须认张太后为母亲，认明孝宗朱祐樘为父亲。

杨廷和当然同意这个条件。于是，他立即向群臣宣布这件大事，群臣顿时哗然。兵部尚书王琼表示强烈反对，理由是皇上朱厚照还有很多叔伯，让一个十三岁的孩子来做皇帝太荒唐了。杨廷和拿出朱元璋制定的《皇明祖训》说，这里有"兄终弟及"的规定，他自认为不过是按规定办事。

王琼再表示异议，认为"兄终弟及"的"弟"必须是嫡长子，而朱厚熜是他老爹朱祐杬的次子，这不符合礼制。他认为益庄王朱厚烨（封地江西抚州）今年二十三岁，生性恬淡，生活简朴，而且是嫡长子，更适合。杨廷和听了，冷笑着提醒王琼江西刚出了个宁王朱宸濠，不要再提江西的朱厚烨了。王琼听闻心中一惊，明知失言却也无可奈何。

朝臣们心中都十分清楚：朱厚熜只有十三岁，而朱厚烨已经二十三岁，杨廷和选前者无非是因为朱厚熜更容易掌控。但此时杨廷和作为内阁首辅，位领群臣，只要他和张太后态度一致，这事基本上就是板上钉钉了。

接下来的一件大事就是除掉江彬。

正德十六年（1521 年）三月十七日，杨廷和正式发布朱厚照遗诏，张太后下懿旨召江彬入见。江彬大摇大摆地来听遗诏，他不担心杨廷和，因为他来之前就已经和下属们商量好，只要在约定的时间内没有见到他出宫，军队就将采取行动。杨廷和当然知道江彬是有备而来，所以绝不会在这时对他动手，他便伪造朱厚照遗诏，命令江彬指挥的边防军撤出北京回大同。

命令即刻执行，边防军陆续北返。江彬的幕僚们怂恿他立即采取行动，可江彬犹豫不决，甚至派人去打探杨廷和的态度。杨廷和告诉江彬，他不会采取任何行动，对江彬的处理是未来皇帝的事，他一个首辅没有这个权力。

江彬得到这一消息后如释重负。三月十九日，边防军全部撤出京城，江彬现在成了孤家寡人。幕僚们劝他立即离开京城。江彬拒绝了。恰逢坤宁宫落成，正拟安置屋上的兽吻，杨廷和认为邀请江彬参加祭典是很合适的借口。就这样，江彬被骗了进去。在典礼进行到最高潮时，江彬突然发现露天礼堂周围多了很多士兵，皇城六门齐齐关闭。一股冷汗顺着江彬的头皮流了下来。他赶紧跑到西安门，见城门已经关闭，就慌忙转身向北跑，远远看见北安门的城门还没有关，心里才稍稍宽慰。正准备穿城出去，守城士兵一拥而上，将他按倒在地，紧紧捆住。江彬破口大骂，士兵也不和他计较，只顾拔他的胡须出气。江彬骂一声，胡须就被拔落一两根；骂两声，胡须就被拔落三五根。等江彬骂声停了，胡须已所剩无几。江彬被捕下狱，送进了锦衣卫大牢。随即江彬被凌迟，已经成年的五个儿子也被杀了，他的幼子江然及妻女都被发配到有功的大臣家为奴。另外，从江彬家抄出黄金七十柜，白银两千两百柜，其他珍宝不计其数。他的余党也被一网打尽。

张忠、许泰两人免死充边。

解决掉江彬后，杨廷和随即着手清除朱厚照在朝廷和宫中留下的一切“污迹”。正德年间的弊政几乎被淘汰净尽。他还下令撤销了朱厚照一手打造的豹房等皇家娱乐设施，遣散宫中那些术士、僧侣、异域美女、歌手艺人。把朱厚照豢养的野兽宠物统统拉到郊区，或是放走，或是杀掉。同时，杨廷和废除了武宗朝种种弊政，罢免冗官，边军归卫，限制土地兼并，减免百姓税负。

经过一番拨乱反正，此时杨廷和权倾朝野，中外咸倚为重。他还将六部尚书都进行了调换，经常唱反调的兵部尚书王琼因为过去与钱宁、江彬等人关系密切，被以私通乱党的罪名革职。实际上自朱厚照死后，杨廷和开始主持朝政，王琼就非常反感。杨廷和也意识到必须把王琼这样一批人拿掉，否则无法稳定局面。

这样一来，王琼所赏识的王阳明也在朝中失去了依靠。

兴献王朱祐杬是明宪宗朱见深的第四个儿子，孝宗朱祐樘同父异母的弟弟，封地在湖北。朱厚熜是明宪宗朱见深之孙，兴献王朱祐杬之子。

朱厚熜从小就很聪慧。父亲教其背诵经典和学习义理，很快就能学会。在父母的呵护下，朱厚熜博览儒家群经，学识初有所成。他对“孝经大义”深以为然，于“先王至德要道”十分追慕。兴献王还曾将他送到湖广提学副使张邦奇处上学。张邦奇是个标准的儒士，“下教曰：‘学不孔、颜，行不曾、闵，虽文如雄、褒，吾且斥之’”，认为学与行要一致。

三月十五日，杨廷和派定国公徐光祚、寿宁侯张鹤龄、驸马都尉崔元、大学士梁储、礼部尚书毛澄、太监谷大用等前往湖北安陆，迎接朱厚熜到京师即皇帝位。三月二十六日徐光祚等抵达安陆。正德十六年（1521 年）四月一日，朱厚熜拜别其父陵墓，次日辞别母妃启程。四月廿二日，朱厚熜到达北京郊外。

不过，杨廷和没有想到朱厚熜并不是个昏庸迂懦之辈。交锋第一个回合就见了分晓。朱厚熜一行来到北京郊外，杨廷和就指示有关人员：要以迎接皇太子的仪式迎接朱厚熜。

杨廷和是想使朱厚熜的身份有一个从皇太子到新君登基的演变过程，从而让天下人，更让朱厚熜清清楚楚地认识到：这至尊大位是以杨廷和为首的朝臣们费尽心机保举得来的。

不料，年仅十三岁的朱厚熜不吃那一套：这天下原本就是我们朱家的，有你们什么事儿啊？

根据杨廷和的意见，礼部员外郎杨应魁安排朱厚熜由东安门入城。朱厚熜闻听当即表示拒绝，东安门是皇太子出入的门，他现在的身份就是奉诏即位的新君，应当走正门。

杨廷和曾帮明武宗起草遗诏。遗诏的内容是以明武宗的语气写的："朕疾弥留，储嗣未建，朕皇考亲弟兴献王长子厚熜年已长成，贤明仁孝，伦序当立，已遵奉祖训兄终弟及之文，告于宗庙，请于慈寿皇太后，即日遣官迎接来京，嗣皇帝位，奉祀宗庙。"

张太后颁发懿旨："皇帝寝疾弥留，已迎取兴献王长子厚熜来京，嗣皇帝位，一应事务俱待嗣君至日处分。"

这两份诏书中"嗣皇帝位"四字最为关键。朱厚熜对其右长史袁宗皋说："遗诏说我是来继承皇位的，不是当皇太子的。"

尽管如此，杨廷和却仍坚持要朱厚熜按照礼部由东华门入、居文华殿的方案，择日登基。于是，十三岁的朱厚熜以坚决的口吻传话给杨廷和："我朱厚熜不是先帝孝宗朱祐樘的儿子，所以根本就不是太子。如今，我以皇室族裔身份来继承帝位，就要用迎接皇帝的仪式进城，否则本王就打道回府。"

杨廷和有些诧异，没有料到这孩子这么倔强较真。也许是一时的孩子气吧。杨廷和以谨遵朝廷礼制为由，没有答应这个要求，坚持要求朱厚熜从东安门入城。

朱厚熜听闻，索性就在城外停车驻足，到处闲逛了起来。朝中那些大臣还有张太后却着了急。张太后想反正朱厚熜迟早是要登基做皇帝的，何必因小失大？便宽和大度地表示：不妨就依他走正门吧。

于是在正德十六年（1521 年）四月二十二日这天，太后下达懿旨，令群臣出郊恭迎，劝朱厚熜进京。朱厚熜以即位皇帝身份从大明门直入文华殿。进京后，朱厚熜先遣百官告祭宗庙社稷，接着拜谒大行皇帝明武宗朱厚照的梓宫后，又拜见了张太后，之后便出御奉天殿登上了皇帝宝座。

刚刚坐定龙椅，第二回合的较量又开始了：登基后的年号问题。朱厚熜继位后，内阁拟定了三个年号：绍治、明良、嘉靖。多数朝臣希望用“绍治”为年号，意思是“继承弘治”，也就是要继承孝宗朱祐樘开创的“弘治中兴”。朱厚熜却不以为然，拿起笔来端端正正写下了“嘉靖”两个大字，交给礼部尚书：“我就要这两个字，别的不感兴趣。”

这个“嘉靖”年号出自《尚书》：“其惟不言，言乃雍。不敢荒宁，嘉靖殷邦。至于小大，无时或怨。肆高宗之享国五十年有九年。”这两个字意指要以美好的教化让国家安定、祥和、强大。别以为十三岁的小孩好糊弄，人家是读过书的，知道哪个是好词儿，大主意要自己拿。

正德十六年（1521 年）四月二十二日，朱厚熜正式登基，次年改元“嘉靖”，这个年号此后一用就是四十多年。同时，嘉靖皇帝尊正德皇帝朱厚照为明武宗。

“大礼议”事件的纷争

朱厚熜登基继位第五天，就提出要给自己亲生父母适当的称号和相应的礼制。

这也是与张太后和杨廷和等人发生冲突的引爆点：他不是孝宗朱佑樘的儿子，他有自己的亲生父母。既然他做了皇帝，那按常理，他的亲生父母必然是太上皇和皇太后。

这显然与张太后和杨廷和事先的约定有了冲突。杨廷和认为：当今圣上的亲生父母不能是太上皇和皇太后，因为他的帝位是从孝宗朱祐樘、武宗朱厚照那里继承来的，而不是从亲爹那里，就应当“继统须继嗣”。无论是讲饮水思源，还是知恩图报，都应如此。

朱熹说过，继承别人的皇位后，就要称此人为父，这是天理。而对于亲生父亲可以称皇伯、叔父。如此一来就可名正言顺、令天下咸服。程颐也说过：“为人后者谓所后为父母，而谓所生为伯叔父母。”以程朱理学为据，朱厚熜就应当以孝宗为“皇考”，兴献王为“皇叔考”。

于是，来自礼部的一道奏折便呈放在朱厚熜面前：“宜尊孝宗曰‘皇考’，称献王为‘皇叔考兴国大王’，母妃为‘皇叔母兴国太妃’，自称‘侄皇帝’名，别立益王次子崇仁王为兴王，奉献王祀。有异议者即奸邪，当斩。”

朱厚熜内心对此极度抗拒：“父母也是可以随便更换的吗？”

这杨廷和和其他大臣一共六十多人，多次上书力谏，望这位嘉靖皇帝认孝宗朱祐樘为父亲，兼顾天理人情，如此才符合体统。但是，兴献王只有朱厚熜这一个儿子，奉亲至孝的朱厚熜认为，自己为了当皇帝不认亲爹会遭天下人耻笑，良心上也实在过不去。

这时，一个关键性的人物出现了：张璁。张璁，字秉用，号罗峰，浙江温州府永嘉（今温州市龙湾区）三都普门村人。少好经学，博学多才。但张璁运气不佳，七次进京参加科举都名落孙山，此时他中举人已经差不多二十年了。在正德十六年（1521 年）第八次会试考上中了进士，这一年他已四十六岁。

他没有被选中成为庶吉士，没能进入翰林院，而是被分配到礼部，只是个实习生而已。不过，张璁一进入政坛，就遇到了“大礼议”事件。他找到黄绾和方献夫这两位王门弟子虚心请教，反复研讨，写下了一鸣惊人的《大礼疏》。文中详细分析了杨廷和“继嗣论”中的漏洞，他的结论是嘉靖皇帝完全应该称自己亲爹为父，于情于理都无可指责。这道奏疏简直来得太及时了。朱厚熜在看完《大礼疏》后喜极而泣：“此论一出，我父子之情得以保全了！”

朱厚熜写了一封手谕，尊父亲为“兴献皇帝”，母亲为“兴献皇后”，要求内阁为自己草诏。按朝廷制度，没有内阁草诏，皇帝任何手谕都不具备合法性。杨廷和看到这封手谕，当即便封存不发。然而他没有想到，张璁的《大礼疏》引发的论争却一发而不可收。朝野上下都卷入了一场针锋相对的激烈争论之中。

由此，明代历史上震动朝野、天下人议论纷纷的“大礼议”事件就拉开了序幕。

值得强调的是，张璁奏疏中的核心理念都来自王阳明的心学理论。文中言之凿凿、反复强调的“礼本人情”，成为打击冷冰冰的程朱理学的犀利武器。

在程朱理学中，所谓“礼”是圣人依据天理构筑的外在规范；在阳明心学里，心即天理，礼缘人情。因为人同此心，心同此理，所以礼才得以行万世而皆准。即使是在儒家创始人孔子那里，讲到“仁”的理念时，也正是基于人皆有孝悌之情。

活泼、有温度的人情、人心，天然包含了一切圣贤规制的天道人伦之理。不近人情、不得人心的“礼”注定不能长久。按此道理，朱厚熜对自己的亲生父母有发自内心的感恩行孝之情，当然不能因为做了皇帝就弃之不顾。因为这是完全合天理、顺人情的。

张璁这道奏疏不仅得到了朱厚熜的激赏，也得到了不少官员学者的认同。当时赋闲在家的杨一清给老友乔宇写信说：“张璁此论，圣人不易，恐终当从之。”南京吏部尚书石宝也暗中告诉张璁：“慎之，大礼说终当行也。”王阳明得知后，也“心喜其说”。

于是，这次“大礼议”渐渐成为一场以权力斗争为核心，以理学心学为武器的意识形态的较量。那些在杨廷和改革中失势的官员纷纷跳了出来，声援张璁，而王门一期的席书，王门二期的黄绾、方献夫、黄宗明等人也坚定地站在张璁一边。

另一位南京刑部主事桂萼也操着笔跟上来了。桂萼，字子实，号见山，江西安仁（今江西东乡东北）人。正德六年（1511 年）进士，授丹徒知县，因为人性刚烈，多次忤逆上官，仕途颇不顺利，被发配到南京刑部做了一个六品主事。

桂萼在官场摸爬滚打了十来年，很不得志。他通过在京任翰林修撰的兄长桂华获知朝中关于“大礼议”的纷争，又亲眼看见了张璁的神奇行事，悟出改变命运就在此时，便也跳将出来。他主动结交张璁，共同商讨策略，决心一起将“大礼议”这场意识形态斗争进行到底。

嘉靖二年（1523 年）十一月，又一波攻势开始了。桂萼率先上书发难：皇上应速发明诏，追尊兴献王为皇考，并立庙于大内。称孝宗为皇伯考，武宗为皇兄，封蒋氏为圣母皇太后。这就是要彻底翻盘、推倒重来。桂萼简直是赌上了身家性命，公然与内阁叫板，大有分庭抗礼、势不两立之势。

朱厚熜拿着桂萼这份热度滚烫、陈辞激烈的奏折，心头为之一热。他边读边点头，大为激赏：“这本奏疏意义重大，天理纲常，要靠它维持了！”言毕，他马上趁热打铁，下旨召张璁、桂萼、席书入京议事。然后召杨廷和集议，一起讨论桂萼这份非同寻常、挠到自己痒处的奏疏。

然而，让朱厚熜等人没有想到的是，杨廷和选择了退场。他神情淡然地对皇帝行礼后，叹息道：“老臣请陛下允许还乡。”

朝堂顿时陷入一阵难堪的沉默之中。精明强干的内阁首辅居然不战自降了，朱厚熜不知道他葫芦里卖的什么药。

其实，此时的杨廷和确实不想干了。长达四十多年的朝臣生涯让他感到了疲惫和厌倦。而朱厚熜对杨廷和的跋扈和傲慢早已不满，干脆来个顺水推舟，点头同意了杨廷和致仕归里的请求。朝中一些言官纷纷上书，请求留下杨廷和。朱厚熜一律不答，扔在一边不理。

这时，都察院左都御史吴廷举提议，让两京官员统一上书，各陈所见，以备采择。于是论辩双方再次上书展开论争。朱厚熜却只对张、桂等人的奏疏表示肯定和赞赏，反对方的奏章一概不看，扔在一边。

他敕令礼部，均按桂萼所奏彻底推倒重来的方案执行。礼部尚书汪俊一再以各种理由抵制也无用，无奈之下他辞官而去。朱厚熜也不挽留，让礼部侍郎吴一鹏代署部事，一切按他的旨意来办。

哪怕群臣二百多人黑压压地到左顺门跪伏哭谏，也没能扳回局面。朱厚熜命锦衣卫连捕吏部员外郎马理等一百三十多人下狱，其余的人把姓名记录下来，强行驱散。朱厚熜大笔一挥，诏令四品以上官员夺俸，五品以下官员廷杖，结果翰林院编修王相等十七人被活活打死。杨慎、王元正因带头闹事，被发配边荒，遇赦不宥。内阁大学士毛纪、石珤则致仕而去。

嘉靖三年（1524 年）九月，朱厚熜下诏改称孝宗为“皇伯考”，昭圣皇太后为“皇伯母”，追尊兴献王朱祐杬为“皇考恭穆献皇帝”，母蒋氏为“圣母章圣皇太后”。桂萼、张璁因为上书有功，被调到京城，位极人臣，成为炙手可热的内阁大学士。席书就任礼部尚书，方献夫当上吏部尚书。唯独黄绾因事忤逆朱厚熜，最终只为南京礼部侍郎。

经过“大礼议”事件后，朱厚熜由当初受到相权和后宫双重压制的傀儡小皇帝，逐渐成为主导朝政、大权在握的实权天子。此后，没有什么力量能制约这位嘉靖皇帝，他也逐渐变得独断专行、刚愎自用。

嘉靖七年（1528 年）六月，朱厚熜命人编纂《大礼集议》和颁布《明伦大典》，对杨廷和等人强迫自己认弘治皇帝为父亲的言行做了严厉批判，把自己的相关谕旨及支持自己的大臣的奏疏汇集成册，颁布天下，让全天下人知道自己对孝道的坚持，知道那些反对自己的大臣的言行是多么荒谬！

为时三年的“大礼议”，以嘉靖皇帝朱厚熜获胜告终。“大礼议”原本是君权与相权的权力争斗和冲突，也是程朱理学与阳明心学的一次正面交锋。那么在“大礼议”事件中，王阳明的态度如何呢？

王阳明受封“新建伯”

当王阳明在余姚讲学时，有弟子问他对“大礼议”的态度，他没有回答。有一天夜晚，他坐在池塘边，忽然想到“大礼议”，于是写了两首诗。

第一首为：

一两秋凉入夜新，池边孤月倍精神。
潜鱼水底传心诀，栖鸟枝头说道真。
莫谓天机非嗜欲，须知万物是吾身。
无端礼乐纷纷议，谁与青天扫旧尘？

第二首则为：

独坐秋头月色新，乾坤何处更闲人。
高歌度与清风去，幽意自随流水春。
千圣本无心外诀，六经须拂镜中尘。
却怜扰扰周公梦，未及惺惺陋巷贫。

显然，诗中“莫谓天机非嗜欲，须知万物是吾身。无端礼乐纷纷议，谁与青天扫旧尘”这几句已经表明了王阳明的态度。他认为天理当出于人情，世间万物与人心是一体的。那些“大礼议”中出现的各种陈腐偏见，应当一扫而光。简言之，朱厚熜对亲生父母的孝心应当得到尊重，他完全可以尊自己的亲生父亲为皇考。

还有一件事能直接证明王阳明的态度。他的弟子陆澄问王阳明，“大礼议”到底谁是谁非。王阳明说：“父子天伦不可夺，皇上孝情不可遏，众多大臣的话未必是对的，张、桂诸位大贤的话未必是不对的。”这已是明显表态，他和张璁、桂萼的观点是一致的。而席书和方献夫在向朱厚熜上书时，也是根据王阳明心学观点做出的判断。

尽管王阳明心学在“大礼议”中发挥了重要作用，王阳明却从来没有上书直接表达过自己的观点。他表现得似乎有些超然物外。这一点或许让一度孤立无援的朱厚熜不太满意。他原本是对王阳明寄予厚望的。

朱厚熜还在做藩王时就听说过王阳明，并暗中认定他将是抗衡杨廷和的最佳人选。

嘉靖元年（1522 年），朱厚熜登基后，对王阳明平逆剿匪的功绩赞不绝口，还当众质问："这等人才为何不用？应立即召他入京。"还急忙下诏，称如今朝廷正是用人之时，让王阳明"驰驿来京，不得迟疑"。

可是，朱厚熜并未如愿。王阳明走到钱塘，当时地位正如日中天的杨廷和就让人去通知他：国丧期间不宜进行封赏事，王阳明立即回南昌履行江西巡抚之职。杨廷和还擅作主张，免去王阳明南赣巡抚的职务，由他指定的人选担任。后来又让吏部将王阳明调任南京兵部尚书。

事实上，杨廷和与王阳明心生隔阂已经不是一天两天了。在杨廷和眼里，王阳明是前任兵部尚书王琼所推荐的人，如今王琼被排挤出去了，王阳明自然也不能再用。何况这王阳明还另搞一套心学理论，也让笃信程朱理学的杨廷和感到不快。当然，杨廷和更深知朱厚熜急调王阳明的用意，无非是要找个得力的援手，牵制现在以他为首的内阁。就凭这一点，他就不会轻易为自己平添一个对手。

但是王阳明的名气和功绩确实摆在那里，说是众望所归一点也不夸张。朝廷对于他平定宸濠之乱的战功总要有个说法。

老谋深算的杨廷和为堵住天下人之口，便对随王阳明平叛的一些有功将领进行了封赏。伍文定升都察院左副都御使，将乔宇调到北京任职。最后，封王阳明为光禄大夫、柱国、新建伯，世袭，岁禄一千石，兼领南京兵部尚书一职，并赐建"新建伯府第"于绍兴。此外则一律不赏。

王阳明却向朝廷上书，将追随自己在前线建功的将士们褒奖一番，要求封赏这些有功之臣。他还推辞对自己的封爵升官，称要回老家余姚侍奉老父。

父亲王华已经七十七岁高龄，得知王阳明回家，顿时喜笑颜开，问长问短。他早听说儿子率兵平灭了朱宸濠之乱，极为高兴。这么多年来，他亲眼看着儿子从一个叛逆少年成为文武兼备、功勋卓著的栋梁之材，内心深处充满了欣慰和喜悦。

朝廷封新建伯的诰命送达这天，正是父亲王华的生日。亲朋齐聚，个个喜气洋洋。王阳明服蟒腰玉，献杯庆贺。

等宣旨的官员一走，王华却皱着眉头对王阳明说："当宁王起兵谋反时，我以为你这一次是必死无疑了，但你却没有死；当你举兵与宁王对阵时，我以为这件事极难，但你最终取得了成功；当朝中奸臣对你大肆诬陷时，我以为灾难就在眼前，没想到现在却给你加官封爵，我们父子仍能团圆欢聚一堂。不过，世上的事，往往是盛极必衰、祸福相倚。加官封爵，虽然是一件幸事，但也值得畏惧啊！"王阳明听后，当即对父亲行跪拜之礼，说："父亲大人的教导，儿子一定牢记在心，不敢忘怀！"

第二天早晨，王阳明对门生们说道："昨日蟒玉，人谓至荣，晚来解衣就寝，依旧一身穷骨头，何曾添得分毫？因此我知道荣辱原不在人，人却自迷。"

他还吟诗一首：

百战归来白发新，青山从此作闲人。
峰攒尚忆冲蛮阵，云起犹疑见虏尘。
岛屿微茫沧海暮，桃花烂漫武陵春。
而今始信还丹诀，却笑当年识未真。

在明代，有爵位的人的朝冠异于别的朝官，官帽上面有丝织物下垂到耳朵上。王阳明后来入朝谢恩，有同僚看到了他的朝冠，语带嘲笑地说："你的耳朵上有垂下来的丝帛，难道是因为耳朵冷吗？"王阳明幽默地一笑说："这哪里是我的耳朵冷，而是你们的眼睛热罢了。"

嘉靖元年（1522 年）王华去世。他是个典型的儒家知识分子，一生为人谦逊宽厚，善恶分明，谨守节操。他曾经为儿子的成长操碎了心。如今王阳明功成名就，还学有建树，可以说远比他这个当父亲的有出息。父亲的去世给了王阳明重重的一击。在王阳明内心深处，父亲是他最崇敬和爱戴的人，哪怕是在外带兵征战，也无时无刻不在挂念着父亲。

就在王华离世前的最后一刻，朝廷使者到达余姚宣读圣旨。原来朝廷收到了王阳明的奏疏后，感到还是要做出论功行赏的姿态来。于是将阳明的父亲王华、祖父王伦、曾祖王杰三代都封为新建伯。食禄一千石，荫封三代。

然而，这个新建伯没有铁券，也没有岁禄，仅仅是一个空头的爵号。即便如此，也让老人在病中获得了一丝安慰。王华在病榻上强撑着要下床，说："我们王家对朝廷不能有失礼之处，快扶我起来。"使者走后，王华还一再问王阳明："有失礼的地方吗？"王阳明回答："父亲，您做得很好，没有任何失礼之处。"王华这才安心地点点头，含笑闭目而逝。

孝心至深的王阳明顿时陷入巨大的悲痛之中，在父亲灵前号啕大哭。往昔少年时的诸般情状一一浮现在眼前，当年父亲严厉的呵斥现在都透出一种无法言说的美好。

由于过于悲痛，王阳明大病了一场，病中还喃喃地呼唤着父亲。养育教诲之恩，此生难忘。接下来，王阳明在家守孝三年，后来守孝期满，因受猜忌也未能入朝。王阳明在家乡待了六年之久。

这是他一生中最为清闲的日子。当时，"大礼议"起，朝中闹得沸沸扬扬，不可开交。王阳明采取了超然态度，一心读书悟道和讲学。

居越讲学：破山中贼易，破心中贼难

这个时候的王阳明无论学术还是事功，都已成为名副其实的当世第一人。

此前，王阳明在短短几年里，剿除南赣地区匪患，平定宁王朱宸濠之乱；同时设立新县，改革税制，可谓事功隆盛。无论朝野，他都享有巨大声望和威信。在民间，老百姓甚至认为他是神仙下凡拯救百姓的青天。

王阳明在南赣时，曾经出现黎民百姓感其恩德沿途叩拜，还建起立有王阳明雕像的祠堂。偏远地方的村民甚至还把他的雕像同自己祖先供奉在一起，以时时朝拜，香火不绝。

尽管事功显赫，但是王阳明内心深处并没有把建立事功作为毕生最大的追求，而是致力于心学理论的思考与探索方面的进一步深化，追求道德修养和人格的完善。王阳明在给朋友的一封信中说 ："破山中贼易，破心中贼难。区区剪除鼠疫，何足为荣？若诸贤扫荡心腹之寇，以收廓清之功，此诚大丈夫不世之伟绩。"

关于如何破"心中之贼"，曾经流传着一个经典故事：据说王阳明在庐陵担任县令时，抓到了一个大盗。这个大盗面对各种讯问十分抗拒，冥顽不化。就算王阳明亲自审问他，他也是一副死猪不怕开水烫的架势："要杀要剐随便，就别废话了！"

王阳明于是说："那好，今天就不审了。不过，天气太热，你还是把外衣脱了，我们随便聊聊。"大盗说："脱就脱！"

过了一会儿，王阳明又说："天气实在是热，不如把内衣也脱了吧！"

大盗仍是不以为然的样子："光着膀子是常事，没什么大不了的。"

又过了一会儿，王阳明又说："膀子都光了，不如把内裤也脱了，一丝不挂岂不更自在？"

眼看这场脱衣表演快要进入高潮，那强盗头目却慌忙摆手："这可使不得！万万使不得！"

王阳明开始因势利导："有何使不得？你死都不怕，还在乎一条内裤吗？看来你还是有廉耻之心的，是有良知的，你并非一无是处呀！看来我还是可以跟你讲道德廉耻的。"

至此，大盗彻底折服，乖乖地认罪服法。

山中之贼，只要深得兵法要领，就会攻无不克；而"心中之贼"则比山中之贼更加难以破除。一个人战胜自我需要巨大的勇气、毅力和反省精神。所以，收拾人心、重建良知比事功更重要，也更困难。在上面这个事例中，王阳明就用这种“脱衣法”帮助强盗实现了致良知。

回到家乡绍兴余姚后，王阳明决心完成破除“心中之贼”的任务：要把自己所学、所思、所悟教授给弟子们，让人人“心中有个定盘针”。

王阳明在家乡绍兴开始讲学，得到钱德洪、王畿、王艮等众多弟子的拥戴。这个时候，王阳明的心学体系越来越完善，因材施教的教学方法也越来越娴熟。有一次讲学，很多弟子在认真倾听。其中一个人起身向王阳明求教：“良知有颜色吗？如果有，它是红色还是黑色的？”王阳明和其他弟子闻听都笑了。

王阳明便幽默地回答说：“当一个人刚刚开始认识世界的时候，良心没有丧失，那个时候，良知是红色的。如果一个人良心全部丧失，那么良知就是黑色的。”

人们听了都不禁会心一笑。这样通俗易懂的讲法，让来听他讲学的人越来越多，他的影响力也越来越大。这既因王阳明传奇般的事功业绩和人格魅力，又因他超凡脱俗、启人心智的心学理论具有一种强大的吸引力。一时之间，求学者接踵而至，震动朝野。

王阳明讲学的盛况引起绍兴知府南大吉的注意，他多次前往聆听王阳明讲学。他还下令让山阴县令把稽山书院修葺一新。嘉靖三年（1524年），王阳明受南大吉之邀，在稽山书院开始讲学。一听说王阳明在稽山书院，无数士子操着不同的方言，从天南海北赶来。绍兴城内人头攒动，摩肩接踵。杨汝荣、杨绍芳等人来自湖广，杨仕鸣、薛宗堂、黄梦显等人来自广东，王艮、孟源、周冲等人来自直隶，甚至连海宁年近古稀的诗翁董萝石也拄着拐杖、抱着诗卷三步一歇地赶来了。

由于前来求学的人太多，一时之间四方学者都在王阳明居所周围聚集而居。在天妃、光相等寺庙中，每一个僧舍经常要住几十人。夜晚床铺紧张，大家便轮流睡觉，还常常一起唱歌助兴，歌声响彻夜空。在南镇、禹穴、阳明洞等地，不管路途多远，都有求学的人居住。

每天王阳明开始讲课时，整间房子被数百人围得水泄不通。有的人实在没有立足之地，只好单脚站着听，后来都听入了迷也就忘了累。就这样，春夏秋冬，月无虚日，王阳明送走了一批，又有一批紧随而来，有人在这里听讲达一年之久，人多得让王阳明连名字也记不清了。每当告别时，王阳明常感叹地说："虽然分别，但总不会超出天地之间。如果有共同志趣，我也可以忘掉你们的容貌了。"

王阳明的心学理论和开坛讲学遭到了朝中一些人的反对。御史程启充、给事毛玉、首辅杨廷和就上书皇帝说："王阳明的理论都是伪学，与朝廷提倡的主流学术格格不入，应该予以取缔。"就连绍兴知府南大吉在考察政绩时也被人故意刁难，朝中权贵恼怒南大吉给阳明讲学大开方便之门，借故将他罢官。南大吉不以为意，回到陕西老家自己开书院传播心学，还写信给王阳明，深以不能追随门下为憾，对于被罢官一事只字不提。

王阳明的弟子陆澄当时正担任刑部主事，就想挺身而出为心学讨回清白，却被王阳明制止。王阳明微捋着胡须，淡定地对陆澄说："今天下讲学之风盛行，此乃大势所趋。而反对我讲学的必是怨恨我的人，他们空发言论，就是要激我愤恨，卷入旋涡中。而我偏不予理睬，谣言终会灭亡，这些反对者也终会散去。"

果然不出王阳明所料，不久后反对心学的人就偃旗息鼓了，而前来听王阳明讲学的人反而越来越多。

面对如此众多的弟子，怎样才能一一传教，答疑解惑呢？王阳明想出一个简单易行的办法：每次新来的人，先由钱德洪、王畿这样的高阶弟子传授入门之学，等到略有所成，再由王阳明亲自传授。这样一来，教学效率倍增，影响力更大了。

嘉靖三年（1524 年）八月中秋，明月朗照，清光团团。王阳明与弟子们在绍兴城内天泉桥边的碧霞池举行了一场宴会，共度中秋佳节。酒过半酣，一帮文人墨客免不了歌诗助兴。于是，众弟子踊跃参与。一时间弦歌四起，或吹箫，或弹琴，或击鼓，或歌唱，或投壶，还有的亦哭亦笑，涕泪满面，颇有些狂放不羁，任情恣意。

王阳明望着敞开心怀、手舞足蹈的弟子们，心中油然生起一种满足感，随口而作诗：

处处中秋比月明，不知何处亦群英。
须怜绝学经千载，莫负男儿过一生。
影响尚疑朱仲晦，支离羞作郑康成。
铿然舍瑟春风里，点也虽狂得我情。

这一刻，王阳明想起了《论语》，想起了曾点。在《论语·先进》篇中，孔子问他的四个弟子有何志向。曾点的志向是在暮春时节，和五六个大人、六七个小孩，到沂河里洗洗澡，在舞雩台上吹吹风，再一路唱着歌回来。而孔子赞成曾点的想法。

是的，这种快乐王阳明也体会到了。他和弟子们一起饮酒赋诗，载歌载舞，忘记了一切忧愁烦恼。

宦海沉浮，几度征战，这可以说是王阳明平生最惬意的时刻。

嘉靖四年（1525 年）十月间，在王艮等弟子的努力下，阳明书院在越城西郭门内光相桥之东建成，为广居博学之士提供了便利的条件，成为阳明学派传道授业的重要场所，经常举办一些讲会活动。王阳明还专门制定了讲会的条约，要求主讲人学术地位平等，争论自由民主，每个人都可以自由发言，讲完后别人也可以站起来反驳。这无疑为每一个人提供了畅所欲言的机会。

在这个时候，王阳明提出了“无善无恶心之体，有善有恶意之动，知善知恶是良知，为善去恶是格物”，他的心学理论更趋完整。王阳明在传授知识的过程中，经常教导弟子要注重知行合一，并且指责当时政治风气和学术风气败坏的现象。

从正德十六年（1521 年）九月到嘉靖六年（1527 年）九月，王阳明专门从事教育整整六年，培养了一大批学有所成的弟子。其中浙中的钱德洪、王畿、陆澄、黄宗明，江右的邹守益、欧阳德、陈九川、何廷仁，北方的南大吉，南中的黄省曾，楚中的林信，泰州的王艮等都成了阳明学派支系的开创者。

不仅如此，王阳明还写了许多篇著作流传于世，《传习录》由原三卷增至五卷，《文录》四篇亦刊行于世，多篇理论著作如《稽山书院尊经阁经》《亲民堂记》等也广传于世。

当年王阳明为父亲守丧三年期满，按照惯例，朝廷应当召他回京，官复原职，但朝廷却对他不予理睬。弟子黄绾多次写信给朱厚熜推荐王阳明复出。席书则向朱厚熜直言对王阳明的推崇："生在臣前见一人，曰杨一清；生在臣后见一人，曰王守仁。"方献夫亦言："定乱济时，非守仁不可。"时为内阁大学士的张璁、桂萼也站在王门弟子这一边，要求朱厚熜起用王阳明。

但是，朱厚熜这时对王阳明的态度却变得暧昧起来。是啊，那样热闹的"大礼议"，连人微言轻的张璁、桂萼都不惜以命相搏，这个号称"心学大师"、功勋卓著的人物竟然没有发声。更令朱厚熜忌惮的是，王阳明独创心学，并到处讲学，广收门徒，声势和影响力不可小觑，这也让自诩为饱学之士的朱厚熜感到不快。

朝廷一直不闻不问，直到王阳明闲居六年后。

到了嘉靖六年（1527 年），两广的思恩州、田州两地的两名少数民族首领卢苏、王受起兵造反，两广总督姚谟束手无策。身处京师的明世宗朱厚熜一筹莫展，已向广西派兵三次，大将也派了五六名，却一再丧师失地、损兵折将。

有道是"家贫念贤妻，国乱思良将"，愁眉不展的朱厚熜突然眼前一亮，想起了王阳明。这王阳明神机妙算，用兵如神，就像一把锋利无敌的宝剑雪藏了六年，现在正是拔剑的时候啊！于是，朱厚熜下旨，让王阳明恢复官职，兼领左都御史，总督两广、湖广、江西四省军务。圣旨中的措辞非常强硬：该剿该抚，该杀该放，任凭你王阳明处置，只是不得推辞，务必平定思田之乱。

就这样，王阳明不得不告别读书讲学的生活，重新走上戡乱平叛的征途。

此时的王阳明已五十七岁，过度的操劳已使他两鬓斑白，身体每况愈下。

一天晚上，已是夜深人静，王阳明仍伏案著书，忽然一阵剧烈咳嗽，王阳明只好停笔歇息——血！丝绢上分明是殷殷血迹，这已是第二次吐血了，王阳明只好请大夫来医治。医术高明的大夫为王阳明开了一大堆中草药，临行前还千叮咛万嘱咐："千万别累着，多休息，否则就无药可医了。"

王阳明这回是真的不想复出了。他本来就身患肺结核，远谪龙场又让病情加重。所幸大难不死，又为朝廷四处平乱剿匪，再加上平日里研学深思，诲人不倦，身体早经不起这般昼夜忧劳，眼见着咯血频率日甚一日，终于卧床不起。

就在这时，王阳明接到了再次让他披挂上阵的圣旨。以天下为己任的胸怀和担当早就融入了王阳明的灵魂之中。他毅然决定奉诏，再一次强撑衰弱之躯挂帅前往广西。

临行前，弟子们沿江相送，络绎不绝。一路上，慕名而来的人隔岸远望，只求一见。其中官至礼部侍郎的徐樾一路从贵溪追到余干，追随王阳明的座船跑了几十里地，如信徒朝圣一样虔敬，希望能和王阳明见面。

王阳明见天快黑了徐樾还没有半点歇脚的意思，就让船夫停船。徐樾见状，满心狂喜，就着岸边跪下来要求入王门求学。王阳明被感动了，让他上船同行。徐樾还处于心学入门阶段，自己却确信在静坐中悟得了阳明心学。王阳明让他举例说明心中的意境。徐樾连举数种，王阳明都说不对。徐樾举了十几个，已无例可举，十分沮丧。王阳明指点道："你太执着于物。"徐樾则一脸茫然。

王阳明指着船里的蜡烛说："比如这个蜡烛，光无所不在，但不可以只以为烛上的光才是光。"

徐樾还是不明白。王阳明在空中画了个圈说："这也是光。"接着又指向船外的湖面说："这也是光。"

徐樾渐渐开悟，兴奋地说："老师，我懂了！"王阳明笑着点化他：

“不要执着，一定要记住光不仅仅在烛上。”于是，徐樾拜谢而去。

船至吉安，登陆休息。然而，下榻的驿站早就被久候的人群包围。王阳明强打精神，为三百多名学子讲了最后一堂课。

诸生彭簪、王钊、刘阳、欧阳瑜等三百多人听他讲学，王阳明站在临时的讲台上演讲，强调道德修养功夫“只是简易真切，愈真切，愈简易；愈简易，愈真切”。人们听得入神，无不信服。当走下讲台时，王阳明却感到一阵头晕目眩。接下来的几天里，王阳明疲惫不堪。一路奔波忙碌和讲学，五十七岁的王阳明身体已经吃不消了。

此后，一路上的老百姓知道王阳明又要为民除害，激动地夹道欢迎。行至南昌时，全城老百姓早已把王阳明当圣人一样爱戴供奉。大街小巷挤满了人，纷纷来拜见王阳明，几次都因百姓太热情而导致军马不能前行。南昌百姓拥上街头顶礼膜拜还不尽兴，王阳明只好端坐于衙门，让百姓东进西出，排队瞻仰。

最后，王阳明不得不请他们都回去，这样才能加快行军，早日平灭广西之寇。自古以来，能受老百姓如此爱戴的人，恐怕并不多啊！

此后，王阳明前往思恩州和田州，许多学生沿途求见。由于军情紧急，他无法一一满足他们的要求，只得答应大家等班师回来时再见。

只是，他没想到这一去却成了永别，再也没能回来。

第九章
身处逆漩，此心光明

病中受命，平定思田之乱

明嘉靖六年（1527 年）十一月二十日，王阳明到达广西梧州开府办公，着手进行实地调查。

梧州在汉代叫苍梧州，属交趾郡。思恩州和田州，即今南宁以北及武鸣县西北和百色市及田阳、田东一带地区，是一片多民族杂居的荒蛮之地，与交趾国接壤。这里深山绝谷中的瑶族人结寨而居，少则几百，多则上千，向来采取民族自治政策，州长官都是当地的土司。他们其实可作为明王朝的西南屏障。如果尽杀其人，改土归流，等于自撤藩篱。所以王阳明更倾向于安抚为主。十二月一日，王阳明向朱厚熜呈上了《谢恩疏》，感谢朝廷委以重任，并表明了自己对于田州叛乱的态度以及处理方法。

王阳明认为，田州在地理位置上十分重要。而当年岑猛造反实是事出有因。根据有关记载，岑猛多次带领他的部队参与政府军的军事行动，事后却没有得到任何奖赏。岑猛本就心怀不平，地方政府官员又向他索贿，这自然激起了他的反意。岑猛为了扩展在桂西的势力，充当起桂西土司盟主，率田州土司兵四处征讨各州府。而广西官军战斗力很差，与岑猛叛军交战，几乎是一触即溃。

前任广西都御史、总督姚谟、总兵朱麒调集三省八万重兵，耗费巨额钱粮，分三路攻入田州。岑猛兵败后逃往归顺州岳父岑璋家。最后岑璋被迫诱杀了岑猛，岑猛之乱就此被平定。但官府在后期治理上陷入泥潭，在桂西强行推行改土归流政策，引起田州土司不满，岑猛余党王受、卢苏再次起兵反叛。而卢苏、王受也并非恶贯满盈之徒，带头闹事实属迫不得已。姚谟大军压境，欲一举将他们置于死地。二人只好负隅顽抗，凭借地利人和之便，让官军进退失据，难竟全功。

对此，王阳明认为派兵镇压终究不是根本上解决问题的办法，应该以招抚为主，而不以征剿为主。其中原因是制度设计："且思恩自设流官，十八九年之间，反者数起，征剿日无休息。浚良民之膏血，此流官之无益，亦断可识矣。"就是说，造成当今局面的关键原因不在当地老百姓，而是朝廷的问题。

所以他的平乱方针就是"以抚代剿，土流并用"。王阳明在奏疏中说："感谢皇上能信任我，让我担负如此重任，虽然身体状况不佳，但我会竭尽全力让田州乃至广西恢复秩序，保境安民。"

不过，分管军事的大学士桂萼却节外生枝，好大喜功。他命令王阳明镇压完广西思田之乱后，再去攻打安南。王阳明得知后皱眉摇头不已：广西都乱成这样，还去攻打安南？这位桂大学士是嫌天下安定太久了还是嫌不够乱啊？他在给方献之的信中说："思、田之事已坏，欲以无事处之，要已不能。只求减省一分，则地方亦可减省一分之劳扰耳。此议深知大拂喜事者之心，然欲杀数千无罪之人，以求成一将之功，仁者之所不忍也。"

在朝廷里，黄绾和方献夫坚决反对这一荒唐的念头，桂萼方才作罢，心中却对王阳明很是不满。

嘉靖七年（1528年）正月，王阳明调集湖广和福建、广东部队抵达梧州。

此时，王阳明胸中酝酿已久，应对之策就是招抚。他深知这次王受和卢苏领头造反完全是官府逼出来的。他们后来攻城略地，也不过是想增加和政府谈判的筹码。过了元宵节，王阳明决定先对造反的土匪们示强：组织数万人进驻南宁，并举行大规模演习。果然，这场军事演习让王受和卢苏受到惊吓，急忙加紧备战。

然后，王阳明和部属们开会商议进剿之策。有人说既然部队已来了，就应该打。王阳明认为攻心为上，攻城为下。王受和卢苏手中实力不弱，田州和思恩的防御已被加固，地理形势对官军不利，短时间内恐怕难以攻下来。只用强攻，徒耗金钱和士兵的生命。更重要的是，哪怕最后强攻下来，如果人心未服，还是会再次反叛。因此，王阳明主张招抚。

这引起了广西地方官们的强烈反对，因为此前姚谟曾招抚过王、卢二人，可是并没有效果。王阳明笑笑："那是因为招抚的方法不对，火候掌握不当。姚谟和他们谈判时，根本没有动用军队，当然谈不拢。现在不同了，官军从四面云集，那场军事演习就是施加军事压力。我们如今先礼后兵，晓以利害。"

与会众人听了不再反对，但有些将信将疑。特别是一些想借机建功的军官更是不以为然：如果用招抚，那何必辛辛苦苦跑到广西一趟？他们暗中抵制王阳明的招抚计划。在王阳明的使者还未到达匪区时，王、卢二人便收到了消息：王阳明的招抚不可信，他是想借此向你等索贿，而且数额巨大。如果不能满足，后果可想而知。王、卢二人得知，深信不疑，赶走了王阳明的使者。

这让王阳明一下子陷入了被动。他明白问题出在内部。如果现在大力整肃，时间已来不及了。王阳明决心直接给王、卢二人写信，诉诸人性的良知，直攻敌人灵魂深处。

他在信中首先对王、卢当初的遭遇表示深深的同情，并指出政府有错在先；其次，他真诚地保证，只要两人接受招抚，将来绝不会再发生官逼民反的事，保证会给他们生命和自由，把广西建成一个理想的乐土；最后，王阳明严肃地说："你们投降对大家都有好处，可以免掉兵戎相见的尴尬。你们的决定会让很多人的生命得以保全，活人一命可是胜造七级浮屠。"

这封信并没有取得意想中的效果，因为王受和卢苏有顾虑。他们对官府的话一向持怀疑态度。更何况，当初王阳明在南赣巡抚任上对付池仲容用的不就是这一套吗？池仲容最后不是被杀掉了吗？但是，如果真的和王阳明硬碰硬，还真的很难说是个什么下场。王阳明的用兵之神天下皆知。

在南赣，虽说有池仲容的例子，但也有卢珂、黄金巢招安成功并得到重用的例子。何况王受和卢苏其实也并非真想反叛朝廷。如果不是官逼民反，他们也不想落草为寇。两人决定派人去见见王阳明，探探口风也好。来人转达了王、卢二人的意思："我们早就想放下武器，可有许多朝廷官员总是欺诈我们，好多人放下武器后遭到了屠杀，或者是提出的很多条件被漠然置之。"

王阳明对来人态度十分热情诚恳，告诉他朝廷招抚的意愿是真诚的，要王、卢二人放心。送走使者后，他就命令湖广部队回老家，只有广西一支没有规模的部队驻扎在南宁。王受得知后，认为王阳明这次招抚是真心实意的。卢苏则谨慎地表示看看再说。

王阳明知道他们在观望犹豫，就派人给他们送去了归顺免死牌，声称只要他们投降，既往不咎，并且在生活上给予优待。于是，他们给王阳明写信提出要求：我们可以去南宁，但我们要接管南宁所有防务，诸如守城门、官衙站岗、城内巡逻，等等。

这个要求确实有些过分，一般官员根本不会答应。当时有人就坚决反对照办，这会让自己陷入危险境地。王阳明心中有数，坦然表示："人人都有良知，既要招安，当然要拿出诚意。"他让手下官员们完全照办，不要打任何折扣。

明嘉靖七年（1528 年）二月中旬，王受和卢苏把南宁城的部队都换成自己人后，慢慢地进了南宁城。城中街道整饬一新，繁华依旧，车水马龙。南宁官衙门口挂着大红灯笼，颇有几分喜庆气氛。他们看到衙门口的卫兵就是自己派来的人，整个南宁城军队中没有见到陌生人。这回，卢苏放下心来，心想即使谈判失败，也能全身而退。

王受则完全放了心，和卢苏按照约定，让随从们把他们反绑，并在两臂之间插上一根荆条，这就是"负荆请罪"之意。王阳明坐在堂上，仪态威严。王受和卢苏跪在地上，请求责罚。王阳明和气地说道："本来你们主动来降，不应该责罚你们。可是，你们造反是事实，如果不惩罚你们，会让更多的人抱有侥幸之心。所以，我要惩罚你们。"王受和卢苏闻听吃了一惊。

王阳明接着说道："你们可穿上盔甲，揍你们二百军棍。"说完他就让人手持军棍开打。二人就穿上盔甲接受处罚。二百军棍执行完毕，王阳明走下来，命人把他们的盔甲脱掉，拉着二人的手说："两位深明大义，对我深信不疑，我真的很感动。既然二位对我如此真心，我也就不客气了，有件事需要你们二人帮忙。"

王受十分感动："王大人但说无妨，我哥儿俩万死不辞。"卢苏也表示一定尽心竭力。王阳明点了点头说："很好，我希望二位能帮我稳定广西。"

王受拍着胸脯说："这事包在我哥儿俩身上。我二人能助王大人扫平叛乱。"

就这样，王阳明一下就把广西最大的叛乱武装拿下了。一位王门弟子认为这比多年前大禹治水有过之而无不及。思恩、田州之乱，不伤一兵一卒迅速平定，充分显示了王阳明良知心学的巨大同化力，彰显了其超凡的政治与军事才能，在其一生功业中，堪称完美的收官之作。

在南宁操劳数月后，嘉靖七年（1528年）四月，王阳明一病不起。他向朝廷提出致仕退休的请求。

这个时候，那位大学士桂萼却执意要王阳明必须解决安南问题。很多人不解：这位桂大学士为何如此执着于安南呢？据说这桂萼年轻时就有一个梦想，就是将安南重新纳入大明版图，以建立开疆拓土的不世之功。哪知这王阳明的态度却一再让他这个梦想落空。

王阳明得知后，对弟子们叹息："看来广西要成我葬身之地了啊。桂萼让我进攻安南，这是异想天开。安南的确在内乱，可广西全境有几处是安宁的？如果我不照做，这次广西平灾之功可能又是一场空。如果我去打安南，可能会兵连祸结，无法收拾。"

这时弟子建议："既如此，不如早些回家乡余姚去。"王阳明闻听，沉吟良久，颇为心动。

不过，广西平乱还没有真正结束，断藤峡和八寨还有悍匪盘踞，长期祸乱一方。只是朝廷还根本不知道，也不在此次平乱规划之中。王阳明是在同当地父老闲聊中才偶然得知。他原本可以班师回朝，却临时决定彻底为民除害。

这时，一些部属，包括门生弟子都来劝王阳明见好就收。“先生来此主要是平田州、思恩之乱的，没有旨意让您去平定断藤峡和八寨。现在卢苏、王受已经平定，先生病得这么严重，何不收兵班师？”

王阳明摇摇头，说道：“我来广西，一者为圣上所命，二者为我内心的良知所命。匪乱不除，天下不安。”

犁庭扫穴，奇袭断藤峡

断藤峡原名为大藤峡，位于广西桂平境内浔江两岸。

浔江两岸高山夹峙，山势巍峨，犬牙交错，尤以大藤两岸附近的地势最为险峻恶劣。两岸之间有一条粗藤，身手敏捷的人可以攀附着这条大藤来回两岸。断藤峡上连八寨，下通仙台、花相诸洞，盘亘三百余里。

断藤峡土匪盘踞的地域相当于今天黔江、柳江、浔江流域的广大地区，涉及修仁、荔浦、上林、忻城等十多个区县。断藤峡中有上百个山洞，其中如仙人关、九层崖最为幽深险峻。断藤峡地区聚居着瑶、壮等少数民族和部分汉人，尤以瑶族为多。其中瑶族以蓝、胡、侯、盘四姓为主；山中又有善于用毒药弩矢的僮族。

明朝政府较早地在这一地区实行改土归流政策，用武力夺取瑶、僮族居民土地，又利用食盐垄断和专卖进行苛重剥削，终于激起断藤峡地区瑶、壮族民众的激烈反抗。

早在六十多年前的明宪宗成化元年（1465 年），此处就发生了以侯大苟为首的大规模瑶族叛乱。他们把断藤峡当作基地，并建立数个寨子巩固基地，借着复杂地形与官军反复周旋。断藤峡叛乱的同时，当地有八座村寨即广西红水河南岸的思吉、周安、剥丁、古卯、罗墨、古钵、古蓬、都者等也开始造反。

那些生活在深山中的瑶民都有着矫健身手和凶蛮个性，走山路对他们来讲如走坦途，每一支弓箭都被他们用当地特产的毒药浸泡过，触之者不死即伤。八寨瑶民不仅凶蛮，更堪称狡猾。每当官军过来平叛，他们便谎称接受朝廷的招安；一旦官军离开，他们又恢复土匪本性，烧杀抢掠，为害一方。一时之间，广西境内烽烟四起，民不聊生。

明成化元年（1465 年）十一月，巡抚都御史韩雍到大藤峡剿匪。韩雍是位文武双全的能臣，带领十万人马进入广西，从四面并进。这年十二月一日，韩雍在完成了对大藤峡的包围部署后，立即命令各路发起进攻。

战斗首先从山南打响。官兵登山强攻，匪贼用石头、标枪和毒矢齐发，打死打伤官兵无数。韩雍率兵夺取山南的石门、林峒、沙田、古营等要寨，大肆焚烧匪贼积聚的物资和房屋。侯大苟深感寡不敌众，遂率领义军边打边退，最后退至九层楼。

九层楼又名九层崖，位于桂平县罗渌三峒的上峒。匪贼在此设置了多层木栅。韩雍见此哈哈一笑，想到了一个办法。他采取佯攻等诱使匪贼乱发矢石，同时派一支精兵从匪贼不备的地方登上山巅。等到匪贼矢石几乎用尽的时候，韩雍命令士兵四面攀缘进攻，同时登上山巅的官军发炮应援，上下夹攻，在山林中连日激烈交战。这时，韩雍巧用火攻烧山，呼声震天，山谷若崩。官军趁乱攻入山寨，生擒侯大苟及义军将士七百八十人，斩杀三千二百多人，一举荡平大藤峡匪患。侯大苟被剥皮挖肠，凌迟处死。

当韩雍视察战场时发现了那根大藤，叛军正是凭借这根大藤在两岸悬崖峭壁间通行。他认为这根大藤是不祥之物，命人将其砍断，并改“大藤峡”名为“断藤峡”。他还在山崖上刻字记录自己的功劳。接下来，韩雍又率军扫灭了八寨叛贼，班师凯旋。

过了半个多世纪以后，断藤峡瑶民恢复元气，又开始袭扰峡外地区，各县不堪其扰。他们除了抢夺百姓、强抢民女，甚至连官府也敢抢占。他们视朝廷若无物，动辄就有官员丧命于其刀下。

明武宗正德五年（1510 年），那根被砍断的大藤被造反的瑶民重新接上。于是断藤峡地区就又成了反叛的瑶民的基地，他们很快就控制了浔江上下数百里的广大地区。八寨紧跟其后，也死灰复燃，互相呼应，联手控制了黔江上下数百里的广大地区，上连八寨，下通仙台、花相等诸洞，联结数百余巢，盘亘三百余里。广西境内重新成为匪乱丛生、民生凋敝之地。

各地父老看到王阳明快速平定了思恩、田州叛乱，于是成群结队前来请求王阳明乘胜解决断藤峡的土匪。王阳明感觉到这事颇为复杂。此前，他居然都不知道广西境内还有这样一股力量雄厚的土匪，而朝廷对此也长期一无所知。

于是，他和部属们一起商议如何处置。王受和卢苏的意见是招抚他们，汪必东认为应该剿抚并用。王阳明却持强硬态度，认为他们“窃发无时，凶恶成性，不可改化”。断藤峡的盗匪曾多次被政府招安过，可他们屡降屡叛，已不可信任。

所以对待思恩、田州事件可以使用招抚手段，但对断藤峡的问题可能还是要用韩雍的铁血手段。这些骨子里流淌着反叛血液的匪盗，只有靠武力才能解决。否则官军一旦撤走，这些土匪肯定还是要卷土重来，一切心血都将付诸东流。

“破敌之计靠出奇制胜！”王阳明捋了捋胡须，确定好了平叛计策。他决意用兵，在这里打一场可控的、低烈度的局部战争。

嘉靖七年（1528 年）四月二日，王阳明发兵进剿，命令湖广佥事汪溱、广西副使翁素、佥事吴天挺及参将张经、都指挥谢佩监湖广土兵，袭剿断藤峡叛军。此后仍然总督永顺兵进剿牛肠等寨，保靖兵进剿六寺等寨，约好以四月二日各自抵达指定地点。这次战役他主要采用的策略是“以蛮制蛮”，即利用湖广、贵州的永顺、保靖的苗兵，以及刚刚归顺的卢苏、王受的壮族士兵来进攻瑶民叛军，政府的正规军反而是起到领导和监督作用。

永顺、保靖的土司兵本是五代时期江西吉安刺史彭玕、彭瑊兄弟的后人，在宋初移民入湘，经过数百年发展，结合当地苗族彪悍的习性之后，成为明朝一支劲旅。永顺、保靖彭姓土司参与了众多战争。正德、嘉靖时期，永顺统兵宣慰彭明辅、彭宗舜父子，保靖统兵宣慰彭九霄、彭荩臣父子，辰州卫部押指挥彭飞等土司兵，都参加过王阳明平定赣州桶冈的战役，此次又奉调广西，参加断藤峡和八寨之战，立下赫赫战功。他们与王阳明建立了牢固的信任关系，每有征调，都是身先士卒，王阳明对彭氏土司兵的使用可以说是得心应手。

断藤峡和八寨的盗贼早就闻听过王阳明的大名，最初听说他来广西马上紧张起来，关闭寨门，深居简出。一个多月后，他们听说王阳明兵不血刃地收服了王受和卢苏，就更加惶惶不可终日。断藤峡缺粮多日，他们也不敢下山抢劫，只靠山中有限食物充饥。

王阳明制订了作战计划后，在南宁誓师，让八寨、断藤峡之匪非常紧张，后王阳明又有意向外界透露：他要在五日内对断藤峡和八寨采取军事行动。盗贼们更加紧张。五日过后，什么事都没有发生。他们去打探王阳明的情况时得知，王阳明正准备回浙江休养。几天后，盗贼们又得到消息说，王阳明正在南宁办学，他来广西的确就是对付思田王卢一伙的，根本就没有把断藤峡和八寨当作目标。于是，匪盗们又放下心来，看来不久官兵就会班师回朝了。

就这样虚虚实实，扑朔迷离，很快他们的末日就要到了。断藤峡之战起于嘉靖七年（1528年）四月二日，各路兵马到龙村埠登岸，以参将张经、指挥谢珮督同彭明辅等一千六百名土司兵，指挥马文瑞督同向永寿等一千二百名土司兵，指挥王勋督同彭九霄所部六百名土司兵，指挥唐宏督同彭九皋所部六百名土司兵，指挥卞琚督同彭辅等六百名土司兵，指挥张缙督同贾英所部六百名土司兵，千户刘宗本督同浔州、武靖等处新归降的壮族土兵一千名，于次日同时进攻，克期破敌。

四月三日，王阳明向早已部署完毕的两路指挥官发出了总攻令，这两路部队都在八千人以下，他们悄无声息地摸到了断藤峡和八寨的边缘。此时断藤峡土匪一方也得知了消息，首领胡缘二等人将家属尽数转移到大山中。官军各路兵马前来挑战时，断藤峡的瑶兵们毫无惧色，还利用自己熟悉地形的优势，主动发起进攻。这边各土司兵也“奋不顾身，冲突矢石，敌杀数合，贼锋摧败”。

断藤峡瑶民尽管背水一战，但也敌不过同样彪悍、训练有素的苗族、壮族土兵，很快溃败。叛军退守保仙女大山，依山势据险结营扎寨。政府军则攀木缘崖向上仰攻，连连攻破油榨、石壁、大陂等地，直逼断藤峡。然后官军开始放火烧山。当时正是七月炎夏，连绵起伏的森林郁郁葱葱。一旦放起火来，到处浓烟滚滚，断藤峡陷入烈火浓烟中，悍匪们晕头转向，斗志全无。到次年四月十日，断藤峡全面收复。

战斗进行到一半时，王阳明派士兵齐声高喊八寨土匪们已全部肃清，要断藤峡的匪盗们放下武器。果然，一听八寨已经被全歼，断藤峡的匪盗们的抵抗意志瞬间瓦解。他们一直向山顶溃逃，哭爹喊娘。王阳明同意他们投降，只要放下武器就会予以优待。

由于战前王阳明再三叮嘱不可妄杀，所以在断藤峡之战进行的八天当中，斩首只数百人，就宣布结束战斗，班师出峡，回到浔州。次日即四月十一日，王阳明再出师上林，袭破八寨。

八寨战役打响后，王受和卢苏率领五千敢死队猛攻八寨的前哨石门。石门不仅是八寨的前哨阵地，还是八寨门户。拿下石门，八寨的防御力量就会大大减弱。王受和卢苏二人刚刚归顺，此时急于立功，所以倾尽全力进攻。果然这二人不负众望，只用了半天时间就敲开了石门。

指挥官林富率领一千多人夺门而入，迅速推进到八寨的第一个寨子前。王受和卢苏依然担任主攻，林富按王阳明事先的指示，一面命王受和卢苏继续进攻，吸引住敌人的兵力，一面分兵从侧面进攻。与使用毒箭的两千余名瑶民对阵，结果对方也是一战即溃，仅斩首二百九十一人，第一寨很快被攻陷。

其他寨子虽然进行了抵抗，但不少寨子很快就缴械投降。不过，八寨最后的据点仍在顽强抵抗，尤其是他们看到断藤峡方向升起浓烟时，更是作起困兽之斗。王受和卢苏在这个关键时刻大喊：“杀啊！”“冲啊！”部队顶住压力，步步推进，最终将八寨全部攻下。

接下来，王阳明命令所有部队全力扫荡各处巢穴的残余盗贼，将他们逼到了横水江。当时天下大雨，几千人争渡时翻船落水，被淹死者不计其数。大雨一连下了十多天。等到天晴时，官军再次搜山，眼前景象惨不忍睹：只见山洞中、绝壁下，横七竖八全是腐烂的尸首。

一个多月后，王阳明宣布断藤峡和八寨盗贼已全部消灭。断藤峡和八寨之战虽然准备仓促，时间也短，从战争的效果来看还是很不错的，阵亡少、代价小，也震慑了这一带的亡命之徒，使民族杂居区的形势趋于稳定。

王阳明上书举荐林富为都御史，巡抚该地，诸位将领均论功褒赏。

几个月后，当王阳明的报捷书传到北京时，朱厚熜感到有些怀疑：这王阳明看起来几乎是没费什么力气，就把别人根本完成不了的事给解决了。这样的“神操作”是不是有什么猫腻啊？这时朝中有人出于忌妒连进谗言，让朱厚熜竟认为王阳明的捷报“有失信义，近于夸诈，恩威倒置，恐伤大体”。

这时，有人挺身而出为王阳明辩护。礼部尚书方献夫、詹事府詹事霍韬上书给朱厚熜：王守仁不费斗米、不折一卒就平定了思田叛乱，还顺手拔除了八寨、断藤峡这样的积年老巢，整整为朝廷节省了数十万的人力物力！

王门弟子黄绾的上书更是言辞激烈：臣以为忠如守仁，有功如守仁，一屈于江西，讨平叛藩，却遭忌者诬为同谋，又诬其辇载金帛。当时大臣杨廷和等饰成其事，至今未白。若再屈于广西，恐怕劳臣灰心，将士解体，以后再有边患民变，谁还肯为国家出力，为陛下办事？

言者谆谆，听者藐藐。嘉靖皇帝淡淡地表示知道了，就再无下文。

随后，王阳明上书朝廷《处置八寨断藤峡以图永安疏》，就处置八寨、断藤峡善后问题提出了三条建议：

第一，把广西南丹卫所迁到八寨，以重兵震慑当地有异心的瑶民；

第二，把思恩府城迁到地势开阔、便于开展商业贸易的地方，让当地百姓从闭塞环境中走出来；

第三，各地县令深入乡村进行管理，以让行政权威抵达乡村，起到控制和监督作用。

然而，他的建议都未被朝廷重视和采纳。实际上，他对广西地方行政管理层面的建议根本没有人关心。

就这样，正所谓“飞鸟尽，良弓藏”，匪患既除，王阳明也就无足轻重了，甚至他取得的功绩都不再提了。还有那位大学士桂萼因恼怒王阳明没有继续解决安南问题，借机中伤说王阳明进剿八寨属擅自行动，越权行事，甚至要追究他的擅权之责。

远在万里之外的广西，王阳明也隐约感觉到了巨大的压力。但他没有时间考虑太多，日益虚弱的身体不允许他在这里多待一天。这时的王阳明终因过度劳累，一度晕厥过去，被人抬回南宁后身体更是每况愈下。

这时，他给一个学生写信说：“现在就想回去和你们在一起讲学论道；和亲人在一起，看看刚刚一岁多的儿子。”王阳明发妻诸氏始终没有生育。正德十年（1515 年）王阳明过继表弟的儿子正宪接续香火。嘉靖四年（1525 年）元月诸氏病故后，五十五岁的王阳明娶续弦张氏，后来生了个孩子，叫王正聪，后改名王正亿。孩子这时候还小，让王阳明颇为牵挂。

重病中的王阳明在平定匪患后，一心只想回家去，和亲人、弟子们团聚。

此心光明，亦复何言

嘉靖七年（1528 年）九月，王阳明将平乱善后诸事安排妥当，决意离开广西。

这个时候，他的病情已经非常严重，因咳痢之疾（肺痨）日益加剧，生命已近尾声。他给嘉靖皇帝朱厚熜写了《乞恩暂容回籍就医养病疏》，诉说了每天面对的病痛之苦，希望皇帝能允许他回籍养病。

在这篇奏疏中，王阳明详细论述了他回去就医的原因。说他在南赣剿匪时中了炎毒，导致他遍体肿痛，咳嗽不止，后来稍好，一遇炎热就大发作。事实上，王阳明奉诏自浙江余姚启程前往广西时，肺病就已严重恶化，夜里持续咳嗽无法入睡，脸色青黑得犹如鬼魅。这次来广西本来带了医生，但医生自己却先得病回老家了。他继续南下，炎毒更甚，结果遍体肿毒，剧烈咳嗽日日不断，无休止的咳嗽把整张脸都挤压得变了形，腿上疮伤的溃烂一天比一天严重。后来他连吃饭都费劲，每天只能喝几勺粥，稍多一点就呕吐腹泻。

可以说，这时的王阳明几乎只剩下半条命。他拼着这疲病羸弱之身完成了在广西的平乱重任，可谓“鞠躬尽瘁，死而后已”。

实际上王阳明晚年无论是讲学，还是带兵打仗，都忍受着巨大的身体苦痛。不辞辛苦终日操劳，此番身心之苦非常人所能理解与忍受。而长期征战与讲学操劳，已经极度透支了王阳明的生命能量。

王阳明在广西等来等去，没有等到皇帝允许他告归的诏书。到了九月份，才得到朱厚熜的嘉奖诏书：因广西剿匪有功，赏赐五十两白银。而对于其他，朱厚熜和内阁只字未提。

有关对将士们的封赏和一系列关于边疆问题的建议都没有下文。这区区五十两白银更像是一种调侃和嘲弄。

然而，王阳明还是挣扎着从床上爬起来，遥望北方叩谢隆恩。接着，他又连夜写了《谢恩疏》，八百里加急送往京城，表示此生愿鞠躬尽瘁以报皇恩。

每况愈下的病情让王阳明感到了一丝不祥的气息。他一直在船上静卧，希望朝廷尽快批准他回乡。然而朝廷仍然没有回音。

他似乎隐隐意识到自己大限将至，不能在这里待下去了，再不走就来不及了。

在生命垂危之际，王阳明不得不做出决定：不等皇帝诏书，马上回家！树高千尺，叶落归根，死也要死在家乡。于是，他带着几个随从坐船顺着漓江东下，踏上了回乡的路。

一日午后，船在一处河滩停了下来。王阳明问前面是何处，船夫说是伏波山，山上有个纪念汉朝将军马援的伏波庙。王阳明心头一震，回想起四十年前从嘉峪关长城回京后做的一个梦，梦境就是自己去伏波庙游览，并赋诗一首。

这让王阳明不禁回想起激情飞扬的少年时代。那个时候的王阳明青春血液沸腾不已，渴望着血战沙场，建功立业。那是他军事家之梦开始的地方啊！

王阳明坚持要撑起病体缓步下船，勉力登上了那座小山。推开庙门，马援威武的塑像映入眼帘，一切都像是当年梦境的重现。此时此地，此情此景，如梦如幻，王阳明颇为感念，他努力回想起梦里那首诗，将之刻于庙中，名为《梦中绝句》。

青春的回忆总是令人心情激动，只是现在的心境不再那么清纯明亮，而是百感交集，悲喜莫名，甚至有几分苍凉。那位荡平南方蛮寇的名将马援一直被诬告所困扰，一生不得志，最后郁郁而终。同样的遭遇引发了王阳明的强烈共鸣。自他走向平叛治乱的战场后，已建立不世之功。然而，他竟没有半分欣喜之感。是啊，他一方面要对付战场上的敌人，一方面还要应付朝廷中的攻讦和诽谤，可谓心力交瘁。如果不是有心学作为精神支撑，他早就不在人世了。

接下来的归程愈发漫长，王阳明在朦胧中闻到了死亡的气息，死神的脚步正由远及近，清晰可见。

然而，无论水路陆路，船夫和车夫都不敢走得太快，怕他的病体受不了剧烈的颠簸。就这样，王阳明以日行不过五十里的速度来到了广东境内。路过增城时，王阳明拖着病体前去祭拜了六世祖王纲庙。这位先祖因平乱而死，际遇也是不堪。王阳明感慨于心，撰写了《祭六世祖广东参议性常府君文》，祭文中说：“父死于忠，子殒其孝，各安其心，白刃不见，又知有一祀之荣乎？”

此后，他又到老友湛若水的故宅瞻仰一番，并题诗于壁上：

我闻甘泉居，近连菊坡麓。
十年劳梦思，今来快心目。
徘徊欲移家，山南尚堪屋。
渴饮甘泉泉，饥食菊坡菊。
行看罗浮云，此心聊复足。

虽然王阳明晚年同湛若水因学术分歧越走越远，但他始终忘不了这个相知相交了几十年的老友。

在王阳明人生最后的时光里，仍不忘谆谆告诫弟子们要好好“致良知”。他强撑着病体给他的弟子聂文蔚写信，申明“事上磨炼”的真谛。他又给浙江老家的弟子们写信，追问弟子们的学业是否有进步，同时谈到了他的病。弟子回信说很担心他。

广东布政使王大用是王阳明的学生，听说老师入境，赶紧带一队士兵前来护持。众人一路向北，必须翻越气候恶劣的梅岭。阴云低垂，远山失色，天与山的交接处，如缕的轻霭被大风吹散，使人顿感寒意彻骨。

王阳明从昏睡中醒来，从竹躺椅上支起身子，问两个抬他的军士此地是何处。王大用见状，策马过来，告诉他前边是梅岭。王阳明刚想说些什么，一阵北风将他呛得咳嗽不已，又晕了过去。

不知过了多久，天空中开始飘雪。深山之中奇寒无比，风雪更甚。王大用找来两条厚厚的棉被，给恩师盖上。

王阳明抓住他的手，说道：“你知道三国时孔明出祁山前托付姜维的故事吧？”王大用愣了愣道：“老师多虑了，事情不至于坏到这种地步。”

王阳明摇了摇头：“此行凶多吉少，你且按我说的去准备。如果我在途中死了，你一定要将我的灵柩运回余姚。”王大用哽咽起来，拼命地点了点头。

王阳明咳嗽了一会儿，喘息着说道："两广要太平，必须要以良知对待土著之民，将心比心，否则还会大乱。"

王大用含泪点头，表示自己记住了。王大用听懂了老师是在交代后事，便调来了一支军队跟随保护；又准备了一口上好棺材，跟在队伍最后面，以备不时之需。

到了梅关城楼，一行人生火歇息。士兵们围着火堆，一边跺脚，一边哈气。王阳明强撑着下了竹椅，望着城堞上"梅关"二字，不由一阵眩晕。多亏王大用眼疾手快，一把将他扶住，他才不至于摔倒。

王大用提议在梅关住一宿再走，王阳明却是一刻也不想耽搁，催他赶紧动身。于是，漫天大雪中，一行人又出发了。十一月二十五日，他们一行下了陡峻的驿道，终于到了江西南安府。

明朝诗人邝露《赤雅》一文中说，南安有一老僧，在王阳明到南安前的几天突然在丫山灵岩古寺密室坐化。王阳明到南安后曾来到寺中，忽见庙里案几上的一张纸上写有几句偈语："五十七年王守仁，启吾钥，拂吾尘，问君欲识前程事，开门即是闭门人。"

王阳明见了偈语，不禁愕然：他时年正是五十七岁。当下心中明白，不再言语。

在南安，有两个王门弟子——七品的南安推官周积、从四品的赣州兵备道张思聪闻讯早在大雪中迎候多时。

周积，字以善，号二峰。明浙江江山人，正德五年（1510年）举人，从王守仁学。嘉靖五年（1526年），授南安府推官，善断狱。此时的王阳明脸色青紫，身体颤抖，见了二人几乎说不出话来。两人一见老师模样，鼻子一酸，流下了泪水。王阳明缓缓地摇头，说："不要这样，你们近来的学业如何？"

周积擦了擦眼泪，简单地汇报了一下自己平日如何做到知行合一，如何致良知。王阳明微合双眼，听了一会儿就缓缓地点头。张思聪已不知该说什么，只是劝道："老师保重身体要紧，不可过于操心劳累。"

王阳明脸现笑意，一阵剧烈的咳嗽却突然袭来。周积和张思聪急忙上前，一个轻拍他的背，一个则抚他的胸口。王阳明好不容易才止住咳嗽，用尽全身力气说道："病势危亟，所以还没有离开你们，只是一口元气在。"

周积见状不禁哭出声来，王阳明握住他的手劝慰说："不必难过，要时刻注意学问的增长。"说完这句话，王阳明就闭上了眼睛，呼吸悠长。

尽管周积找来了南安最好的医生，但王阳明的身体还是没有任何起色。昏昏沉沉中，他听见王大用在跟张思聪商量后事，嘱咐他买最好的木材，用锡纸裱棺……

两天后，王阳明执意要启程，众人不再拂逆，为他准备好了木船。周积含泪将王阳明扶上船，一直守在他身边。船启动了，王阳明抑制不住伤感，对周积道："很遗憾，不能再同你们切磋学问了。"周积忙道："老师哪里话，南安的学子们都盼着您明年春天来讲学呢！"

可惜，王阳明再也等不到开春了。

他无语地望着外面的天空，天上灰蒙蒙的。雪粒纷纷，无声地落入河中，耳边听得船桨击水有节奏的哗哗声，益发显出夜的沉寂。

"不知道阳明书院诸弟子的学问有长进否，也不知儿子正宪如何了，阳明洞旁的柏树长高了吧……"王阳明在一片宁静中沉默着，思绪飘得很远。

黄昏时分，夜幕降临，江面荡漾着粼粼波光。王阳明微微睁开眼，喘息着问："现在到了哪里？"

旁人答："青龙埔。"这个码头离梅关只有五十多里，属大庾县。

翌日清晨，船停在青龙埔。风雪已经停了，一湾江水清澈碧绿，整个天地间一片洁白。清冽的空气让王阳明头脑一时清明起来，他想再多看一眼这个世界。

周积见他面色红润，还有些欣慰，不料王阳明却平静地告诉他："我要去了。"

周积一愣，待反应过来，鼻子一酸，眼泪不禁夺眶而出。他顾不得去拭，凑近了泣不成声道：“老师，您还有什么话要说吗？”

刹那间，王阳明忽然有些激动，心底仿佛有千言万语涌上心头，却无话可说。

这时船里非常安静，面对跪在病榻前痛哭流涕的家眷和弟子，王阳明不停地喘息着，等气息稍微平息后微微一笑，平静地说道：“此心光明，亦复何言？”

过了片刻，一代哲人王阳明便闭上眼睛，永远地停止了思考和言说。

这时，正是明嘉靖七年十一月二十九日辰时（1529年1月9日），王阳明病逝于归途南安，终年五十八岁。

王阳明自少年时，勤读诗书，立下大志，后在龙场三年吃尽人间苦，而龙场悟道则受用一生。复出后历经磨难，建功当世，深受万民爱戴。然而圣人出世，往往是来替众生受苦的，可谓备尝艰辛，受尽磨难。但其内在心灵世界却充满着光明。正如孟子云：“圣人之道，无他，尽心而已。”

司马迁说过：“人固有一死，或重于泰山，或轻于鸿毛。”王阳明这一生立功立言立德，不负黎民百姓，不愧苍天良知。可谓是了无遗憾，心境澄明，故能从容面对死亡——“此心光明，亦复何言？”

想必当年佛陀释迦牟尼涅槃入灭之时，也大抵如是吧。

然而，一代大哲死后亦难安生。

桂萼在得知王阳明死讯后，竟要清算他生前擅离职守之罪。嘉靖皇帝朱厚熜也认为王阳明不等批复便擅自离任是蔑视朝廷，命群臣议罪。后竟下令革去王阳明的职务，并称王阳明心学为伪学，禁止流传。最后，朝廷削夺了王阳明的新建伯爵位。

正所谓“公道自在人心”。王阳明之死，令当世上到宰相徐阶，下到普通农夫、盐丁无不悲痛。从南安到南昌，王阳明的棺椁所经之处，士民遮道，哭声震天。经过赣州，官府迎祭，百姓拦路哭吊；到了南昌，自发前来祭奠的人更是连绵不断、踏破门槛。

正要进京参加殿试的钱德洪和王畿立刻取消了行程，讣告同门，趋迎先师，众人一路护送灵柩而归。回到绍兴，一直到落葬，前来吊唁者每日上千。有致仕的内阁阁臣、六部官员，有浙江的督抚衙门、王阳明的生前好友。

弟子李珙等人则含泪在绍兴市兰亭镇花街村洪溪鲜虾山的南麓为先师修墓。这块墓地是王阳明亲自选定，坐北朝南，四面环山，虾须水过，洪溪水兜，前方两排青山如仆佣相侍，宛转至远天之外。

明世宗嘉靖八年（1529 年），王阳明灵柩下葬于洪溪，王门弟子千余人披麻戴孝，扶柩而哭，不能赶到绍兴的人也在家中焚香遥祭。同时，数以万计的人从四面八方赶到洪溪，哭声震撼山谷，有的人因悲恸欲绝竟然昏死过去。可谓举国同哀。

三年后，方献夫公然违抗桂萼的禁令，联合京城四十多名科道官员、翰林学士，日夜讲会，共倡师学。六年后，邹守益与欧阳德分别主持南北国子监，堂而皇之地宣扬心学。二十年后，徐阶以内阁大学士的身份，与王门弟子上千人会讲于北京灵济宫。

隆庆元年（1567 年），廷臣多颂其功。王阳明被追赠为新建侯，谥号“文成”。隆庆二年（1568 年），明穆宗诏予世袭伯爵。在颁布的铁券文书中做了盖棺定论：“两肩正气，一代伟人，具拨乱反正之才，展救世安民之略。”

万历十二年（1584 年），在明神宗朱翊钧亲自过问和大学士申时行等人一再坚持下，王阳明从祀孔庙。

两百年后，《明史》定稿。万斯同、王鸿绪、张廷玉一致写下了那句由衷的赞叹：“终明之世，文臣用兵制胜，未有如守仁者也。”

王阳明的门人，挚友黄绾专门写文称赞：

公生而天资绝伦，读书过目成诵。少喜任侠，长好词章、仙、释，既而以其道为己任，以圣人为必可学而至。实心改过，以去己之疵；奋不顾身，以当天下之难。上欲以其学辅吾君，下以其学淑吾民，惓惓欲人同归于善，欲以仁覆天下苍生，人有宿怨深仇，皆置不较。虽处富贵，常有烟霞物表之思，视弃千金，犹如土芥。藜羹琼鼎，锦衣缊袍，大厦穷庐，视之如一，真所谓天生豪杰，挺然特立于世。求之近古，诚所未有也。

附录：王阳明年谱简编

1472年，生于浙江余姚县龙泉山瑞云楼。

1482年，十一岁，随父亲王华（新状元）居住京师。

1488年，十七岁，与诸氏完婚于江西南昌。诸氏，余姚人。

1489年，十八岁，偕夫人回余姚，识娄谅，信圣人必可学而致之。一改活泼性格，严肃求成圣人，格竹失败。

1492年，二十一岁，举浙江乡试。明年会试下第，归余姚，结龙泉诗社，对弈联诗。

1497年，二十六岁，寓京师，苦学诸家兵法。想借雄成圣。

1499年，二十八岁，举进士出身，二甲第七，观政工部。与七子唱和，是所谓泛滥辞章时期。

1500年，二十九岁，在京师，授刑部云南清吏司主事。第二年到直隶、淮安审决积案重囚。游九华山，出入佛寺道观。

1502年，三十一岁，告病归余姚，筑室阳明洞天，静坐行导引术，能先知，后因其簸弄精神，不能成圣，摒去。

1504年，三十三岁，在京师，秋季主考山东乡试。九月改兵部武选清吏司主事。

1505年，三十四岁，开门授徒，与湛若水定交。

1506年，三十五岁，上封事，下诏狱，谪贵州龙场驿驿丞。

1507年，三十六岁，赴谪至钱塘，过五夷山，回越城。

1508年，三十七岁，至龙场。大悟格物致知之旨。

1509年，三十八岁，在贵阳，受聘请主讲文明书院，始揭知行合一之旨。

1510年，三十九岁，三月任庐陵知县，十二月升南京刑部四川清吏司主事。路过辰州、常州时教人静坐补小学功夫。

1511年，四十岁，在京师，正月调吏部验封司清司主事。二月为会试同考官。十月升文选清吏司员外郎。

1512年，四十一岁，在京师，三月升考功清吏司郎中，黄绾、徐爱等几十人同受业。十二月升南京太仆寺少卿。据《大学》古本立诚意格物之教。

1513年，四十二岁，赴任便道归省。十月至滁州，督马政。地僻官闲，日与门人游琅琊、襄泉间。新旧学生大集滁州。教人静坐入道。

1514年，四十三岁，在南京教人存天理去人欲。

1514年，四十四岁，在京师，拟《谏迎佛疏》未上。上疏请归，不允。

1516年，四十五岁，在南京，九月，经兵部尚书王琼特荐，升都察院左佥都御使；平定“征南王”谢志山、“金龙霸王”池仲容等江西、福建、广东、湖广等地的暴动。

1517年，四十六岁，正月至赣，二月平漳，十月平横水、桶冈等地，行十家牌法。

1518年，四十七岁，正月征三溧。六月升都察院右副都御使，荫子锦衣卫，世袭百户。七月刻古本《大学》。刻《朱子晚年定论》。八月门人薛侃刻《传习录》。九月修濂溪书院，四方学者云集于此。

1519年，四十八岁，六月，奉命戡处福建叛军，至丰城，闻宸濠反，遂返吉安，起义兵。旬日平宸濠。与前来平叛的宦官周旋。

1520年，四十九岁，在江西。王艮投门下，艮后创泰州学派。王阳明自言在应付宦官刁难时全靠良知指引。

1521年，五十岁，在江西。始揭致良知之教。五月，集门人于白鹿洞。六月升南京兵部尚书。九月归余姚，封新建伯。

1522年，五十一岁，在绍兴(山阴)。正月疏辞爵，二月父王华死。丁忧。有御使承首辅杨廷和旨意倡议禁遏王学。

1523年，五十二岁，在绍兴。来从游者日众。南京刑部主事桂萼议大礼得宠。

1524年，五十三岁，在绍兴。四月，服阕，朝中屡有荐者。有人以大礼见问者，不答。十月，门人南大吉绪刻《传习录》。

1525年，五十四岁，在绍兴。夫人诸氏卒。礼部尚书席书力荐，不果。决定每月朔望在余姚龙泉寺之中天阁聚会生徒。十月，立阳明书院。

1526年，五十五岁，在绍兴。十一月庚申，子正聪生，七年后黄绾为保护孤幼收为婿，改名正亿。

1527年，五十六岁，在绍兴。四月邹守益刻《文录》于广德州。九月出征思田。天泉证道，确定“四句教”法。

1528年，五十七岁。二月平思田之乱。

1529年，嘉靖七年十一月二十九日辰时，即公历1529年1月9日8时许，病逝于江西南安府大庾县青龙埔码头。终年五十八岁。

图书在版编目（CIP）数据

王阳明传 / 孟斜阳著 . -- 西安 : 太白文艺出版社 , 2020.8

ISBN 978-7-5513-1864-8

Ⅰ . ①王… Ⅱ . ①孟… Ⅲ . ①王守仁—传记 Ⅳ . ① B248.2

中国版本图书馆 CIP 数据核字 (2020) 第 058067 号

王阳明传

WANGYANGMING ZHUAN

作　　者：孟斜阳
责任编辑：刘宇龙
封面设计：Amber Design 琥珀视觉
版式设计：苏　涛
出版发行：陕西新华出版传媒集团
　　　　　太 白 文 艺 出 版 社
经　　销：新华书店
印　　刷：大厂回族自治县德诚印务有限公司
开　　本：880mm × 1230mm 1/32
字　　数：195千字
印　　张：7
版　　次：2020年8月第1版
印　　次：2020年8月第1次印刷
书　　号：ISBN 978-7-5513-1864-8
定　　价：39.80元

联系电话：029-81206800
出版社地址：西安市曲江新区登高路 1388 号（邮编：710061）
营销中心电话：029-87277748 029-87217872